ABHANDLUNGEN ZUR KUNST-, MUSIK- UND
LITERATURWISSENSCHAFT, BAND 95

# MAX BROD

## WERK UND PERSÖNLICHKEIT

VON MARGARITA PAZI

1970

H. BOUVIER u. CO. VERLAG · BONN

ISBN 3 416 00681 X

Alle Rechte vorbehalten · Ohne ausdrückliche Genehmigung des Verlages ist es nicht gestattet, das Werk oder Teile daraus zu vervielfältigen - D 20 - © H. Bouvier u. Co. Verlag, Bonn 1970 · Printed in Germany · Gesamtherstellung: Robert Kleinert GmbH., Quakenbrück

# INHALT

# EINLEITUNG

Ziel dieser Arbeit ist es, eine Darstellung der geistesgeschichtlichen Bedeutung Max Brods und seines Werkes zu geben. In Anbetracht der Bezogenheit, die Leben und Werk des Dichters zu seiner Geburtsstadt Prag hatten, ist es notwendig, einleitend die Sonderstellung der Stadt und der ethnischen und gesellschaftlichen Gruppe, der der ,Prager Kreis' entsprang, zu betrachten. Die kurze Schilderung der wesentlichen Komponenten, die die Eigenart der Stadt bedingten, in der Max Brod lange Jahre lebte und die zum immer wiederkehrenden Motiv seiner Romane wurde, soll zugleich den Rahmen beleuchten, in dem sich zu Beginn des zwanzigsten Jahrhunderts eine Dichtergruppe entfaltete, als deren geistiger Vater Max Brod gilt und in der er seine Lebensfreunde Felix Weltsch, Franz Kafka und Franz Werfel fand.

Nach Musaeus und Brentano hatte auch Grillparzer, der Dichter der Donau-Monarchie, das tschechische Nationalepos ,Libussa' zum Thema eines dichterischen Werkes erwählt. Er war der erste, der den Schwellencharakter Prags hervorhob: „Und Praga soll sie heißen, als Schwelle, der Eingang zu des Landes Glück und Ruhm"[1], sagt Primislaus in Grillparzers Schauspiel ,Libussa' bei der Gründung Prags. Das Glück blieb weit hinter dem Ruhm der Stadt zurück, aber es erwies sich an ihr wieder, daß Städte und nicht Länder, dem Volke das Siegel aufdrücken. Wie London in der zweiten Hälfte des 19. Jahrhunderts und Paris im 17. Jahrhundert, wurde Prag zu Beginn des 20. Jahrhundert zum Mittelpunkt des intellektuellen Lebens und hiermit Mittelpunkt der „Ausstrahlungen des ,engeren' und ,weiteren' und weitesten Prager Kreises" (PrK 156).

Prag war nicht nur, wie London, Paris, Berlin oder Wien, die einsprachige Hauptstadt einer Nation; Prag war seit jeher das Zentrum und der Ausgangspunkt von politischen, religiösen und sprachlichen Konflikten gewesen. Die schöne und ehrwürdige Stadt Prag war im Vergleich mit dem ,gemütlichen' Wien und dem ,forschen' Berlin, ernst und drückend und manchmal auch gespenstig, doch schien dies ihrer Anziehungskraft keinen Abbruch zu tun. Die Gewalt des Eindrucks und des Einflusses, den die Stadt ausübte, wurde durch den Dreivölkercharakter Prags noch verstärkt. Tschechen, Deutsche und Juden gaben der Stadt das eigenartige Gepräge.

Im Jahre 1900 war der Prozentsatz der deutschen Einwohner auf 7,5 Prozent gesunken – noch 1880 hatte er 15,5 Prozent betragen. Auf dieser, immer kleiner werdenden, deutschen Sprachinsel lebten unter 415 000 Tschechen 35 000 deutschsprachige Einwohner, die sich aus 25 000 Juden und 10 000 Deutschen zusammensetzten. Aber auch jener Rest war im Abbröckeln begriffen, denn im gleichen Jahre hatten sich in Prag mehr als 14 000 Juden zur tschechischen Sprache bekannt[2].

Dieser Umstand des Rückganges, der ein Gefühl des Unterganges hervorrufen mußte, schuf ein Milieu, das, wie Dagmar Eisnerova es empfindet, „zum Spiegel der eigenen Unzulänglichkeit, der Unzulänglichkeit menschlicher Beziehungen" überhaupt werden konnte[3]. Hier gründen auch die mystischen Elemente und die phantastische und nebelhafte Atmosphäre, die in der Prager deutschen Literatur so oft zum Ausdruck kommen. Hier trafen sich drei Kulturen: die tschechische, die in der ländlichen Umgebung der Stadt, im Nationalbewußtsein ihrer Volksangehörigen und in deren Musik und Volksliedern wirksam wurde; die jüdische, die das halb unbewußte Gefühl der eigenen, jahrtausende alten Tradition trug, und die deutsche, die durch Schule, Theater und Sprache immer anwesend war.

Von Paul Leppin, der von der „rattenfängerischen Schönheit seiner Vaterstadt, die der Verführte auch im Untergang nicht aufhört zu lieben" spricht[4] und der Prag in einem zarten Gedicht mit den bezeichnenden Zeilen:

Das ist die Stadt, wo ich wohne,
Mit dem Kreuz und der Dornenkrone.
Buntfarbene Nebel greifen
Nach den Türmen in der Stadt,
Die Moldau zieht brennende Streifen
Um die Mauern von Wyschehrad (StL 213).

darstellte, über Gustav Meyrinks ‚Golem' und Max Brods ‚Tycho de Brahes Weg zu Gott' wird der Einfluß dieser Stadt, deren Geschichte in blutigen Kämpfen um Religion, Sprache und nationale Freiheit geschrieben wurde, an allen Prager Dichtern spürbar.

Die mittelalterlichen Häuser mit ihren riesigen Fassaden und zahlreichen Durchgängen, die Höfe mit den Steinbrunnen, die Paläste, die klingende Adelsnamen trugen und als Büroräume verwendet wurden – einige Jahre später sollten sie die Ministerien eines Staates beherbergen, dessen Volks-

angehörige seit Jahrhunderten gegen diese Adelsgeschlechter gekämpft
hatten –, die barocken Denkmäler und das Netz von steinernen Brücken,
die unzähligen Kirchen mit Hunderten von Glocken, und all dies gekrönt
von dem majestätischen Königsschloß auf dem Hradschin, gaben Prag den
Stempel des Erhabenen, aber auch des Düsteren und Unheimlichen. Dieses
Prag war „eine okkulte Metropole, weil es nirgendswo in Europa, weil es,
wie die Theosophen sagen, in einer Astralebene lag, und die Wiege war
nekromantischer Naturen; daher seine Fülle an teuflisch begabtem Nachwuchs"[5].

Dieser Nachwuchs, über dessen Zusammensetzung es bei Meyrink einen
vielsagenden Hinweis gibt[6], war eine Gruppe von jungen Literaten, die in
den kulturellen Strömungen der Epoche eine beachtliche Stellung ein-
nehmen sollten. Sie kamen zum größten Teil aus der Prager jüdischen
deutsch-sprachigen Intelligenz, die aus polaren, reichen ethnischen Quellen
schöpfen konnte. Die drei Kulturen, die tschechische, die deutsche und die
jüdische, müssen als die Wurzeln der dichterischen Inspiration gesehen
werden, wenn man diese Literatur richtig verstehen will. Die Deutung
Pavel Eisners, die Schöpfer der Prager deutschen Literatur hätten wie
in einem dreifachen Ghetto gelebt – einem deutschen, einem deutsch-
jüdischen und einem bürgerlichen[7], dürfte von nachträglichen subjektiven
Erwägungen beeinflußt sein. Max Brod lehnte auch diese Theorie für seine
Generation als unfundiert und sachlich unrichtig ab; sie mochte seiner
Ansicht nach auf das Prag der Jahre 1870–1890 zutreffen, aber keinesfalls
auf das Prag der Jahre 1900–1939, also die Zeit des ‚Prager Kreises'
(PrK 37).

Eduard Goldstücker glaubt, wegen des Reichtums an Talenten, der um
die Jahrhundertwende in Prag auf einem zahlenmäßig so beschränkten
Raum auftrat, eine Parallele mit Dublin sehen zu können[8]. Diese Analogie
zwischen zwei Provinzstädten, die gleichzeitig die Hauptstädte zweier um
ihre nationale Freiheit kämpfender Völker waren, scheint jedoch nur
im Hinblick auf eben diese Ähnlichkeit möglich.

Der entscheidende Unterschied liegt darin, daß in Prag die Blüte der
Literatur von einer Minorität innerhalb der erlöschenden Minorität –
sprachlich, kulturell und national – und nicht von der aufstrebenden, um
ihre Selbständigkeit kämpfenden ethnischen Gruppe geschaffen wurde, wie
es in Dublin der Fall ist. Der literarische Hochstand in Prag erwuchs aus
der Vermengung von Dekadenz und Aufblühen, aus dem Verfall des

Alten und dem Aufbau des Neuen zu einem völlig neuen Bewußtsein, zu einer nationalen und geistigen Reife. Die Gründung der jungen Republik und die vorausgegangenen jahrelangen Kämpfe der Tschechen um ihre Selbständigkeit hatten Auswirkungen auch auf die nicht direkt an diesem Kampf Beteiligten ausgeübt, und deren Volksbewußtsein, mochte es wie immer ausgerichtet sein, erweckt.

Die Verstärkung und Entfaltung der geistigen Tätigkeit innerhalb einer beinahe ausschließlich jüdischen Gruppe von Intellektuellen war außerdem bedingt durch das unaufhaltsam heranrückende Ende des bürgerlichen Liberalismus, unter dessen Ausprägung sie ihre erste Jugend verbracht hatte und den sie versuchte, mit allen Kräften in humanistischer Tradition zu bewahren. Denn das Ende der liberalistischen Epoche bedeutete besonders für die Juden eine Gefahr. Eduard Goldstücker sieht den entscheidenden Grund, der das Prager deutsche Schrifttum zu einer Literatur von Weltinteresse werden ließ, darin, daß die Prager Deutschen die „erste Gesellschaftsgruppe der bürgerlichen Welt waren, deren Dichter erfühlten, daß dieser Welt der Abgrund und das Ende drohten"[9]. Während aber in Wien die Reaktion auf die gleichen Geschehnisse eine ausgesprochene Dekadenzkunst, ein müdes, fatalistisches Abschiednehmen hervorrief, wurde diese Stimmung in Prag durch das Vitale, Erdgebundene des tschechischen Einflusses einerseits und das erwachende jüdische Volksbewußtsein andererseits aufgehoben. Waren auch die Verhältnisse dazu angetan, in dieser überwiegend jüdischen Gruppe von Dichtern und Schriftstellern teilweise das Gefühl des Abgesondertseins, des Außenseitertums, zu entwickeln, wie es sich zum Beispiel in den Werken Werfels und stärker noch in denen Kafkas offenbart, so wirkten sie doch bei vielen anderen, und vor allem bei Max Brod, als Antrieb, nach einem geistigen und gefühlsmäßigen Stützpunkt zu suchen.

Diese Gemeinschaft von Dichtern, die im ersten Viertel des zwanzigsten Jahrhunderts in Prag wirksam wurde und den bedeutendsten Komplex literarischer Werke in deutscher Sprache außerhalb des deutschen Sprachgebietes geschaffen hat, wird häufig als ‚Prager Schule' bezeichnet. Max Brod fand den lockereren Ausdruck ‚Prager Kreis' zutreffender und unterschied drei Halbgenerationsfolgen: die Gruppe der Älteren um Hugo Salus und den mit ihm rivalisierenden Friedrich Adler – Epigonen der Klassik, die sich zum Prager Verein ‚Concordia' zusammenschlossen; zu ihnen gehörten auch Emil Faktor, Willomitzer, Teweles und andere; die

Gruppe um Paul Leppin[10], die sich ‚Jung-Prag' oder ‚neo-romantisch'
nannte: Leppin, Hadwiger, Oskar Wiener, Teschner, Wilfert, anfänglich der
junge Rilke und später Gustav Meyrink; die dritte Halbgeneration, die
‚Generation des Trotzdem' (StL 372), wie sie Max Brod in seiner Autobiographie nennt, die sich zu einem metaphysisch verankerten Realismus
bekannte und zu der Kafka, Weltsch, Baum, Brod, Werfel, Haas, Urzidil,
Thieberger und andere gehörten (Prk 206 f.).

Im Schaffen dieses Prager Kreises spielte die deutsche Sprache eine besonders wichtige Rolle. Vielleicht weil sie, obzwar Muttersprache, so doch
nicht Sprache des eigenen Volkes war, wurde sie außerordentlich gepflegt.
Urzidil hält die Sprache für die große Leidenschaft Kafkas und Brods
und betont die Wichtigkeit der Sprache für das Werk Werfels[11]. Die Bemerkungen Egon Erwin Kischs über das Prager Deutsch in einigen seiner
Erzählungen sind humoristisch und tendenziös aufzufassen und können
nicht als bezeichnend für das Deutsch der ‚Prager Kreise' angesehen werden.

Die Reihenfolge der Werkuntersuchungen in dieser Arbeit entspricht
der Chronologie der Werke Max Brods. Bei der Vielseitigkeit und Fülle
des Brodschen Schrifttums lassen sich leichte Überschneidungen und Wieder-
holungen nicht vermeiden; auch können nicht alle Schriften des Dichters in
gleichem Ausmaße Gegenstand dieser Untersuchung sein. Wir werden
unsere Betrachtungen vor allem auf die Schriften konzentrieren, die für
die geistigen Wandlungen Max Brods und dadurch für seine geistesgeschichtliche Bedeutung von ausschlaggebender Wichtigkeit waren.

Der zweite Teil seiner 1968 erschienenen Veröffentlichung ‚Das Unzerstörbare', der bis auf einige, noch vorzunehmende, Korrekturen zum Zeitpunkt von Max Brods Tod, am 20. Dezember 1968, abgeschlossen war,
ist im Laufe des Jahres 1969 erschienen. Desgleichen ein ergänzendes
Kapitel seiner Autobiographie ‚Streitbares Leben'. Während der Vorstudien
für diese Arbeit hatte mir Max Brod die Einsicht in sein Privatarchiv
gestattet; dabei ergab sich häufig die Gelegenheit zu persönlichen Gesprächen mit ihm. Die Erinnerung daran werte ich als großen Besitz und
Gewinn. Wo sich im Verlauf dieser Arbeit Betrachtungen und Erläuterungen auf erklärende Ausführungen Max Brods oder auf persönliche
Kenntnis der Beweggründe und Umstände stützen, wird dies angeführt.

# BIOGRAPHIE MAX BROD's

## Kindheit und Jugend

Max Brod wurde am 27. Mai 1884 in Prag geboren, wo seine Vorfahren väterlicherseits seit 300 Jahren ansässig gewesen waren; die Mutter stammte aus Nordwestböhmen. Der Vater war Direktorstellvertreter der Böhmischen Unionsbank in Prag. Von seinem Vater spricht Max Brod mit großer Liebe:

> „Er war sanft und bescheiden, immer etwas an die Wand gedrückt von dem wild dahinfegenden Vulkanismus meiner Mutter — durchaus nicht die Vaterfigur aus den Werken von Freud, die ‚Imago‘, vor der man sich fürchtet und die man insgeheim haßt" (StL 63).

In der Liebe zur Musik kam die Verschiedenheit der Eltern zum Ausgleich, und diese Liebe teilte sich auch den Kindern mit. Die Neigung zur Musik wurde im Elternhaus geweckt und gepflegt und blieb von entscheidendem Einfluß auf die geistige und seelische Entwicklung Max Brods.

Die Kindheits- und Jugendjahre des Dichters waren von einem schweren Leiden überschattet: die Anfänge einer Kyphose zeigten sich bereits in frühester Jugend bei dem begabten Knaben und die Krankheit wurde von mehreren Ärzten für unheilbar erklärt. Der Mutter Max Brods und ihrer Energie ist es zu verdanken, daß sie sich mit diesem Bescheid nicht zufrieden gab und nichts unversucht ließ, bis es ihr gelang, eine Heilungsmöglichkeit zu finden[1].

Er besuchte die Piaristen Volksschule in Prag und später das Stefan-Gymnasium, das einige Jahre nachher auch Franz Werfel und Willy Haas absolvierten und in dem die jüdischen Schüler die Mehrzahl bildeten. Die Beschäftigung mit Schopenhauer und die Liebe zur Musik sind die ausschlaggebenden Faktoren seiner Gymnasialzeit. Der Einfluß eines Onkels auf die geistige Entwicklung des Knaben darf ferner nicht unerwähnt bleiben, zumal er Niederschlag fand in zwei Werken Brods: in ‚Reubeni, Fürst der Juden‘ (als Lehrer Hirschl) und in der Erzählung ‚Die Rosenkoralle‘ (in der Gestalt des Onkels). Auch die innige Freundschaft, die Max Brod mit seinem Bruder Otto verband, nahm in diesen Jahren ihren Anfang; die gemeinsamen Klavierstudien trugen noch dazu bei, das Gefühl der Zusammengehörigkeit und des geistigen Verstehens zu vertiefen, das unverändert bis zu der erzwungenen Trennung 1939, die ein Abschied für immer sein sollte, andauerte. Der Bruder nahm auch an der Freundschaft mit Kafka und den anderen Freunden steten Anteil.

Aus der Gymnasialzeit datiert auch die für Max Brod wichtige Freundschaft mit dem frühverstorbenen Max Bäuml. Mit ihm entdeckte Brod Hamsun, Heinrich Mann, Ibsen und Schnitzler (PrK 26); diese gemeinsame Lektüre wurde für Brod zum ersten Erlebnis geistiger Verbundenheit. Es war Bäuml, dem Brod seine schriftstellerischen Versuche vorlas und dessen ständige Bereitschaft zum Zuhören und kritiklosen Aufnehmen Max Brod eine geistige Katharsis ermöglichte, die ihm den Durchbruch in die literarische Welt in verhältnismäßig jungen Jahren erleichterte[2]. In den Knabenjahren nahm auch die Freundschaft mit Adolf Schreiber ihren Anfang, die auf die musikalische Entwicklung Brods von starkem Einfluß war. Diese Verbindung fand mit dem Selbstmord Adolf Schreibers 1920 ein tragisches Ende. Die Wertschätzung, die Max Brod diesem Freund entgegenbrachte, spricht aus der Widmung seines 1921 erschienenen Bekenntnisbuches ‚Heidentum, Christentum, Judentum‘: „Zum Andenken des Komponisten Adolf Schreiber des Genialen, Bescheidenen, Wahrhaftigen, meines unglücklichen Freundes".

Das Leben der jüdischen Mittelstandsfamilien Prags war zu diesem Zeitpunkt nur noch wenig von jüdischer Tradition beeinflußt; die Haltung der Familie Max Brods hinsichtlich Religion und jüdischen Volksbewußtseins war indifferent. Trotzdem kommt Max Brod in der Zeit der intensiven zionistischen Tätigkeit und des voll erwachten Volksbewußtseins auf dieses vage Gefühl der jüdischen Zusammengehörigkeit zurück, wenn er in einem Brief an Martin Buber, bezugnehmend auf einen Artikel in der ‚Zukunft‘ von A. H. Schmitz über die Judenfrage, dazu Stellung nimmt[3].

Im Herbst 1902 begann Max Brod sein juristisches Studium an der deutschen Universität in Prag, wo er 1907 promovierte. Die Wahl des juristischen Studiums war nicht durch Vorliebe oder Interesse bestimmt gewesen, sondern weil es als Studium die größte Anzahl von Berufsmöglichkeiten versprach und unter Umständen einen „Brotberuf mit halber Frequenz "ermöglichte, der genügend Freizeit für seine vielseitigen Interessen ließ[4].

Ein Bild des jungen Max Brod aus dieser Zeit ist in der Schilderung, die Stefan Zweig von ihm gibt, erhalten:

„Noch sehe ich ihn, wie ich ihn das erstemal sah, einen Zwanzigjährigen, klein, schmächtig und von unendlicher Bescheidenheit. [...] Er erzählt von Musik, von tschechischen Künstlern, von Smetana und Janaček, den er für die Welt entdeckte, immer aber von den andern, niemals von sich und seinen selbstgeschaffenen Liedern und Sonaten"[5].

## Freundschaft Max Brods mit Oskar Baum, Felix Weltsch, Franz Kafka und Franz Werfel

Innerhalb des ‚Prager Kreises' bildete sich ein inniger Freundschaftsbund von vier Autoren: Franz Kafka, Felix Weltsch, Max Brod und Oskar Baum. Nach Kafkas Tod kam Ludwig Winder hinzu. Die Freundschaft Max Brods mit Felix Weltsch stammte noch aus der Kindheit der beiden und hatte nur während der Zeit des Gymnasiums eine Unterbrechung erfahren. 1902, mit beginnendem Universitätsstudium, wurde diese Freundschaft erneuert und dauerte ohne Unterbrechung bis zum Tode von Felix Weltsch 1965. 1902 lernte Brod Franz Kafka in der ‚Lese- und Redehalle der deutschen Studenten' in Prag kennen; Brod machte seine beiden Freunde miteinander bekannt, und das Triumvirat Kafka, Weltsch, Brod wurde geschlossen. Es waren drei gefühlstiefe Zweierfreundschaften, die sich zu einem Freundesbund zusammenschlossen. „Jeder mit jedem der drei bildete eine intime, einzigartige, auch noch für sich weiterbestehende Verbindung, ohne Trübung, ohne Snobismus, rückhaltlos, wie eine große leidenschaftliche Liebe" (PrK 36).

Der blinde Dichter Oskar Baum, der seinen Kampf um Gleichberechtigung und Gerechtigkeit an Stelle von Mitleid als Symbol des Kampfes der ganzen leidenden Menschheit auffaßte und diesen Kampf zum immer wiederkehrenden Thema seiner Bücher machte, war in diesem Kreis der „Stärkste, Ungebrochenste, obwohl (oder weil) er gegen die schlimmsten Widerstände zu kämpfen hatte", urteilt Max Brod in seinen Erinnerungen an diese Freundschaft (PrK 124). Die Beziehung währte in steter Herzlichkeit bis zur Emigration Brods und Weltsch; es war nicht gelungen, für Baum die Ausreise zu ermöglichen.

Felix Weltsch, der an Bescheidenheit mit Kafka wetteiferte, war der Logiker des Kreises; er formte in „strengen Gedankenketten das, was uns Bild-Trunkene in unseren Wachträumen bewegte" (PrK 132). Es war auch dieser Freund, mit dem Max Brod eine gemeinsame Arbeit veröffentlichte[6].

Die Klärung der philosophischen Gedanken und Probleme – ehe sie ihren definitiven Niederschlag in dem Schrifttum Brods fanden – vollzog sich im Gedankenaustausch und entwirrenden Debatten mit dem Freund. Das Ergebnis dieses Prozesses war nur selten volle Übereinstimmung, und Max Brod gesteht, daß sich die Freunde in einigen entscheidenden Fragen nie einig wurden; so konnte der ergebene Plato-Anhänger Brod den Aristoteles-Verehrer Weltsch nie zu seiner Ansicht bekehren und blieb auch seinerseits unbeeinflußt von der Überzeugung des Freundes.

Die für Brod entscheidende Bereicherung, und hier in bestimmtem Maße vielleicht auch Beeinflussung, kam von Weltsch hinsichtlich der Auffassung der freien Willensentscheidung.

Die Einwirkung der Freunde Kafka, Brod, Weltsch und Baum aufeinander diente der Vervollständigung der geistigen Kräfte jedes einzelnen und bildete einen seelischen Antrieb, der den Schaffensdrang zur Entfaltung brachte. Felix Weltsch[7], der der Öffentlichkeit weniger bekannt war als seine Dichter-Freunde und dessen stilles Wesen eine zurückhaltendere Lebensweise vorzog, wirkte mit seiner philosophischen Ruhe und Nüchternheit wohltuend und ergänzend im Kreis der Freunde. Brod weist im besondern auf den Einfluß der Wahrheitserkenntnis hin, die Kafka und er im Umgang mit Weltsch gewannen (PrK 137).

Die Freundschaft Max Brods mit Franz Kafka, die im Crescendo ohne Störung bis zu Kafkas Tod, 1924, andauerte, die Seelen und Geistesverwandtschaft der beiden sehr jungen – Kafka war 19 und Brod 18 Jahre alt, als die Freundschaft begann – und gemütstiefen Menschen, war von Anbeginn von großer Innigkeit und Aufrichtigkeit.

An zahlreichen Stellen seiner biographischen und autobiographischen Aufzeichnungen spricht Max Brod von dem Glück und der Bereicherung, die ihm die vertraute Beziehung zu Kafka schenkte. Er liebte die Lauterkeit und Seelengröße Kafkas, seine Bescheidenheit und seinen Gefühlsreichtum. In einem Brief an Martin Buber erfaßt Brod diese Wesensart des Freundes in einem schönen Vergleich. Er schreibt dort: „Kafka war so im Tiefsten bescheiden, daß er die Gottheit, die er so unendlich stark und wahrhaft fühlte und bezeugte, in jedem Zug seines Sinnes auch anderen rings um ihn fühlbar machte wie nur je ein Zaddik"[8]. Zu einem Zeitpunkt, in dem er damit noch völlig vereinzelt dastand, erkannte Brod die überragende literarische Begabung Kafkas. Nach der ersten Vorlesung unter vier Augen sah er in Kafka „den größten Dichter unserer Zeit" (StL 279), bewunderte in ihm den Meister neuzeitlicher Prosa und war seitdem bemüht, diesem

Schrifttum Anerkennung zu verschaffen. Aber selbst der Freund Franz Werfel war der Ansicht, daß die Prosa Kafkas nichts weiter wäre als eine „Prager Lokalangelegenheit", die hinter Tetschen-Bodenbach (die tschechisch-polnische Grenze zu dieser Zeit) kein Mensch verstünde (UFK 278). Eine Meinung, die Werfel später lebhaft rektifizierte[9].

In den Briefen Max Brods an Kafka, in den Tagebuchnotizen Brods und Kafkas kommt Brods Bemühen, den Freund in seinem dichterischen Schaffen zu ermutigen und zu bestärken, zum Ausdruck. Es bedurfte des dauernden Zuspruchs von Brod, Kafka davon abzuhalten, alles von ihm Geschriebene ehestens wieder zu vernichten. Auch bei den Eltern Kafkas und bei dessen Braut warb Brod um Verständnis für die Individualität des Freundes. So schrieb er am 6. 10. 1912 an Kafkas Mutter und bat um Verständnis und Rücksicht, nachdem Kafka ihm in einem durch seine objektive Ruhe besonders erschütternden Brief von Selbstmordgedanken geschrieben hatte (UFK 85 f.).

Das Verhältnis Kafkas zu Brod dürfte nicht weniger innig gewesen sein als das Brods zu Kafka. In einem Brief an Felice Bauer, vom 14. 2. 1913, schreibt Kafka über das „überschwängliche Interesse", das er Brods Arbeiten entgegenbringe, und daß dies „aus Liebe" geschehe[10]. Es wäre also falsch, die Beziehung als die von Jünger zu Meister zu sehen. Die Beziehung war wechselseitig und bald der eine, bald der andere der Wegweisende oder der Lernende. Hatte Brod Kafka zu den ostjüdischen Schauspielern gebracht und die gemeinsame Plato-Lektüre angeregt, so lenkte Kafka Brods Interesse auf Flaubert, Stefan George und Robert Walser. Teilte Kafka die Begeisterung Brods für Meyrink nicht, so waren die beiden Freunde einer Meinung in ihrer Begeisterung für Hofmannsthal. Es war ein Nehmen und Geben in gegenseitiger Liebe und Dankbarkeit.

Brods Versuche, Kafka für den Zionismus zu gewinnen, führten zwar vorübergehend, wohl wegen allzugroßer Hartnäckigkeit Brods, zu einer Entfremdung, waren aber später von Erfolg gekrönt[11].

Die Gegensätze, die in der Beziehung zwischen Kafka und Brod hervortraten, sind in dem Kafkas Natur bestimmenden Komplex von Stärke und Schwäche, der sich in Kafkas dichterischem Werk als Synthese von Realismus und reicher Phantasie offenbart, zu suchen. Der Besonnenheit Kafkas und seiner überlegenen Ruhe – der impulsive Max Brod konnte bei dem Freund in praktischen und Gefühlsfragen Rat finden – stand sein „gleichgewichtsloses, schwindelerregendes Unsicherheitsgefühl" gegenüber, das Brod als den Kristallisationspunkt seiner Beziehung zu Kafka empfand (vgl. StL 265)[12]. Der zuverlässige Freund Max Brod dürfte, trotz seiner persönlichen Seelenstürme, für Kafkas divergierende Charaktereigenschaften das ausgleichende Element gewesen sein. Die Tatsache allein, daß Brod bei ihm Rat suchte, dürfte Kafka, für den das Weltgeschehen aus einer Kette von Unsicherheitskomponenten aufgebaut schien – und der voller Ängste und Unentschlossenheit war –, zu einem seelischen Ausgleich geführt haben. Beredtes Zeugnis dafür ist ein rührender Satz aus einem Briefe Kafkas an Brod:

„Denn weißt Du, Max, meine Liebe zu Dir ist größer als ich und mehr von mir bewohnt, als daß sie in mir wohnte und hat auch einen schlechten Halt an meinem unsicheren Wesen".

der Brief endet:

„Kurz, ich habe Dir das schönste Geburtstagsgeschenk ausgesucht und überreiche es Dir mit einem Kuß, der den unfähigen Dank dafür ausdrücken soll, daß Du da bist"[13].

Zeugen der zentralen Bedeutung Brods für Kafka sind die Briefe Felices, Milenas und Doras an Brod (vgl. UFK 124 f. und 196 f., PrK 112 f.). Die rückhaltlose Offenheit, die aus den Briefen Milenas an, den ihr zu dem Zeitpunkt unbekannten, Max Brod spricht, ist nur damit zu erklären, daß Milena aus Kafkas Erzählungen die Tiefe dieser Freundschaft erkannt hatte.

In seiner ganzen Tiefe kann dieser Komplex einer einzigartigen Freundschaft erst ausgeschöpft werden, wenn auch die Briefe Max Brods an Kafka herbeigezogen werden und dadurch ein klares Bild der Wechselseitigkeit dieser Beziehung und ihrer Auswirkung gewonnen wird. (Die Briefe sind bisher nicht veröffentlicht; Max Brod plante eine Zusammenstellung dieser Briefe, die sich in seinem Besitz befanden.)

Max Brod lehnte es stets ab, das Wort Kafkas, daß es für „uns" keine Hoffnung gibt, als Schlüssel der Dichtung Kafkas zu verstehen, ohne die vielen hoffnungsvollen und lebensbejahenden Aussprüche Kafkas gleichfalls einzubeziehen. In diesem Zusammenhang vergleicht Brod Kafka mit Novalis; auch Novalis könnte nur als der Sänger der Nacht und des Todes beurteilt werden, doch Tieck, der ihn kannte, gab ein ganz anderes Bild von ihm, in dem er auch auf die Heiterkeit und Lebensfreude Novalis hinwies. Der Vergleich mit Novalis, den Brod einigemale benutzt, entspringt mutmaßlich mehr der Verehrung und Liebe, die Brod den beiden Dichtern entgegenbrachte, als den anwendbaren Maßstäben. Die Freundschaft mit Kafka und die Erinnerung an sie, war ein Gut, das Brod eifervoll und – man könnte sagen – eifersüchtig verwaltete.

Das Hervorzuhebende an dieser, im wahrsten Sinne des Wortes über den Tod hinausgehenden, Freundschaft ist die Tatsache, daß, trotz der großen intellektuellen und gefühlsmäßigen Nähe und Geistesverwandschaft, niemals von literarischer Beeinflussung die Rede sein konnte. Die Art, der Stil, die dichterische Phantasie und selbst die Wahl der Themen waren verschieden. Hermann Grab[14] beobachtet zwar, daß „in dem Antagonismus zwischen den realen Mächten und dem marionettenhaften Leben" die Verwandschaft zwischen Kafka und Brod zutage tritt, fügt aber hinzu, daß in der Erfassung des Mediums, das bei Brod von konstitutiver Bedeutung bleibt, der Gegensatz der Blickrichtungen hervortritt. Es ist jedoch vor allem darauf hinzuweisen, daß der Gegensatz am schärfsten in der Erfassung der Willensfreiheit des Menschen liegt und in seiner Fähigkeit, „das Richtige zu tun". Brod läßt, außer in den frühesten Werken, die Möglichkeit offen, daß der Weg zu Gott gefunden werden kann[15].

In dem 1928 erschienenen Roman Max Brods ‚Zauberreich der Liebe' gibt der Dichter der Gestalt Gartas viele Charakterzüge und Eigenschaften Kafkas, während der Freund Gartas, Christof, autobiographische Züge aufweist. Die in dem Buch geschilderten Geschehnisse stützen sich teilweise auf erlebte Begebenheiten; vier Jahre nach Kafkas Tod versuchte Max Brod hier eine Klarstellung verschiedener Aspekte dieser Freundschaft, und die so oft diskutierte Frage der Veröffentlichung von Kafkas Schrifttum, – trotz seines ausdrücklichen Wunsches, den testamentarischen Nachlaß zu vernichten –, wird in dem Roman interpretiert: Garta-Kafka hatte das Maß der Vollendung, das er anstrebte, in seinen Schriften nicht erreicht, daher hatten sie für ihn keinen Wert. Aber nur er selbst hatte das Recht, seine Werke so gering zu achten; der Freund sah darin ein die Welt bereicherndes Gut, das ihr nicht vorenthalten werden durfte.

In der Sammlung und späteren Veröffentlichung der Schriften Franz Kafkas liegt die logische Konsequenz der unbeirrbaren Einstellung Max Brods zu diesem Schrifttum. Die Liebe zu Kafka hatte den jungen Max Brod geleitet, das Meisterhafte in den ersten literarischen Versuchen des Freundes zu erkennen. Dieses Gefühl, vertieft durch die gemeinsam verlebten Jahre und das in ihnen erworbene Verständnis für den Freund, war ausschlaggebend für die Beantwortung der Gewissensfrage, die sich Max

Brod wohl stellte. Brod konnte von dem Gedanken ausgehen, daß er im Sinne Kafkas handle, wenn er die letztwillige Verfügung des Freundes als allzusehr geleitet von dessen übertriebener Selbstkritik empfand und sich über sie hinwegsetzte. Kafka hatte Brod als Berater und Kritiker, nicht nur als Freund, geschätzt, und in dem Testament und der Wahl des Testamentsvollstreckers lag ein Widerspruch, der die Aufforderung enthielt, nun ein durch ihn nicht mehr beeinflußbares Urteil über sein Werk zu sprechen. Es ist in gewissem Sinne die Situation des ‚Prozeß' mit einer Verlagerung des Unbekannten in das Geistige allein. Eine Briefstelle in einem, die Frage der Veröffentlichung des Nachlasses Kafkas berührenden, Briefe Dora Diamants bestätigt diese Auffassung: „Die Größe dessen zu beurteilen, was Du noch jetzt Franz gegenüber tust, kann ich nur, wenn ich mir Franzens Blick zu Hilfe nehme. Ich allein genüge nicht" (PrK 113).

Die seelische Größe und der Mut, die der Entschluß, dieser Verfügung Kafkas entgegenzuhandeln, erforderte, werden von Willy Haas erkannt, der in dieser Eigenmächtigkeit die „theologische Tiefe" der Freundschaft Brods für Kafka sieht. Haas erfaßt die Bestimmung Kafkas als eine jener schwierigen Prüfungen, die auch das Wesentliche der Werke Kafkas ausmacht: die Prüfung, ob Brod das Bestimmende seines eigenen Schicksals als Freund und Förderer versteht; es war die Erprobung der seelischen Kraft Brods, das Werk des Freundes höher zu schätzen als seinen letzten Wunsch. In logischer Fortsetzung dieses Gedankens wertet Haas den Entschluß Brods als „den unermeßlichen Sprung über den eigenen Schatten"[16].

Brod setzte das geistige Zwiegespräch mit Kafka selbst nach dessen Tod noch fort. Diese ungebrochene Verbundenheit bestand – wohl über die Vermittlung Max Brods – teilweise auch bei Felix Weltsch. Die Briefe Felix Weltschs an Brod erwecken zuweilen den Eindruck, als wäre der längst verstorbene Freund Kafka nur räumlich unerreichbar. (Die Briefe Max Brods an Felix Weltsch sind nicht zugänglich.) Die Ansicht Schalom Ben Chorins, daß sich das dialogische Prinzip Martin Bubers in der Begegnung Kafka-Brod realisiert hätte und durch Kafkas Tod nicht unterbrochen worden wäre, ist in großem Maße zutreffend[17]; diese Freundschaft, die über zwanzig Jahre währte und vor fünfundzwanzig Jahren, durch den Tod Kafkas, unterbrochen wurde, bestand im Geiste weiter, und der Dialog fand sein Ende erst mit dem Tode Max Brods.

Die Freundschaft Max Brods mit Franz Werfel ist von einem völlig anderen Gesichtsfeld aus zu sehen als die Freundschaft mit Kafka und Weltsch. Durch den Altersunterschied zwischen Brod und Werfel, der, obzwar er nicht mehr als sechs Jahre betrug, zum Zeitpunkt ihrer ersten Begegnung bedeutend erschien (StL 12), und durch die Stellung Brods als Dichter, der bereits einige Novellen und einen Roman veröffentlicht hatte und schon ein gewisses literarisches Ansehen genoß, war von Anbeginn eine Schranke gesetzt, die wahrscheinlich auch während der sich später entwickelnden innigen Freundschaft nie völlig vergessen wurde. Hierin mag auch einer der Gründe für das zeitweilige Zerwürfnis zwischen den beiden Freunden liegen; die Harmonie der Gleichartigkeit und Gleichrangigkeit, die in dem Verhältnis Brods zu Kafka und Weltsch vorherrschte, war nicht gegeben. Die spätere „Enttäuschung" Brods beruht wohl auch darauf, daß Brod dieser Freundschaft doch wesentlich andere Maßstäbe anlegte als seiner Beziehung zu den beiden anderen Freunden.

Die erste Begegnung Brods mit Werfel wurde durch des Letzteren Freund, Willy Haas, 1909 herbeigeführt. Werfel trug seine Gedichte vor, und Brod, der in ihnen die „große Kunst" erkannte, fühlte sich „unermeßlich beschenkt" (StL 13). Die Bewunderung, die Brod den Gedichten des „Weltfreund" zollte, blieb stets unverändert. Bis an sein Lebensende sah Max Brod in dieser Gedichtsammlung eines der eigenartigsten lyrischen Gebilde der Weltliteratur. (Er brachte diese Meinung wiederholt in persönlichen Gesprächen zum Ausdruck.)

Ein weiteres Gebiet, in dem sich die Interessen der beiden Freunde trafen, war Werfels musikalisches Verständnis. Allerdings bestanden hier wesentliche Meinungsverschiedenheiten. Der grundsätzlich andersartige Charakter Werfels äußerte sich auch in seinen musikalischen Neigungen, und Brod berichtet von einer kurzen Entzweiung, die wegen Werfels ablehnender Haltung zu Wagners Musik, die Brod glühend verehrte, eintrat. Werfel liebte Verdi; man könnte das Echo der Neigung zu den verschiedenen Komponisten in der Lyrik Brods und Werfels suchen, wobei besonders Vergleiche von Werfels frühen Gedichten mit dem Crescendo des ‚Rigoletto' naheliegen.

Im Zeitpunkt des Beginns der Beziehungen zwischen Brod und Werfel bestand die Freundschaft Brod-Kafka-Weltsch bereits in ihrer ganzen Tiefe und Stärke, und Brod vergab „die höchste Auszeichnung", die er zu vergeben hatte, und vermittelte die Bekanntschaft zwischen Werfel und dem engen Prager Kreis. Eine Freundschaft von gleicher Innigkeit sollte auch die Beziehung zu Werfel werden (vgl. StL 21 f.). Werfel nahm an gemeinsamen Wanderungen teil, brachte seine Freunde in Kontakt mit dem Kreise Brods, und die vielen gemeinsamen Berührungspunkte führten zu lebendigem Gedankenaustausch und gegenseitiger Bereicherung. Brod nannte diese Epoche „das Ilmenau der Prager deutschsprachigen Literatur" (Prk 148).

Die enthusiastische Bewunderung Brods für Werfel war jedoch nicht bloß auf Werfels lyrische und musikalische Begabung gestützt. Der junge Brod, der zu diesem Zeitpunkt das Stadium des Indifferentismus überwunden hatte und in Liebe zur Menschheit erglühte, der zu helfen sein unermüdliches Bestreben und höchstes Ziel war, fand sich tief beeindruckt von Werfels Leitlinie, das Gute und das Positive, und nicht das vielleicht interessantere Böse, zum Gegenstand seiner dichterischen Schöpfung zu machen. Brod sah in dieser Ausrichtung Werfels seine Ideen und Träume fortgesetzt und realisiert; er fand die weltfreundliche Gesinnung bei dem neuen Freund stärker und klarer formuliert als bei den anderen Zeitgenossen und Freunden. Der Gleichklang der Seelen auf diesem Gebiet erklärt auch das uneingeschränkte Vertrauen, das Brod Werfel entgegenbrachte. Der Gedichtband Werfels ‚Der Weltfreund' wurde dank der eifrigen Verwendung Brods zur Veröffentlichung angenommen, und die Meinung mancher Kritiker ging dahin, daß die Beeinflussung Werfels durch Brod in den Gedichten nicht zu übersehen sei. Brod konnte sich mit Fug als der „Lehrer" Werfels sehen und schreibt auch in diesem Sinne: „Es ereignete sich also der seltene Fall, daß damals der Lehrer vor seinem Schüler auf den Knien lag" (StL 15)[18].

Werfels Einstellung zu Brod, soweit sie aus den spärlich erhaltenen Briefen Werfels an Brod aus dieser Zeit rekonstruiert werden kann, scheint eine zutiefst innige und freundschaftliche gewesen zu sein. In der Festschrift zu Max Brods 50. Geburtstag kommt Werfel auf das Gefühl dieser Epoche zurück:

„Mit Max Brod verbindet mich mehr als Heimat und Jugend. Ich habe ihn aus überfließendem Herzen bewundert und verehrt, als ich ihm das erstemal gegenüber trat. Er war der erste wirkliche Dichter, dem ich begegnen durfte, ein geweihter Mann, und ich gedenke noch des knabenhaften Schauers, der mich damals erfüllte. Diesem verehrenden Gefühl bewahre ich bis auf den heutigen Tag die Treue"[19].

Das Zerwürfnis mit Werfel war nur zum Teil in den sich im Laufe der nächsten Jahre entwickelnden geistigen und politischen Gegensätzen begründet. Zwar stand dem Tatendrang Brods und seinen stürmischen For-

derungen nach einem neuen Ziel die ganz anders ausgerichtete Haltung
Werfels gegenüber, der sich nun, im Gegensatz zu seiner vorangehenden
weltfreundlichen Denkart, in einer Phase befand, in der ihm, angesichts
der Verderbtheit der Welt, alles Helfen hoffnungslos erschien. Für Werfel,
den Geschichte und Religion des Judentums untrennbar miteinander verbunden dünkte und der in der jüdischen Religion nicht die von ihm gesuchte
Antwort fand, konnte der Zionismus nicht die Lösung darstellen. Die
gegensätzliche Haltung gegenüber der jüdischen und christlichen Religion
bei Brod und Werfel führte zu Kontroversen, die teilweise durch Veröffentlichungen in verschiedenen Zeitschriften ausgetragen wurden[20]. Mehr
als zwanzig Jahr später wies Werfel auf die noch bestehende Meinungs-
verschiedenheit hin:

„[...] daß unsere Gesinnung (Deine und meine) in der jüdischen Frage nicht
immer übereinstimmt und in der Betonung des Nationalen oft auseinandergeht,
brauche ich Dir ja nicht erst zu sagen. Darüber möchte ich mit Dir sprechen. Es
ist ja bald ein Vierteljahrhundert altes Gespräch, das wir darüber führen"[21].

Der Kernpunkt der großen Enttäuschung, die viele Jahre hindurch in
den Beziehungen der beiden Freunde nachklang, war die Kränkung Brods
darüber, daß Franz Werfel den „Verführungskünsten" Karl Kraus' (StL 97)
erlag, zu dem Brod in offener Gegnerschaft stand. Es hieße die Sachlage
nicht ganz erfassen, sähe man in der Reaktion Brods nur verwundete Eitelkeit. Die Gegnerschaft Brods zu Kraus bestand aus ideologischen und
nationalen Gründen; Kraus verkörperte für Brod den Kritiker, wie er nicht
sein dürfte, der seine Aufgabe in Angriffen und nicht in der Erziehung
sieht[22]. Kraus verkörperte auch für Brod den Prototyp des jüdischen Selbsthasses, der unfaßbare Dimensionen annehmen konnte. So stand Karl Kraus
in der Dreyfusaffaire sehr aktiv auf Seiten der Gegner von Alfred Dreyfus.
Der Konflikt Brod-Kraus war durch den Protest Brods gegen die literarische Behandlung, die Kraus Kerr angedeihen ließ, entstanden, und die
Tatsache, daß ein junger, jüdischer, von Brod aufs wärmste geförderter
und – wie Brod annehmen durfte – ihm in aufrichtiger Freundschaft ge-
neigter Freund nun öffentlich zu diesem Gegner überging, mußte als Ver-
trauensbruch aufgefaßt werden. Es trafen hier zwei Momente zusammen,
die die Lage verschärften: das persönliche, in dem Verlust des Freundes,
an dessen Liebe und Treue Brod geglaubt hatte, und das ideologische, in
der Erkenntnis, daß Werte und Grundsätze, die Brod beiden gemeinsam

geglaubt hatte, es nicht waren. Das freundschaftliche Verhältnis Werfel-Kraus war von kurzer Dauer, es gelang Werfel, die Entzweiung mit Brod durch einen Brief, in dem er von seinem „Irrtum" spricht, größtenteils beizulegen (StL 99)[23].

Auch hier, wie in dem Verhältnis zu Kafka, muß die Vermeidung jeder direkten literarischen Beeinflussung hervorgehoben werden. Die rege Geistesbeziehung und der intensive Gedankenaustausch der beiden Dichter war eine gegenseitige ideelle und gefühlsmäßige Bereicherung, die allerdings nie in eine stilistische oder inhaltliche Beeinflussung überging. Der dieser geistigen Verbindung innewohnende Gleichklang war für Brod und Werfel von großer Bedeutung; Werfel betont dies in einem Brief, der wahrscheinlich 1923 geschrieben wurde:

„Im letzten Jahr mußte ich oft daran denken, wie lange wir schon miteinander gehen, und daß daraus über alles einzelne hinaus eine Beziehung entstanden ist, die ich immer als einen sehr schönen Besitz meines Lebens fühle"[24].

Die „menschlichen Zusammengehörigkeitsbeweise", von denen Werfel in diesem Brief an anderer Stelle spricht, überdauerten das zeitweilige Gefühl der Entfremdung; Brod sprach häufig und mit großer Anerkennung und Freundschaft über den Freund, der in seinem Leben eine der zentralen Stellen inne hatte.

Die Beziehung Brods zu Ludwig Winder, der nach Kafkas Tod zu dem engen Prager Preis zählte, lag hauptsächlich auf der Ebene einer literarischen Freundschaft, die auf gegenseitiger Achtung basierte. Der gemeinsame Beruf – Winder war Theaterkritiker der ‚Bohemia' – war ein weiteres Verbindungsglied. Anfänglich war auch die politische Meinung der beiden Freunde ähnlich: beide waren überzeugte Demokraten. In den Fragen des Zionismus oder des jüdischen Bewußtseins gab es keine gemeinsamen Berührungspunkte, und dies mag das Reaktionsfeld der Beziehung eingeschränkt haben. In seinem Brief vom 23. Juli 1968 schrieb Max Brod in Beantwortung einer dahingehenden Frage: „Beeinflussung Winders durch mich oder umgekehrt bestand nicht, soviel mir erinnerlich. Das von Anfang an starke jüdische Empfinden Winders – sein erster Roman „die jüdische Orgel" – wurde vielleicht (?) von mir verstärkt. Im übrigen neigte Winder unter dem Einfluß seiner Tochter zum Kommunismus"[25].

## Max Brod als Kritiker, Förderer und Helfer

Die Stellung Brods als Förderer Kafkas und Werfels, die wir in dem vorhergehenden Kapitel beobachtet haben, wurde wiederholt der Gegenstand literarischer Hinweise, in denen die Bedeutung dieser Tatsache unterschiedlich gewertet wurde. Max Brod beschränkte jedoch sein förderndes Interesse keinesfalls nur auf den Kreis seiner engen Freunde. Das Betätigungsfeld Brods als Kritiker – seine Besprechungen literarischer und musikalischer Werke erschienen seit dem Jahre 1906 in verschiedenen Zeitschriften Deutschlands und der Donaumonarchie – schuf die Basis für die enge Berührung mit jungen Künstlern der deutschen und tschechischen Kreise Prags, denen er sein Interesse und seine Hilfsbereitschaft angedeihen ließ.

Der Leitgedanke Brods, die Vorzüge eines Schaffenden als seelische Bereicherung zu empfinden, hingegen „von seinen Mängeln nur die allernotwendigste Notiz zu nehmen" (Ster 105), bestimmte sein Wirken, das für ihn untrennbar mit der Aufgabe eines helfenden Beraters verbunden war. Diese Zielsetzung wurde bestimmend in Brods Interpretation der tschechischen Kunst: ihr verdankt die Welt ihre Vertrautheit mit tschechischen Künstlern, deren Ruhm Max Brod in ihrem Lande und im Ausland verbreitete. Er wurde zum Entdecker Leoš Janáčeks für die ausländischen Bühnen, indem er, über seine Kritikertätigkeit hinausgehend und unter Zurücksetzung seiner eigenen literarischen Pläne, die Operntexte Janáčeks übersetzte. Die 1924 von Max Brod veröffentlichte Biographie Janáčeks führte zu weiteren Forschungen und zur Auffindung verloren geglaubter Manuskripte.

Förster, Novák, Weinberger und Krička gehören zu den tschechischen Komponisten, deren Operntexte Max Brod übersetzte. Nicht nur auf zeitgenössische Musik erstreckte sich das vermittelnde Bemühen Brods, auch auf die Musik Smetanas, die er mit der Mozarts verglich, wurde diese Tätigkeit ausgedehnt.

Tschechische Dramen von A. Dvořak und V. Werner wurden von Brod ins Deutsche übertragen. Max Brod erkannte bereits nach der ersten Lektüre des auf Zeitungspapier gedruckten Heftchens der Fortsetzung des ‚Schwejk‘ in Jaroslav Hašek den Humoristen „allergrößten Formates, den mit Cervantes und Rabelais zu vergleichen vielleicht einer späteren Zeit nicht allzu gewagt erscheinen wird" (StL 417), und ging daran, dem Werk zur Geltung zu verhelfen: er schrieb über den ‚Schwejk‘, übersetzte und dramatisierte mit Hans Reiman Hašeks Buch und brachte es zu Weltruhm[26].

Nicht nur auf die deutsche und tschechische Literatur und Musik begrenzte sich dieser Aktionsradius Brods. Alfred Weber wurde für Prag von Max Brod entdeckt, Carl Nielsen, der skandinavische Komponist, auf den Brod „wie die Taube mit dem Ölblatt" gewirkt hat, gehört hierzu (StL 320 und 408). 1907 wies Brod in einer begeisterten Kritik auf eine Gruppe von deutschen und tschechischen Malern hin (PrK 53 f.). In einem Brief vom 4. 10. 1933 empfielt er die hebraeischen Gedichte Georg Langers an Martin Buber zur Veröffentlichung[27]. In einer Besprechung von Samuel Joseph Agnons „Das Krumme wird gerade" wertet Max Brod 1918 das Schaffen des israelischen Nobelpreisträgers für Literatur 1966 unter dem Gesichtspunkt der nationalen und übernationalen Literatur[28].

Die Reihe derer, die sich der Hilfe und Ermunterung Max Brods auf ihrem Künstlerweg erfreuten, wäre bis in die Gegenwart fortzusetzen. Mit der für ihn charakteristischen Bescheidenheit war Max Brod selbst der Ansicht, daß dieses Wirken stets überschätzt worden sei, denn er hätte es zu seiner Freude getan und aus Liebe zur Kunst und dem Meisterhaften und zitiert hierzu sein großes Vorbild Goethe:

„Selbst erfinden ist schön; doch glücklich von andern Gefundenes fröhlich erkannt und geschätzt, nennst Du das weniger Dein?"[29]

Rückblickend gibt sich die Tendenz Brods als Kritiker zu erkennen: In einer Umgebung, die in Folge der politischen, nationalen und sprachlichen Situation dazu neigte, jedes Kunstwerk von diesen Erwägungen beeinflußt zu beurteilen, setzte sich Max Brod über diese Beschränkung hinweg und wertete die Dichtung, Komposition oder Darstellung aus der übernationalen Sicht der humanistischen Tradition. Die Anzahl seiner Entdeckungen, die dem Kriterium der nachfolgenden Generation standhielten, sind der überzeugende Beweis für die Schärfe, Voraussicht und Richtigkeit seiner künstlerischen Beurteilung, die er von jeder subjektiven Beeinflussung frei zu halten verstand.

## Politische und zionistische Tätigkeit Max Brods

In einem Gespräch am 1. März 1968 sagte Max Brod: „Ich sah meine politische Tätigkeit als Pflicht eines Juden". So war die politische, und in diesem Sinne auch die zionistische Tätigkeit, für Max Brod eine Aufgabe, der sich der ethische Mensch nicht entziehen durfte. Die bewußte Wendung zum Zionismus war auch der Zeitpunkt der Anfänge von Max Brods politischer Betätigung, da die beiden Gebiete naturgemäß Verbindungslinien aufwiesen.

Das allererste politische Unternehmen Brods war 1914 der phantastische Versuch, der von der Gutgläubigkeit und dem Vertrauen in die Menschheit seiner Initiatoren zeugt: Italien als größte neutrale Macht zur Rolle eines Friedenvermittlers aufzurufen. Durch die Intervention von Thomas Garrigue Masaryk, der damals Professor für Philosophie an der tschechischen Universität in Prag war, sollte dies in die Wege geleitet werden. Brod überzeugte Werfel, der bereits in Uniform war, von diesem Gedanken; die Audienz kam zustande und endete, wie vorauszusehen war, mit der Ablehnung Masaryks[30].

Die ‚connationale‘ und ‚metapolitische‘ Einstellung mancher Zeitgenossen wurde von Brod nie geteilt[31]. Wie in allen Phasen und Situationen seines Lebens, war er auch hier für eine konkrete Haltung und Stellungnahme, für ein tätiges Handanlegen mehr als für himmelstürmende Ideologie. Die Entfaltung des jüdischen Bewußtseins und die damit verbundene Wandlung in Max Brod und seinem dichterischen Schaffen werden wir später noch eingehend würdigen; hier sei zunächst nur auf die unmittelbare Auswirkung der Wendung zum Zionismus Bezug genommen, die im Zuge dieser Wandlung erfolgte.

Max Brod begnügte sich nicht mit bloßen Bekenntnissen zur Idee; er begann mit dem Studium der hebraeischen Sprache, gründete gemeinsam mit Hugo Bergmann den zionistischen Klub in Prag, in dem Vorträge über jüdische Themen gehalten und vieles zur Weckung des zionistischen Gedankens getan wurde, trat in das zionistische Distriktskomitee ein und richtete sein ganzes Interesse auf das neue Ziel. Es gab auch hier Zweifel und Zögern, ehe das seelische Gleichgewicht in den neuen und schwerwiegenden Eindrücken gefunden werden konnte.

Der Ausbruch des Krieges führte dazu, daß die Tätigkeit der Prager zionistischen Bewegung fast völlig lahmgelegt wurde. Die meisten aktiven Mitarbeiter standen bereits im Felde, während gerade zu diesem Zeitpunkt die an die Bewegung gestellten Aufgaben durch den Zustrom der ostjüdischen Flüchtlinge sich täglich vergrößerten. Max Brod entwickelte nun eine intensive Tätigkeit. Er brachte den ihm bisher völlig unbekannten Ostjuden Liebe und aufgeschlossenes Verständnis entgegen und entfaltete, über den

Rahmen der Hilfsaktion hinausgehend, eine unermüdliche Tatkraft, um das harte Schicksal der Flüchtlinge zu erleichtern[32].

Gleichzeitig mit dieser zionistisch-humanistischen Phase wuchs in Brod die Überzeugung, daß eine Zusammenarbeit von Tschechen und Juden wünschenswert wäre. Er hatte ein konkretes Ziel im Auge: er dachte an eine Art von Interessengemeinschaft der kleinen Nationen. In diesem Sinne schrieb er am 30. Juli 1917 an Leo Janáček:

„Ein politisches Zusammenarbeiten der Juden und Tschechen ist möglich; namentlich in Österreich, wo auch wir Juden die weitgehendste nationale Autonomie der kleinen Nationen anstreben"[33].

Wie für seine Freunde, so auch für seine Ideen und politischen Über- zeugung, warb Max Brod unter Einsatz aller Kräfte um Anerkennung. Dies führte zu polemischen Auseinandersetzungen, die zum Teil in Zeitschriften ausgetragen wurden. Brod hoffte, im Zionismus auch einen Weg für die in Irrungen und Problemen der Zeit eingesponnenen Freunde und Bekann- ten zu finden. Darauf deutet Friedrich Thieberger mit seinem Hinweis:

„Damals, in der Not der letzten Kriegsjahre, war die literarische Welt von einer urchristlichen Leidenschaft erfüllt. Ihr gegenüber verteidigte Brod sein Glaubensbekenntnis, daß im Judentum die menschliche Gemeinschaft die gleiche erlösende Funktion habe, wie die Gnade im Christentum"[34].

Hierzu nehmen auch die Briefe von Franz Werfel und Felix Braun aus dieser Zeit Stellung[35].

In den Vorbereitungen zur Bildung des neuen tschechischen Staates wurde Max Brod zum Fürsprecher der auf dem Gebiet des werdenden Staates lebenden Judenheit und zum Verfechter jüdischer autonomer Rechte. In einem persönlichen Telegramm Masaryks an Max Brod, sicherte Masaryk, unter Bezugnahme auf die Unterredung bei Kriegsausbruch, den Juden in der tschechischen Republik Gleichberechtigung und volle nationale Rechte zu. Diese Depesche wurde zum Grundstein des jüdischen Nationalrates, als deren Vicepräsident Max Brod durch viele Jahre tätig war. In der Entstehung der Heimstätte Palaestina vermeinte Max Brod eine gewisse Ähnlichkeit mit der Gründung der tschechischen Republik zu sehen. Diese historische Gleichartigkeit mag Max Brod als gutes Omen für eine frucht- bare Coexistenz erschienen sein[36].

Im Sinne seiner zionistischen Überzeugung war Max Brod, gemeinsam mit dem Präsidenten des jüdischen Nationalrats, Ludwig Singer, um die Erichtung eines hebraeischen Schulwesens in der Č.S.R. bemüht. Die Bestrebungen waren erfolgreich: zwei hebraeische Gymnasien und eine jüdische Volksschule wurden eröffnet.

Das Wirken Max Brods, sowohl innerhalb der zionistischen Bewegung als auch in der lokalen Politik, war bewegt von der Leitidee seines Lebens, die sich auch in seinem dichterischen und kulturphilosophischen Schaffen ausdrückt: mitzuwirken am Werke der Menschheit für die Menschheit.

## Emigration und Pause des dichterischen Schaffens

In der Nacht zum 15. März 1939, mit dem letzten Zug, der die Č.S.R.-Grenze nach Polen vor dem Einmarsch der deutschen Truppen passierte, verließ Max Brod Prag[37]. Mit fünfundfünfzig Jahren hieß es nun, ein neues Leben zu beginnen. Allerdings empfand es der langjährige Zionist nicht so sehr als Auswanderung, als Emigration; war es doch auch eine Heimkehr. Hatte er früher gedacht, seinen Lebensabend, die letzten passiven Jahre, in der jüdischen Heimstätte zu verbringen, so hatte das Schicksal ihn nun zum aktiven Mithelfen bestimmt. In richtiger Erfassung dieses Umstandes schrieb Franz Werfel am 21. 1. 1940 an Max Brod: „Es ist sehr schön, daß Du in einem Lande bist, nach dem es Dich immer getrieben hat. Dein Exil hat zumindest theoretisch die Bedeutung der Heimkehr"[38].

Die Umstellung und Anpassung an die völlig veränderten Lebensbedingungen erforderten viel Kraft und guten Willen, obwohl Max Brod dem allen mit der Erkenntnis gegenüberstand, daß er nunmehr „einen wesentlichen, bisher vernachläßigten Teil seiner Lebensaufgabe in Angriff nehmen könne" (StL 456). Die Probleme der neuen Existenz wurden wettgemacht durch die Genugtuung, am Aufbau des Landes mitarbeiten zu können. Schon nach einigen Wochen nahm Max Brod seine Tätigkeit als Dramaturg der ‚Habima‘, der ersten hebraeischen Bühne des Landes auf; diese Aufgabe erfüllte er bis zu seinem Tode.

Mit ganzem Herzen widmete sich Max Brod den neuen Aufgaben. In intensivster Arbeit, oft mit großen körperlichen Anstrengungen verbunden, verbrachte Brod die ersten Jahre nach seiner Heimkehr in das Land der Väter. Doch es waren glückliche Jahre. „Nie in meinem Leben war ich einem sinnvollen Dasein so nahe", empfand Max Brod über diese Zeit (StL 467).

Der Freitod Stefan Zweigs, des dezennienlangen Weggenossen, stürzte Max Brod in tiefe Trauer. Trotz der wesentlichen Unterschiede in ihrer Einstellung zu jüdischen und allgemeinen Problemen war das Verhältnis der beiden Autoren ein sehr inniges gewesen. Der Halt, den Max Brod an der bloßen Tatsache gefunden hatte, „daß Stefan Zweig existierte und auf seine stille Art kämpfte" (StL 480), war nicht mehr, und das geistige Bindeglied, das über Jahre und Meere hinweg die Geistesverwandtschaft aufrecht erhalten hatte, war endgültig gerissen[39].

In der Erschütterung über den Tod des, am Geschehen der Zeit gestorbenen, Gefährten kann eine der Ursachen der beinahe vollständigen Pause des dichterischen Schaffens vermutet werden, die sich über die Zeitspanne von 1938 bis 1947 erstreckt. Die immer hoffnungsloser werdenden Nachrichten über das Geschehen in Europa, der Tod seiner Frau waren Schicksalsschläge, die die Kräfte des Dichters überstiegen. Das hebraeische Drama ‚Shaul' (unveröffentlicht) ist die einzige Arbeit, die in diesen Jahren des Grauens entstand.

## Das dichterische Schaffen nach 1945

„Mitarbeiten an der Verhinderung künftiger Kriege und Ungerechtigkeiten" verstand Max Brod als ihm vom Schicksal auferlegten Auftrag (StL 457). Die lange Pause in dem bisher von Schaffensdrang und Schaffensfreude erfüllten Leben Max Brods war nicht unausgenützt verflossen. Die philosophischen und religiösen Grundprobleme, die in seinen Werken Ausdruck gefunden hatten, wurden im Widerschein der schrecklichen Ereignisse neu durchdacht, und neue Erkenntnisse verdrängten bereits Erworbenes. Das Bekenntnisbuch ‚Heidentum, Christentum, Judentum' war in den Jahren des ersten Weltkrieges gereift, und der Niederschlag der scheinbar brachen Jahre während des Zweiten Weltkrieges und seiner Folgen findet seine Formulierung in den zwei Bänden ‚Diesseits und Jenseits', die der Autor für sein weitaus wichtigstes Werk hielt (StL 506).

Nach Beendigung der beiden Bände, 1948, brach die dichterische Tätigkeit Brods nicht mehr ab. Alle Schriften haben nunmehr Beziehung zu ‚Diesseits und Jenseits' und vervollständigen die gewonnenen Erkenntnisse und Bekenntnisse.

Die Erinnerung an Prag und an die Jugend und der vielleicht unbewußte Wunsch, den nicht mehr Lebenden ein Denkmal zu setzen, führte zu einer Anzahl von halbbiographischen Erzählungen. Auch die Erinnerung an die geliebte Tätigkeit im Rahmen des ‚Prager Tagblatts‘ wurde schriftstellerisch verarbeitet.

Kennzeichnend für die ethische Erkenntnis, die das Leben Brods motivierte, ist der 1948 veröffentlichte Roman ‚Unambo‘ über den Befreiungskrieg Israels: der Mensch darf sich den ihm auferlegten Aufgaben durch keine wie immer gearteten Mittel und Wege entziehen. Auch die Flucht aus einer unerträglich empfundenen seelischen Anspannung kann den Menschen nicht von der endgültigen Verantwortung lossprechen.

# ZEITGESCHICHTLICHE TENDENZEN UND
# KULTURPHILOSOPHISCHE THEMEN

## Der Indifferentismus

Das Hervortreten Brods als Autor fällt in die ersten Jahre des 20. Jahrhunderts, und so tragen seine frühen Novellen und Gedichte das Gepräge dieser Epoche. In ihnen sucht der Autor nach neuen Werten und Maßstäben, die diesen Werten anzulegen wären, nachdem sich das Erbe der vorangegangenen Generation für den geistigen Menschen des neuen Jahrhunderts als nicht mehr akzeptabel erwiesen hatte. Die ersten Novellen des Dichters zeigen philosophische und psychologische Tendenzen und sind von einer Untergangsstimmung gefärbt, die teils aus der Atmosphäre des zerfallenden Kaiserreiches herrührt, teils von entsprechenden Strömungen der Zeit beeinflußt ist, doch hauptsächlich von Schopenhauer kommt, unter dessen Einfluß Max Brod seit seinem 16. Lebensjahr stand. Er las jahrelang nichts als Schopenhauer, in dessen Beweisen er keine Lücke fand (PrK 133 f.). Diese persönliche Weltanschauung, die Brod ,Indifferentismus' nannte, war für sein Frühwerk bestimmend[1].

Aus den ersten Novellen Brods „Tod den Toten" spricht folglich der über die Lehre Schopenhauers vom Pessimismus und der Unfreiheit des Willens abgeleitete „müde Fatalismus ohne Möglichkeit ethischer Wertungen" (PrK 134). Da die moralische Verantwortlichkeit des Menschen durch die Negierung der Freiheit jedes menschlichen Handelns aufgehoben ist, ist auch alles gleichgültig, alles zu verzeihen und alles gleichwertig. Die Sittlichkeit scheitert an der Unfreiheit des Menschen. Das Gute ist gleich dem Bösen, da man nichts ändern oder bestimmen kann, denn der Mensch, dem Kausalgesetz unentrinnbar unterworfen, tut stets nur, was er will und tut es doch notwendig: Quidquid fit, necessario fit.

Aus dieser Lebensproblematik, als Folge des Erlebnisses der Gleichgültigkeit, kommt Brod zum Indifferentismus. Das Motto der Sammlung von Novellen des Indifferentismus ist „Nil Admirari"; auf dem letzten Blatt steht an Stelle des „Finis" − „Omnis Admirari": bejahen oder verneinen, bewundern oder ablehnen ist gleichgültig und gleichwertig[2].

In der Titelnovelle ist die Sinnlosigkeit des Lebens, das nur von ästhetischen Kriterien bestimmt wird und auch die Unzulänglichkeit dieser Kriterien, gezeichnet. Das wirklich Neue kann in der menschlichen Seele keinen „Anknüpfungspunkt" finden, kann also „nie einen ästhetischen Eindruck" hervorrufen (TdT 24 f.).

Die Kunst will Verstand und Vernunft durch Gefühl ersetzen und hindert den Menschen daran, ein aktives, und dadurch glücklicheres, Leben zu führen; sie kann nur dem Schaffenden Zweck sein, den andern ist sie nur ein Mittel, sich über die Leere des Lebens hinwegzutäuschen. Die Kunst sollte die Religion ersetzen, aber dieser Kompromiß erwies sich als unzulänglich, und die Welt kann ihre Erlösung nur mehr im Niedergang finden. Der Kunstsammler-Millionär Tock hat dies zu spät erkannt; als Akt der Warnung für die andern legt er Sprengstoff und geht in seinem bis zum Rande mit Kunstwerken gefüllten Haus mit den Schätzen zu Grunde. Denn wenn die Menschen

„die Wahrheit erkannt haben, so müssen sie der Welt durch eine ungeheure Tat die Wahrheit offenbaren. Drei Schritte hat die Menschheit zu tun: Der erste führt sie an den Flammen des Sinai vorbei in die Religion, der zweite durch die Scheiterhaufen der Reformatoren aus der Religion in die Kunst, der dritte durch den Brand der Kunstmagazine" (TdT 34). (In eine neue Freiheit oder in den Tod.)

Die Kunst und die Künstler sind die „Toten". Dem Selbsthaß des Dadaismus ist hier vorgegriffen; der dadaistische Selbstmord der Kunst nimmt die Form einer riesigen Kunstwerkvernichtung an[3].

Die Untergangsstimmung der Zeit, die altersgegebene Revolte des jungen Autors gegen das Bürgertum, gegen das Überlieferte, die Schalheit der menschlichen Beziehungen und die Relativität der Bewertung und der Werte finden ihren Niederschlag in den Novellen; auch soziale Veränderungen und Umbildungen, die von dem Autor allerdings nur aus humanistischer Sicht betrachtet werden. Brod versucht nicht, die wirtschaftlichen und politischen Zusammenhänge zu zeigen oder zu kritisieren. Sein Blickfeld ist auf die bestehende Gesellschaft gerichtet und auf deren Schilderung.

So auch in der naturalistischen, ins Zynische tendierenden Novelle „Studie über das Mitleid", in der die Hohlheit der Gesellschaft vor einem Hintergrund grausamer Natur dargestellt wird. Der „Jemand", der Erzähler des Geschehens, zeigt eine bei Brod ganz seltene Überheblichkeit; Arroganz maskiert die Selbstverachtung. Die „Anklage gegen die Konstruktionsfehler im Weltplan" (TdT 92), ein Problem, das Brod in den kommenden Jahren noch beschäftigen sollte, und Andeutungen des die Unendlichkeit erfassenden Erlebnisses – wenn auch nur im negativen Sinne erfassend – sind hier bereits nachweisbar:

> „Es war dies für Jemand eine jener Sekunden [...] in der man die Welt für einen Augenblick wie vom Blitz erleuchtet ganz überblickt und ihren ruhigen, richtigen, grausamen, unabänderlichen Gang gehen sieht" (TdT 94)[4].

Brod lehnt die Tyrannei, die Herrschaft durch Kraft allein, aber auch die Askese ab. Aus der Abneigung gegen beide Extreme entsteht die ambivalente Novelle „Tyrann und Asket". Brod gibt dem Thema eine paradoxe Wendung in der Antwort, die Dschingis Khan dem ihn ermahnenden Asketen gibt. Das Unglück, das er über die Menschen gebracht hatte, lehrte sie, die Eitelkeit des Irdischen zu sehen und brachte sie vielleicht zur Umkehr.

> „Du aber", fragt er den Asketen, „was tatest Du indessen? Du standest auf Deiner Säule und triebst Nägel in Deine Fußsohlen. Du sorgtest doch dabei nur für Dein eigenes Seelenheil und bist zu Deinem Nutzen heilig geworden. Hast Du aber auch andere zu Heiligen gemacht?" (TdT 54 f.)[5].

Als Schmelztiegel der bereits expressionistisch gestalteten Personen, des problematischen Gegensatzes von Vitalität und Ethik und des Einflusses Flauberts erscheint die Novelle „Diffizilitätsmoral". Diesen Begriff lehnte Brod viele Jahre später in „Diesseits und Jenseits" ab. In diesen Jahren aber tastete der junge Brod noch nach einem Ausweg; er suchte nach einer Antwort und stand vor „Steinkolossen", vor „kaltherzigen Begriffen" (TdT 103). Die Bereitschaft zum intensiven Beobachten in der kurz danach folgenden Epoche Brods wird deutlich: „Ruhig und liebevoll – so muß man doch alles in der Welt betrachten, wenn man ihm nahe kommen will; mit allen Fasern und Feinheiten" (TdT 123). Der früh-expressionistische Held schwankt zwischen Selbst-Verwerfung und Selbst-Verherrlichung, zwischen Vitalität und Abstraktion: „Und es falle die Scheidewand zwischen Denken und Sein, Genuß und Gedanke, Muskel und Gehirn" (TdT 123). Hier zeigt sich auch schon das Expressionistische als überwiegender Subjektivismus, der durch das Bewußtsein, über den Massen zu stehen, genährt wird (TdT 104).

In der Novelle „Giulietta" versucht Brod eine Variation des Zwiespalts von Vitalität und Geist zu interpretieren.

In der Novelle „Ein Schwerthieb" grenzt der Fatalismus nahe an Zynismus: da die ethischen Werte nicht mehr Kriterium sind, mißt der Mensch seinen Wert an dem des Nächsten. Die Menschen bleiben auf jeder Stufe gleich, sie vermögen nicht frei zu sein und können folglich durch eine freie Lebensart nicht unglücklich, aber auch nicht glücklich gemacht werden: „Wir werden, statt Kühe zu weiden, Homer lesen und werden um die Echtheit seiner Verse ebenso streiten, wie sonst um die Kühe. Ist es schließlich nicht unsäglich gleichgültig, worüber man sich freut und ärgert?" (TdT 50 f.).

Die letzte Novelle des Bandes trägt den Titel „Indifferentismus". Der kleine Lo, durch Krankheit zur Inaktivität gezwungen, meistert durch Einbeziehung des Guten wie des Bösen seine – durch ein determiniertes Schicksal bedingte – Unfreiheit mit ästhetischer Passivität. Durch die minutiöse Beobachtung allen Geschehens, das notgedrungen räumlich und inhaltlich sehr beschränkt ist, wird das Begrenzte der Beobachtungsmöglichkeiten sublimiert: „Die ganze Welt sprudelte durch ihn hindurch wie durch einen Glastrichter" (TdT 171). In dem sanften Lächeln des kleinen Lo ist die Idee des Indifferentismus erklärt: der Mensch muß sich selbst, seine Gefühle und Taten, als Teil der Welt, als gleichberechtigt mit ihr ansehen.

Der Mensch ist also nicht mehr nur auf ein ganz passives Zuschauen beschränkt; indem er sich selbst als Teil innerhalb dieses Geschehens sieht, ist der alles abtötende Pessimismus überwunden durch eine beinahe an Interesse grenzende Teilnahme. Der Mensch kann wohl nichts beeinflussen, aber er kann – und soll – alles in sich aufnehmen. Da es der kleine Lo mit Dankbarkeit und Heiterkeit tut, dürfen wir daraus schließen, daß die beobachteten Dinge mehr Freude als Leid erregende Geschehnisse sind – ein Hoffnungsstrahl in dieser düsteren Weltanschauung. Vor seinem Tode begegnet der kleine Lo im Traume Schopenhauer, und auch er, „der gefährlichste Gegner des Lebens, hängt noch am Leben" (TdT 196).

Trotz der Müdigkeit des Welterleidens an Stelle des Welterlebens sickert bereits der Lichtstrahl des Optimismus, bewerkstelligt durch die Liebe, in das Schrifttum Brods. Der kleine Lo, „als wahrer Indifferentist und Fanatiker des Lebens" (TdT 196) sieht mit den Augen des Liebenden, daher das Überwiegen des Freudigen, der Hoffnungsfunken.

Ein Jahr nach der Novellensammlung „Tod den Toten" erschienen

„Experimente". Paul Leppin glaubte in ihnen „etwas von der Art einiger französischer Maler, die langsam auch bei uns populär zu werden beginnen", sehen zu können und spricht von den „großen, brennenden, genialen Empfindungen Gauguins", die zwischen diesen Zeilen aufsteigen[6]. Freilich läßt Brod in diesen Novellen die psychologischen Möglichkeiten, die Schnitzler in seinen Gesellschafts-Schilderungen ausschöpft, noch unbeachtet. Es sind Skizzen, lebensnahe Betrachtungen, die an der Oberfläche bleiben. Das Weltbild Brods ist zu sehr in der Passivität des Schopenhauerschen Pessimismus befangen und gestattet ihm die Umsetzung von Erkenntnissen in Sinnbildhandlungen noch nicht.

Mehr als 60 Jahre nach ihrem Erscheinen erkennen wir in den Novellen bereits die Anklänge an den viel späteren, optimistischeren Brod; das Erlebnis der Liebe als Brücke zum Verständnis des Nächsten klingt, trotz der noch immer überwiegenden tiefen pessimistischen Müdigkeit Schopenhauers, von der die Novellen durchtränkt sind, leise an. Es sind Gesellschaftskritiken, in denen ein leicht satirischer Ton in den Beobachtungen der Gesellschaft Prags mitschwingt. Die vermeintliche Freiheit des Menschen, mit seinem Leben Experimente anzustellen, soll hier demonstriert werden. Der Schwerpunkt liegt auf „vermeintlich", denn auch hier lautet noch die Devise „Quidquid fit, necessario fit".

In der zeitlich ersten Novelle „Die Insel Carina", 1904 verfaßt, gibt Brod dem Erzähler Matteo einige Züge Kafkas und deutet damit an, daß Kafka „bei flüchtiger oder erster Bekanntschaft auf manche Menschen so wirkte (auch auf mich, wie die Erzählung „Die Insel Carina" in meinem Buch „Experimente" zeigt), als ob er zum Typus des Ästheten gehöre" (StL 272). Kommt auch das Phantastische in der Novelle aus der Einflußsphäre Meyrinks, so weist sie doch deutlich auf Schopenhauer hin: wohl können die Menschen, von einem phantastischen Zufall gelenkt, zu einem Experiment gelangen, aber sie können sich „nicht in neue Bahnen stellen" (Ex 70). In der Liebe Matteos zu Claire kann die Idee Schopenhauers, daß die Liebe oft im Widerspruch zu der eigenen Individualität steht, verfolgt werden, der der Autor nichts entgegenzusetzen hat[7].

In der letzten dieser Novellen, „Die Stadt der Mittellosen", 1906[8], wird das soziale Moment einbezogen. Carus, dem jungen Österreicher, der – Symbol der Lebensauffassung des Indifferentismus – verbindend in jeder der vier Erzählungen erscheint, stellt Brod in der Gestalt des tschechischen Ladenmädchens die Vitalität des nur vom Trieb geleiteten Geschöpfes entgegen; Ruzena lehnt sich gegen das Schattendasein des dekadenten Intellektuellen, der das Positive nur im Schmerz sehen kann und das Gute lediglich für eine Unterbrechung des Übels hält, auf, – und zerbricht an diesem Versuch.

Brod bringt hier ein neues Element in sein Schrifttum: die Technik als Gefahr für den Menschen. In den späteren Jahren, während des Ersten Weltkrieges und kurz danach, kommt Brod in größerem Ausmaß auf diese Einstellung zurück. Er wendet sein Augenmerk nur auf die etwaigen negativen Folgen der Industrialisierung und Automatisierung, ohne die Möglichkeiten, die im Fortschritt der Technik für das Wohl der Menschheit gegeben sind, zu erwägen. Dieses nur auf das Negative im technischen Fortschritt gerichtete Augenmerk sollte in der tschechischen Literatur 1921 mit Karel Čapeks „R.U.R." ihren Höhepunkt finden.

1907 erschien die erste Gedichtsammlung Max Brods: „Der Weg des Verliebten". Sie umfaßt 82 Gedichte, größtenteils erotische Liebesgedichte. Über dieses, wie Brod sagte, „ziemlich gewagte" Gedichtbuch, schrieb Rainer Maria Rilke, er sei sicher, daß sich der Weg des Verliebten bald in einen Weg des Liebenden verwandeln werde[9]. Das 39. Gedicht, das als Manifest der Weltanschauung des Indifferentismus gelten könnte, zeigt die Hingabe an die Passivität, die fast wie ein Schwelgen im Nichts anmutet:

*Der Indifferente besinnt sich.*
Wie ist es süß, im Frühling sich zu sein ...
Wenn draußen linde lichte Lüfte streifen,
lieg ich im Bett mit meiner lieben Pein
und fühle die Geschwüre reifen.
Nun bin ich nicht verpflichtet
wie in gesunden Tagen
Genüssen nachzujagen ...
Sonst schien es mir Verbrechen,
die Leidenschaft zu binden,
mit Lernen, Denken, Sprechen
das Leben abzufinden,
den Körper klein zu schätzen,
bequem zur Seitwärts-Ruhe
den stolzen Geist zu setzen.
Dies ist, was jetzt ich tue ...
der Matt- und Krankgewordne
darf rasten ohne Fehle.
Nun bin ich still und ordne
meine liebe Seele. (WdV 19)

Zur Gleichgültigkeit kommt das Morbide, das Spiel mit dem Tod. Beeinflußt von Baudelaires Poesie, von Beardslays Graphik, findet das Schwelgen in der Krankheit sein Echo in der Lyrik Max Brods. Es ist eine einmalige Erscheinung in Brods Schrifttum, und der Versuch, hierin einen Widerhall der persönlichen Erlebnisse Brods, seiner langjährigen Krankheit und zeitweisen körperlichen Behinderung zu sehen, ist nicht stichhaltig. Max Brod liebte „fanatisch" die Gesundheit. Nach den Jahren der Krankheit war die Gesundheit für ihn ein Gut, dessen er sich dauernd bewußt war[10]. Die vielen Tagebuchnotizen, Erwähnungen gemeinsamer Ausflüge und langer Spaziergänge und Beschreibungen der Nachmittage im Schwimmbad in den biographischen Werken Max Brods zeugen davon.

Die ruhige, stimmungsvolle Schilderung einer liebevoll beobachteten Einzelheit in einem anderen Gedicht der Sammlung, „Eine rote Wolke", (WdV 71) zeigt die Spanne der Tendenzen und dichterischen Einflüsse, die in Brods Lyrik am Werke waren. Unverändert von Schopenhauer beeinflußt ist jedoch seine Prosa in „Schloß Nornepygge", dem Roman, „den wir inbrünstig und hoffnungslos ersehnten"[11]. Felix Weltsch nennt die in diesem Roman geschilderte Art von Indifferentismus „die dunkle Form", verglichen mit der „hellen Form" in „Tod den Toten"[12].

Max Brod führt hier seine Weltanschauung der absoluten Gleichgültigkeit, die durch nichts er- und abgelöst werden kann, zur pessimistischen Schlußfolgerung: die Verzweiflung, aus der nur der Ausweg durch Selbstmord bleibt. Das Thema des Buches ist nicht das Schloß Nornepygge, sondern dessen Schloßherr, Walder Nornepygge:

„Wer ist Walder Nornepygge, dieser Mensch, der aus Sehnsucht nach Freiheit stirbt? [...] Alle meine Gedanken und Taten sind erzwungen. Quidquid fit, necessario fit. Dieser Satz steht unangreifbar" (SchN 104 f.).

Walder verkörpert die Tragödie des geistigen Menschen dieser Zeit, dessen Intellekt und Scharfsinn vergebens nach einem Zweck des Daseins sucht und dem der aus der Unfreiheit des Menschen resultierende Pessimismus alles Wollen und Sehnen sinnlos erscheinen läßt; die Verneinung des Guten ist auch die „Waffenstreckung der Ethik" (PrK 134). Walder sucht Befriedigung in der Dekadenz, die in dem „Club der Differenzierten" verkörpert wird, er versucht, nach ihrem Motto „Nichts was selbstverständlich ist, soll getan werden" (SchN 81), zu leben. Er versucht, ganz ohne Gefühl zu bleiben, und leidet gleichzeitig unter der tatsächlichen Gefühllosigkeit, die seinem Wesen – oder richtiger, dem Nicht-Vorhandensein seines wesentlichen Ich – entspringt. Sein introspektiver Intellekt erfaßt und rechtfertigt jede Handlungsweise und alle Beweggründe und läßt ihm dadurch alle Tätigkeit absurd erscheinen. Er gerät in eine absolute Ambivalenz, die durch seine persönliche Vereinsamung – die des Intellektuellen –, noch trostloser wird. In den verschiedenen Lebensformen, die er zu leben versucht, bemüht er sich um einen Sinn des Daseins; doch er kann in allen Lebensrollen – Sybarite, bürgerlicher Ehemann, Verächter der Gesellschaft, großer Liebhaber, Asket, Freiheitsheld – seine Bestimmung nicht finden: er ist nichts; er hat keinen Charakter: „Mein Charakter ist Charakterlosigkeit" (SchN 469)[13].

Walder, als Verkörperung des Schopenhauerschen Pessimismus, wird von einer furchtbaren Leere und Langeweile befallen; sein Leben ist „zwischen dem Schmerz und der Langeweile, welche beide in der Tat dessen letzte Bestandteile sind"[14], eingeschlossen. In langen Monologen quält sich Walder, seine Dumpfheit zu durchbrechen und eine Antwort auf die Frage nach dem Zweck des Seins zu finden. Er erkennt, daß er ein „Monstrum" ist, „ein Proteus der Seele", „der moderne Mensch", „der hypertrophierte Intellekt" (SchN 468–473).

Die Diskrepanz zwischen dem äußerlichen Verhalten seiner Umgebung und ihren inneren Motiven dringt in sein Bewußtsein; er erkennt, daß, obwohl alles menschliche Handeln durch den angeborenen Charakter prädestiniert und nicht veränderbar ist, der Mensch doch nicht von der sittlichen Verantwortung freigesprochen werden kann; dies löst seine endgültige Verzweiflung aus. Denn der kleine Lo, der „immer krank zu Bette lag, konnte sich den Indifferentismus, die Allseitigkeit leisten" (SchN 505) und in ihr die leichte, angenehme Form der Verneinung, der Ablehnung der Verantwortung für das Geschehen und das Nicht-Eingreifen in den Lauf der Dinge finden, doch für Walder ist es unmöglich: „Aber ich Lebender, Gesunder gehe daran zu Grunde, ich sterbe an der Überfülle" (SchN 505).

In der phantastischen Figur des Don Juan Tenorio, des lebenstüchtigen Kämpfers aus Mozarts Oper „Don Giovanni", der hier Oironet heißt[15], gestaltet Brod den Gegenpart des unentschlossenen ausweglosen Walder. Oironet bringt Walder zur Politik, und dies ist Walders letzter Versuch zu handeln; aber er erkennt, daß jedes Handeln ein Denkfehler ist. „Es strebt der Mensch, solang er irrt. Nur durch Mißverständnisse und Lügen wird Bewegung möglich" (SchN 505). Er hat die endgültige, erbarmungslose

Antwort gefunden. Gleichsam aus der Betäubung, in die er sich selbst versetzt hatte, erwachend, erscheint ihm sein Leben nichts anderes als eine Krankheit, der man den Namen „Existieren" geben könnte. Er läßt sich keine andere Wahl als die der absoluten Selbstverneinung, des Selbstmords. Als letzte Ironie läßt Oironet, der jahrhundertalte Spieler des Lebens, den bereits Toten als Symbol der Revolution ausrufen, „und Tausende hoben ihre Waffen [...], jubelten vor Kampflust ... der Leiche zu" (SchN 510).

1913, fünf Jahre später, lehnte Brod bereits alles in der Indifferentismus-Epoche Geschriebene ab. In einem Brief an Martin Buber vom 5. 8. 1913 schrieb er hierzu: „[...] inwiefern ich jetzt diese ganze Theorie, die ich in meinen ersten Büchern verfolgte, eigentlich als unreife Vorstufe und Mißverständnis meiner heutigen „Erlösungs-Ekstase" betrachte, kann ich leider nicht in Kurzem auseinandersetzen"[16].

In anderen Kreisen jedoch, besonders in denen der jungen Literaten Berlins, sah man in dem Roman zunächst die erwartete Formulierung des Zeitgefühls. Kurt Hiller, Ludwig Rubiner, Franz Pfemfert begrüßten den Roman als Meisterwerk des Expressionismus.

Doch ehe wir uns der Epoche des Expressionismus und der Rolle Brods in dieser Epoche – so wie er sie empfand und wie er von andern in ihr empfunden wurde – zuwenden, muß hier das chronologisch nächste Werk des Dichters erwähnt werden, das noch vor dem eigentlichen Beginn der expressionistischen Periode geschrieben wurde und das auch das einzige dieser Zeit ist, das Max Brod stets als wichtig und richtig empfand[17].

Es ist ein Meilenstein am Wege des dichterischen Schaffens Max Brods. In dem 1907 erschienenen kleinen Roman „Ein tschechisches Dienstmädchen" durchbricht ein Hoffnungsstrahl das Dunkel des Pessimismus. Zwar sieht Brod auch weiter keine Möglichkeit, die Kausalkette, die Franz Kafka die „Totschlägerkette" nannte (PrK 134) und der alle verfallen sind, zu durchbrechen. Der Schatten der Unfreiheit überwiegt noch. Doch Zweifel werden laut und mit ihnen der quälende Gedanke, daß die ganze Konzeption des Geschehens, die so schwer errungene Weltanschauung, doch nur auf Irrtümern beruhen könnte. Ein persönliches Erlebnis des Dichters läßt ihn den Weg finden (PrK 134). Die Liebe zeigt den Weg aus dem dunklen Labyrinth der Schopenhauerschen Negation. Der Funke des Trostes, die Möglichkeit des Welterlebens durch den Eros, die Aufrüttelung aus einem unfruchtbaren Leben, sind in diesem zarten Roman, den Felix Braun in richtiger Erkenntnis „ein sehnsuchtsvolles Buch" nennt[18], anwesend.

William, der dumpfe Indifferente[19], dessen Gleichgültigkeit gegen alles ihm auch die für ihn neue Umgebung der Stadt Prag nur als Fülle von Gerüchen erscheinen läßt: „[...] von meiner Wohnung, wo es nach nassen Tüchern riecht, ins Geschäft, wo es nach geschälten Kartoffeln riecht" (TschD 12)[20], erwacht, wird emporgerissen aus der Stumpfheit seines Vegetierens, aus der symbolischen Blindheit seines indifferenten Daseins, durch seine Liebe zu dem tschechischen Dienstmädchen. Es trägt die äußeren Züge Ruzenas (in der Novelle „Die Stadt der Mittellosen") und scheidet, gleich ihr, durch Selbstmord aus der Welt, für die es zu schwach ist. William, den diese Liebe zum Beobachter seiner Umwelt, zu einem dankbaren Empfänger des Schönen gemacht hatte, verliert mit ihrem Tod „die Blendlaterne" (TschD 123), die ihm die Wirklichkeit bemerkenswert gemacht hatte; er versinkt in seine nur für kurze Zeit durch die Liebe unterbrochene, indifferente Öde des Daseins.

Das Hineinsehen und Hineinfühlen des Autors in alle Einzelheiten, das sich Vertiefen in Ton und Duft und Anblick zugleich, verleiht dem Geschehen des Romans Intensität und Lebensnähe. Stefan Zweig hebt die „merkwürdige Feinhörigkeit"[21] Brods hervor, durch die es dem Autor gelang, die kurze und überraschende Liebe zweier Menschen, die wie ein Strahl das selbstgeschaffene Dunkel der Seele zerreißt, mit ganz zarter Selbstverständlichkeit wiederzugeben.

Die Wirkung und Reaktion des Romans ging weit über die Grenzen des rein Literarischen hinaus. In der mit politischen Spannungen reichen Atmosphäre Prags fanden alle Seiten – Tschechen, Deutsche und Juden – in dem Roman Anhaltspunkte für persönliche Empörung und Beleidigung: die Tschechen fühlten sich durch die Schilderung der physischen Vorzüge und der niedrigen sozialen Stellung der Tschechen in der Novelle beleidigt, obwohl tschechische Musik und Volkskunst liebevoll erwähnt werden; hingegen wurde die Novelle in einer Rezension im „März" vom Standpunkt des vermittelnden Verstehens zwischen Tschechen und Deutschen als „unerhört versöhnungsvolle Kunde" gewertet[22]. Die deutschsprachige Bevölkerung lehnte das Lob der tschechischen Talente und Schönheiten als übertrieben ab. Der Redakteur des ‚Prager Tagblatts' fragte, ob Max Brod geglaubt habe, mit dieser Geschichte einen Weg zur Versöhnung zu weisen[23]. Von jüdischer Seite glaubte man, in dem stumpfen, indifferenten William eine jüdische Figur zu sehen – durch seinen ungebräuchlichen Vornamen, sein Fremdsein in Prag, seine Weltfremdheit –, und Leo Hermann, ein späterer Freund Max Brods, protestierte: „Der junge Autor scheint zu

glauben, daß nationale Fragen im Bett entschieden werden können"
(StL 345).

Brod selbst gab zwar zu, daß er zeigen wollte, daß das gemeinsame
Menschliche der zwei Nationen ihn mehr interessiere als die nationalen
Kämpfe, verneinte aber entschieden, einen politischen Roman geschrieben
zu haben[24]. Tatsächlich läßt Brod politische und soziale Fragen völlig außer
Acht. Im Gegensatz zu den meisten Zeitgenossen der literarischen Kreise
Deutschlands und Böhmens wurde sein Werk von diesen Problemen fast
nicht berührt. Er schilderte die Gefühle gleichsam losgelöst von den sozialen
und politischen Verhältnissen ihrer Träger. Die humanistische Tradition
des Liberalismus bestimmte zu diesem Zeitpunkt entscheidend Brods politische Meinung; mit seiner Wendung zum Judentum trat auch hier eine
Änderung ein.

1909 erschienen „Ausflüge ins Dunkelrote", Novellen, die sich an die
oben erwähnten „Experimente" anschlossen, und „Pierrot der Spaßvogel",
Gedichte und Szenen nach Laforgue, in Zusammenarbeit mit Franz Blei.
1910 veröffentlichte Brod ein „Tagebuch in Versen", das von Ludwig
Rubiner als die „bedeutendste Energieleistung der letzten Jahre in lyrischen Gedichten" bezeichnet wurde[25].

Die Liebe als Mittel zur Erkenntnis des Menschen und der Welt, als bereicherndes Glück, das Einsicht und Verständnis ermöglicht, lebt in diesen
Gedichten.

Eine wichtige Funktion erfüllte in dieser Zeit in dem Schrifttum Brods
die Eigenart der Sprache. Brod benutzt in diesen ersten Prosawerken weitgehend die Form des Dialogs, und die eingestreuten Schilderungen, charakteristisch für die Einflußsphäre Meyrinks, die häufig fühlbar wird, ver-
weilen auf dem Krankhaften, Unnatürlichen und gestalten es zu gespensti-
schen Vorstellungen. Der Eindruck des Unheimlichen wird durch die Auf-
lösung der Vorstellung in Vorgänge hervorgerufen; ihre Wirkung beruht
auf den Verben der Bewegung, die konstituierend für die Vorstellungen
sind. Die Bildsphäre wiederum gehört dem kraß Körperlichen an (Blut,
Wunden, – Blut, Adern, dicktropfiger Saft, seimartige Flocken, Glieder)
das bis zum Widerlichen gesteigert wird. „Das rote Ziegelblut floß leuch-
tend vom First bis zur Rinne, kleine Dachstuben wuchsen aus den Wunden"
(TdT 168). Die Metaphern behalten etwas Unangenehmes, selbst wenn sie
ein an sich angenehmes und erwünschtes Gefühl oder einen erfreulichen
Zustand illustrieren: „Lo war so voll von dieser Zufriedenheit und Dankbarkeit, daß sie wie ein ungemein süßer dicktropfiger Saft zugleich mit dem

Blut seine Adern auftrieb, daß sie in seimartigen Flocken aus all seinen Gliedern heraustrat" (TdT 163).

Der Musiker Brod als Schriftsteller gestaltet in dieser Epoche seine Sprache, indem er auf ihre akustisch-emotionelle Wirkung bedacht ist, und dies äußert sich in der Gestaltungskraft der Metaphern bei den Schilderungen von Musik. Zum ersten Male tritt dies in der Novelle „Giulietta" in der Darstellung von Bewegungen und Bewegungsvariationen in der Zeitentwicklung des musikalischen Vollzugs hervor. Ein musikalisches Themenmuster wird zum sprachlichen Metaphernmuster. Durch Einschaltung der Verben ‚zieht', ‚wirft', ‚knüpft' und ‚schlingt' bringt Brod in die sprachliche Wiedergabe der Melodie ein dynamisches Element, und durch synästhetische Verbindung von Vorstellungen akustischer, optischer und taktiler Bereiche findet das kompliziert Artistische der Musik sein Äquivalent in der Sprache:

> „Ein langer Triller der Violinen auf dem fis. Wie ein weicher flimmernder Seidenfaden zieht er sich durch das Theater; die Flöte wirft ihre schlanken Hauchschleierchen empor und knüpft sie daran; das Cello schlingt breite Töne wie ein Bandmuster durch das Ganze [...]" (TdT 149).

In dem Buch „Schloß Nornepygge" wendet Brod eine unterschiedliche, beinahe gegensätzliche Darstellungsweise in der sprachlichen Wiedergabe einer Partitur an. Sie variiert von romantisch-sentimental bis realistisch-naturalistisch. Trotzdem hemmt diese Heterogenität nicht den Lauf des dargestellten Geschehens, vielmehr verleiht sie der Erzählung eine große Lebendigkeit, und die Bildlichkeit der Sprache ergänzt die verdichteten Begebenheiten und Seelenzustände. Eine Parallele wird angedeutet zwischen den Stadien der Symphonie phantastique von Berlioz und Walders Leben. In einer Phase im Leben des indifferenten Walder, in der ihm die Rückkehr zur Natur und zum Natürlichen als rettender Ausweg erscheint, wird dieser Gemütszustand durch die Sinndeutung der Musik Berlioz veranschaulicht; das Sprachbild gibt die Vorstellung einer einfachen ländlichen Lebensweise, die als literarische Anspielung auf die Bukolik gesehen werden kann, wieder:

> „[...] aus einem Walzer mitten im Taumel hebt die leise ferne Melodie ihr sehnsuchterweckendes Haupt empor. Es folgt die scene aux champs. Ein Schäfer ist allein und bang, sein Lied stockt aus wehmutsvollem Englishhorn in grüne Hügeleinsamkeit. Ganz fern antwortet jemand auf einer Oboe".

Das Ephemäre dieses Wunschbildes, dessen sich Walder bewußt ist, und die Gefahr, die dem Idyll droht, verdrängen das ruhige, sanfte Bild:

„Ein Gewitter naht, trockene Donnerwirbel, Drohung ohne Regen".

Die hoffnungslose Einsamkeit, zu der er als expressionistisch konzipierter Intellektueller verurteilt ist, spiegelt sich in der Vorstellung der unbeantworteten Flötenschalmei:

„Der Schäfer bläst. Niemand gibt Antwort. Pausen, in denen Tränen tickend ins Gras sinken ..." (SchN 454).

Mit der Entwicklung des Geschehens und dem Überhandnehmen der pessimistischen Aussichtslosigkeit, den Sinn des Daseins zu ergründen, ändert sich die Vorstellung, die die Symphonie phantastique hervorruft. Dies drückt der Dichter in einer völlig geänderten Metaphorik aus. Die naturalistische Bildlichkeit der Sprache transponiert die Melodie in dieser Stimmung entsprechende Gleichnisse:

„Die ländliche Melodie der Geliebten wird von einem ironischen Sechs-Achtel-Takt zerfetzt werden. Piccoloflöten werden sie beißen und böse Vorschläge ihre reinen Linien bedrecken" (SchN 454).

Die Verquickung des Gesichts-, Gehörs- und Geruchseindrucks ist in dem kleinen Roman „Ein tschechisches Dienstmädchen" in der Beschreibung eines Duftes zu beobachten:

„Dieser Duft geigt und flüstert und glänzt wie der Ballsaal [...]" (TschD 26).

Das Melodische der slawischen Sprache – mutmaßlich zum ersten Mal in der deutschen Dichtung Prags – der Vokalreichtum und die dunkle Klangmelodie eines Wortes mit drei betonten Vokalen wird im Gleichnis einer bildhaften Vorstellung dem Leser verdeutlicht:

„udoli", [...] ein Sonnenuntergang ist in dem Wort" (TschD 114)[27].

Die Sprache wird hier zum willigen Instrument des exakten Beobachtens und dient zur Wiedergabe des veränderten Weltbildes von William, dem,

unter dem Einfluß seiner plötzlichen Liebe zu dem tschechischen Dienstmädchen, selbst das Alltägliche in Glanz getaucht erscheint. Brod demonstriert dies in der Schilderung des nüchternen grauen Hauses, in dem die
vom Lande kommenden Mädchen wohnen, ehe sie Arbeit finden, und in
dem er William „einen zitternden Glanz von Grauheit" (TschD 69) sehen
läßt. Grau aber glänzend: in einer contradictio der Sprache wird der kom-
plexe Bedeutungsgehalt ausgesagt, den der neue Blickwinkel darbietet: das
Haus ist grau, aber glänzend durch die Jugend der Mädchen, ihre Erwartung
und Bereitschaft für neue Eindrücke, und der Glanz verhüllt das Uner-
freuliche der fremden Umgebung – so erscheint es dem Liebenden.

Die realistische Sprachgestaltung Brods an manchen Stellen seiner Werke
brachte Jacobs zu der Annahme, daß der Dichter, um den „naturalistischen
Vorstoß" seiner literarischen Sprache zu fundieren, Wortbilder benutzt,

> „die in ihrer verstaubten Altklassik geradezu komisch wirkten, und prosti-
> tuierte sie durch die Nachbarschaft der Erwähnung von Eisenbahnviadukten,
> Kaffeehausmusik, böhmischen Dienstmädchen und Billardspartien ... So
> errichtete er Gebilde einer bedeutenden Lebensironie"[28].

Der von Jacobs beobachtete Stil und die Interpretation der Brodschen
Sprachgewandtheit ist nur teilweise begründet. Brod läßt den Dingen ihren
realen Wert, und manchmal geschieht dies in sehr realistischen Schilderungen
technischer Gegenstände oder alltäglicher Erscheinungen; in der siebenten
Strophe eines Gedichtes, das zum ersten Male 1913 veröffentlicht wurde,
kann diese Ausdrucksweise verfolgt werden:

> „Ich habe die hohen Viadukte gebaut,
> Lange Beine aus Eisennetz,
> darunter Dörfer, wohlriechendes Kraut,
> Gestreut nach meinem Gesetz" (GeG 47)[29].

Aber daß die Sprache Max Brods nicht immer realistisch ist, wurde an
den vorangehenden Beispielen aufgezeigt. Die Intention des Dichters, die er
in seinen Wortbildern anstrebt, ist in der Formung von lebensnahen Schilderungen zu sehen, nicht in einer Lebensironie: es ist Wirklichkeitssinn, gepaart mit Bewunderung und Interesse für alles Kreatürliche, die in der
Metaphorik Brods ihren Ausdruck finden und sich, wenn auch in gemin-
dertem Maße, bis in seine letzten Werke fortsetzten.

Die Phase der bildreichen Sprache Max Brods wurde von Kurt Hiller nicht zu Unrecht als „eine Epoche der lyrischen Direktheit" bezeichnet, das „Wunder Werfel ermöglichend"[30].

## Der Expressionismus

Die von der Tradition gezüchteten Werte, die die politische und soziale Wirklichkeit überdecken sollten, wurden den Intellektuellen in ihrem immer stärker werdenden Verantwortungsgefühl unerträglich. Für das neue Verhältnis zum Leben und zum Menschen mußte aber auch eine Form gefunden werden, in der sich diese Einstellung dichterisch verwirklichen konnte.

Der Verwerfung des Alten, dem Zeitgeiste nicht mehr Entsprechenden, schloß sich das Tasten nach dem Neuen, das Suchen nach der neuen Form an. Die Konturen erhoben sich aus den Trümmern der zerschlagenen Ideale, aus Enttäuschung, manchmal aus Verzweiflung. Und unter den Umrissen war die Wahl zu treffen, in welcher Art sich das Neue verwirklichen sollte, die Form, die Konstruktion mußte gefunden werden. Paul Raabe setzt den Beginn der „gefundenen" Form des Expressionismus mit der Gründung des ‚Neopathetischen Cabarets' in Berlin im Jahre 1910 an[1]. Kurt Pinthus hingegen, in einem Gespräch mit Walter H. Sokel, datiert den Beginn des literarischen Expressionismus mit dem Vorlesungsabend Max Brods im Kreise von Berliner Studenten und Literaten. Max Brod las aus Werfels Gedichten vor. „Der sofortige Eindruck des Gedichtes „An den Leser" war enorm"[2]. Das Datum dieser Vorlesung fixiert Kurt Krolop auf den 16. 12. 1911 und fügt hinzu, daß die Bedeutsamkeit dieses Ereignisses zeigte, welchen entscheidenden Anteil Prager deutsche Autoren am literarischen Leben des sogenannten expressionistischen Jahrzehntes gehabt hätten. Von diesem Tage wäre auch die Entwicklung zu datieren, die dazu führte, daß Kritik und Publikum die Prager Autoren als eine Gruppe mit gemeinsamen Zügen aufzufassen begannen und diese Gemeinsamkeiten auch näher zu bestimmen suchten[3].

Im Jahre 1910 hatte Kurt Hiller „mit etlichen ähnlich Wollenden"[4] einen Literaturverein „Der neue Club" gegründet, und diese Gruppe begann etwas später, das „Neopathetische Cabaret" zu veranstalten. In der Eröffnungsrede, am 1. Juni 1910, sagte Kurt Hiller:

„Dies ist das Kennzeichen einer höher gestimmten Lebendigkeit und des neuen Pathos: das alleweil lodernde Erfülltsein von unserm geliebten Ideelichen, vom Willen zur Erkenntnis und zur Kunst und zu den sehr wundersamen Köstlichkeiten dazwischen"[5].

Diese Definition muß im Auge behalten werden, um zu verstehen, warum Hiller und andere Gleichgesinnte in Brod den Propheten des Expressionismus zu sehen glaubten.

Bereits im Aufbau, in der überraschenden Lebendigkeit der Szenen, scheidet sich der Roman „Schloß Nornepygge" wesentlich von der Struktur der früheren Werke Brods. Aus dem Halbdunkel der Gesten brechen die laute Farbenfülle[6] und die Überschwenglichkeit des neuen Stils. Die Sprechweise Guachens, des buckligen Zwergs, mit den unmotivierten Unterbrechungen innerhalb des Satzgefüges, die Verzückungen und Verzweiflungen Walders, die sich in metaphernreichen Dialogen und Monologen hektisch und sprunghaft ergießen, auch sie sind die Merkmale des „Sturm und Drang" dieser literarischen Epoche.

Bestärkt durch die äußere Form, deutete Hiller auch den Sinn des Romans und seiner „Helden" im Sinne des Expressionismus; er sah in Walder „ein Exemplar des ehrenwertesten Typus Mensch: des moralisch gesonnenen Skeptikers", einen „Odysseus der Seele", der die „tödliche Tragik des

Allzugewissenhaften, die Rache des Weltwillens an der intellektuellen Vollkommenheit" erleidet[7].

Diese Auslegung war wohl nicht im Brodschen Sinne, aber sie ist nicht unberechtigt; die Fixierung des Romans als expressionistischen Werkes war ausreichend motiviert, denn die hervorstechenden Merkmale des literarischen Früh-Expressionismus sind in dem Buch vereint: die Aggressivität Walders und seiner Freunde aus dem „Club der Differenzierten" gegen das Bürgerliche und die Ablehnung des Herkömmlichen sowie die daraus entstehende Entwurzelung, die ihrerseits wieder zu einer – wenn auch zögernden – Rückkehr zu dem verpönten Gestern führt (wie es Walders Ehe mit Lotte, deren schlichte Natürlichkeit ihm Halt zu bieten scheint, illustriert); Walders Haß gegen den eigenen Intellekt, der ihn daran hindert, ein normales alltägliches Leben zu führen, gepaart mit Selbstbewunderung; seine Überlegenheit den Philistern gegenüber, von denen er sich jedoch ausgestoßen fühlt, und das Gefühl der Enttäuschung über die verhinderte Erfüllung des

Lebens, das in dieser Ambivalenz seine Wurzeln hat; der Wunsch nach
einem Leben ohne Gefühle sowie die empfundene Tragik der Ohnmacht des
Herzens; die endgültige Absage Walders an die Welt und das Leben in
seinem letzten Monolog, in dem er auch die Künstler des Konformismus
zeiht: „Jeder hat seine Schutzmarke" (SchN 504), „Genug davon! Mir wird
übel! Ich passe nicht in diese Welt, ich bin durch meine reinliche Logik
allzu gehandicapt" (SchN 505). Alle Charakteristiken des expressionistisch
gestalteten Romans sind vorhanden. Es ist also gerechtfertigt, daß Hiller
über manches in dem Buch hinweglas, was in eine andere Richtung deutete
– Walders Verhältnis zu seinem Vater, seine Einstellung zur Religion –,
und das ihm Zusagende, das von ihm Erwartete und Erhoffte ganz im
Sinne des Expressionismus erfaßte. Es war für ihn „ein Donner, eine
Raserei, eine Betäubung; war mir stärkstes, wesentlichstes, heiliges Erlebnis,
1909; sowie ein Jahrzehnt zuvor der Faust es gewesen war"[8]. Diese Linie
verfolgend, sah er in dem Selbstmord Walders den „einzigen Akt ein-
deutigen Sichentschließens"[9]. Walder, der große Gewissenhafte, tut in
seinem Akt des Selbstmords – gesehen vom Standpunkt des Neopathetischen Cabarets – das Stärkste und Unvermeidliche; in Walder erblickte
Hiller – und gemeinsam mit ihm andere Schriftsteller und Kritiker – die
Idealgestalt des expressionistischen Menschen und in seinem Autor den
expressionistischen Dichter –, während dieser selbst sein Werk als „un-
naturalistisches Gefühls- und Gedankengebilde" bereits ablehnte[10].
   1918 erklärte Max Brod seine Einstellung zu diesem Roman:

„In ‚Schloß Nornepygge' hatte ich in der Person des Helden mich selbst aus der
Welt geschafft [...] ich mußte von vorn anfangen, ganz neu"[11].

Es erwies sich jedoch, daß es kein neuer Anfang, sondern eine Wandlung,
eine Wendung und Häutung, wie Brod es zu nennen pflegte, gewesen war.
Er hatte sich seine Sturm- und Drangzeit von der Seele geschrieben.
„Schloß Nornepygge", das der Autor vor fünfzig Jahren heftig und 1968
in persönlichen Gesprächen ruhiger ablehnte, trägt den Stempel der Einheit und der Kraft. Dies mag auch Franz Kafka empfunden haben, als er
am 6. 8. 1908 an Brod über das Buch schrieb: „Was für ein Lärm, ein wie
beherrschter Lärm" (UFK 105).
   Trotz der überschwänglichen Schilderungen phantastischer Details und
der Schwarz-Weiß-Zeichnung seiner Figuren strömt das Buch die Über-
zeugungskraft aus, die nur ein Autor, der sich selbst und seinen Ideen treu

ist, seinem Werk geben kann. Eben die Kompromißlosigkeit der Anschauung, die Brod später widerrief[12], gibt dem Roman das Geschlossene, Durchschlagende. Der „entschlossene Vorsprung [...] über das Detail hinweg in die Zusammenhänge"[13], den Stefan Zweig in den früheren Novellen Brods vermißt hatte, war hier gelungen.

Wir haben die Novellen des Indifferentismus und „Schloß Nornepygge" so eingehend behandelt, weil sie von entscheidender Bedeutung für die geistesgeschichtliche Entwicklung Max Brods waren. Die ästhetische, ethische, kulturphilosophische und jüdisch-religiöse Entwicklung Brods der nachfolgenden Jahre hat ihre Anfänge und Vorzeichen in diesen Frühwerken des Dichters. In der Gärung und Läuterung, die diese Schriften bewerkstelligten, liegt ihre Bedeutung für das weitere Schaffen Brods.

Die intensive literarische Tätigkeit Brods in diesen Jahren beschränkte sich nicht nur auf Romane und Novellen. In fast allen expressionistisch orientierten Zeitschriften erschienen seine Beiträge. In den von Paul Raabe herausgegebenen Zeitschriften und Sammlungen des literarischen Expressionismus ist Max Brod fünfundvierzigmal als Mitarbeiter erwähnt[14].

Die aus lokalen Gründen wichtigste dieser Zeitschriften sind die „Herderblätter". Die Zeitschrift, die von April 1911 bis Oktober 1912 in Prag erschien, wurde von dem im Rahmen der Prager Ben Brith[15] Loge gegründeten J. G. Herderverein herausgegeben. Die jungen Prager Autoren, die diese Zeitschrift als ihr Organ ansahen, sind die später als „Prager Kreis" bezeichneten Schriftsteller. Ein vergilbter Zeitungsausschnitt im Privatarchiv Max Brods, eine viertel Seite des Prager Tagblatts aus dieser Zeit (ein Datumsvermerk fehlt), mit der Kurzgeschichte „Die Diener" von Franz Werfel und „junge hübsche Dame in der Imagination ihrer Verehrer" von Willy Haas, trägt die Redaktionsanmerkung: „Die nachstehenden Skizzen sind dem Februarheft der Herderblätter entnommen, dem Organ der jungen Prager Dichter, die sich um Max Brod schließen. Sie geben ein gutes Bild von der eigenen Art der neueren deutschen Literatur Prags"[16].

Die eigentliche Gestaltung des „Prager Kreises" fällt zeitlich mit dem Beginn des literarischen Expressionismus in Deutschland zusammen; in der Ansicht über den geistigen Zusammenhang dieser Gruppe mit der neuen literarischen Richtung sind die Meinungen geteilt.

Elemir Terray stellt fest, daß die jungen Prager Autoren von 1910, die zwar

„im einzelnen gewisse individuelle Züge in ihrem künstlerischen Naturell aufwiesen, aber immerhin durch eine Reihe gemeinsamer Gefühle, Ansichten und Lebensempfindungen verbunden waren",

neben den allgemeinen ,in der „avantgardistischen" Literatur bemerkbaren Tendenzen, doch

„ein anderes Wesen, andere Gefühle, andere Empfindungen, eine andere Haltung aufwiesen"[17].

Die Andersartigkeit der Prager Dichter führt Elemir Terray auf prinzipiell unterschiedliche historische, soziale und kulturelle Determinanten zurück, die für diese Gruppe bestimmend waren.

Max Brod sah die Bedeutung des Prager Kreises in den von den Prager Dichtern unternommenen Versuchen, den absoluten Realismus mit Wirklichkeitstreue und Erlebnisdichte in ihren Werken bildlich sichtbar und fühlbar wiederzugeben. Der Unterschied zum Expressionismus lag nach Brods Ansicht in der Klarheit der Forderung des Prager Kreises, während beim Expressionismus der literarischen Kreise Deutschlands nur eine große Verwirrung herrschte, in der nur eines deutlich wurde: „Die Lautstärke, mit der die beteiligten Autoren ihrer Eitelkeit Ausdruck geben" (PrK 177 f.)[18].

Friedrich Markus Hübner gestand 1920 dem Prager Kreis zu, den Expressionismus ethisch beeinflußt zu haben:

„Hatte sich zwar zuerst eine Gruppe in Berlin, geführt von dem Lyriker Georg Heym und vertreten von den Wochenblättern ‚Der Sturm' und ‚Die Aktion' in den Dienst des neuen Ausdrucks gestellt, so empfing dieser, durch Berlin allzu verstandesmäßig begriffen, seine höhere Weihe erst durch das Auftreten gewisser Dichter aus Böhmen, die, wie Franz Werfel oder Max Brod, aus der sprachlichen Schule des großen deutschen Prager Lyrikers Rainer Maria Rilke hervorgegangen, den poetischen Expressionismus unmittelbar auch mit sittlichen Gefühlselementen erfüllten"[19].

Wir wollen, unter Berücksichtigung der verschiedenen Ansätze zur Interpretation durch die Sekundärliteratur, die Sonderstellung des „Prager Kreises" innerhalb des Expressionismus untersuchen.

Walter H. Sokel stellt fest, daß am Anfang der expressionistischen Bewegung der Satz Werfels stand: „Mein einziger Wunsch ist dir, o Mensch, verwandt zu sein!"[20] Der „höher gestimmte" Mensch dieser Zeit,

nicht der egozentrische Mensch des 19. Jahrhunderts, lief Gefahr unterzu-
gehen; der Leitgedanke der expressionistischen Dichtung war der Wunsch,
dem Menschen zu helfen. Die Liebe zur Menschheit stand im Mittelpunkt
des dichterischen Denkens und Fühlens[21]. Von der Liebe zur Menschheit
ist jedoch die Familie des Dichters jeweils ausgeschlossen. Hier stehen Liebe
zur Menschheit und Haß der Generationen in merkwürdiger Weise nebeneinander.

Der Haß gegen den Staat und das autoritäre System, gegen die voran-
gegangene Generation, die den wachsenden politischen und sozialen Miß-
ständen freien Lauf gelassen hatte, war in der Familie und vor allem in
dem Vater verkörpert. Der expressionistische Dichter, der die Familie
ablehnt, fühlt sich gleichzeitig auch von ihr ausgestoßen, und dieser heftige
Konflikt der Generationen ist ein dominierendes Thema des literarischen
Expressionismus. Die Verneinung der Familie wird zum charakteristischen
Motiv der Dichtung. Die extreme Einstellung zur Familie und zum Vater
ist einer der wichtigsten Punkte des Unterschiedes zwischen dem deutschen
Expressionismus und dem des Prager Kreises. Die Belege aus dieser Zeit
sind sich darin einig, daß „das bürgerliche Elternhaus im deutschen Kaiser-
reich ein Entsetzen gewesen sein muß –" [...] „Man muß in einer Familien-
hölle gelebt haben"[22], und Walter H. Sokel sieht eine entschiedene Inter-
relation zwischen der Demütigung und Verbitterung, in der die deutsche
Jugend aufwuchs, und der leidenschaftlichen Reaktion des Expressionismus;
das Schulsystem war eine Erweiterung und Ergänzung des tyrannischen
Vatersystems[23].

Die Situation in Prag war – begründet in den historischen und kulturellen Determinanten – der der bürgerlichen Familie nicht-jüdischer deutscher Expressionisten diametral entgegengesetzt. Der „Prager Kreis" war
durchgehend jüdisch und ging aus dem bürgerlichen oder gehobenen Mittel-
stand hervor. Die Väter der Prager Dichter waren die erste, in seltenen
Fällen die zweite Generation, die außerhalb des jüdischen Viertels wohnten
und mit dieser topographischen Entfernung auch die kulturelle und religiöse realisierten. Zu dem an und für sich lockeren Verhältnis der Familie
in der Donaumonarchie kamen hier noch einige entscheidende Momente[24].

Diese Väter wollten in den Söhnen nicht die Wiederholung ihres Lebens
sehen, sie unterstützen die sie von der Familie entfernende und entfrem-
dende Entwicklung der Söhne in weitem Maße. Nicht weil sie die Söhne
nicht liebten, sondern weil dies die logische Konsequenz der von ihnen
geförderten Emanzipation der neuen Generation war. Gerade in den ganz

anderen Lebensformen und Lebensmöglichkeiten lag der Erfolg, der ihnen, den Vätern, noch nicht beschieden gewesen war. Solche Elternhäuser mochten manchmal drückend sein, aber sie waren kein „Entsetzen".

Diese Söhne mußten also gegen keine ihnen aufgezwungene Tradition – in dem Ausmaße ihrer deutschen Dichterbrüder – kämpfen. Der auf den Vater übertragene Haß gegen den Staat und die Mißstände auf wirtschaftlichen und anderen Gebieten war gleichfalls abgebogen. Diese Väter verkörperten nicht den Staat, in dem sie stets Fremdkörper gewesen waren und den man auch nicht so haßte; die Einstellung des größten Teils der Prager Juden war kaisertreu. Man konnte den jüdischen Vätern auch kaum die Schuld für politische Übel zuschreiben, da sie keinen politischen Einfluß hatten. Bis zur Linksorientierung nach dem Krieg gab es hier keine Reibungsflächen. Der Wille zu einem neuen Anfang, religiös, politisch und sozial, wurde in diesem Kreis erst zum Problem, als die Nachkriegsjahre die Integration der jüdischen Intellektuellen von deren politischen und sprachlichen Einstellungen abhängig machten.

Wenn nun Hans Mayer weiter feststellt[25], daß „der Ausbruch des Krieges von einem großen Teil dieser Jugend als Befreiung und Ausweg empfunden wurde", so trifft dies sicherlich für den Prager Kreis nicht zu. Max Brod schreibt hierüber sehr ausführlich in seiner Autobiographie, und sein pathetischer Versuch, sowie der Franz Werfels und Max Wertheimers zu Beginn des Ersten Weltkrieges[26], mag vielleicht zu vertrauensselig und weltfremd wirken, läßt aber keine Zweifel über ihre Einstellung gegen den Krieg aufkommen. Belegt wird diese Meinung durch einen noch lebenden Dichter dieses Kreises, Johannes Urzidil, der die „spezifische Besonderheit" des Ethos bei den jüdischen Dichtern des Prager Kreises darin sieht, daß

„keiner [...] auch nur eine Silbe zugunsten des Krieges und der Gewalt veröffentlichte, womit sie allerdings von der allgemeinen Kriegsbegeisterung isoliert waren, die zunächst auch in der sogenannten ‚besseren' Literatur jenseits der böhmischen Länder loderte"[27].

Daß es in der deutschen Literatur des Prager Kreises doch eine in die Richtung des Vaterhasses neigende Tendenz gab, entspringt einem anderen, zusätzlichen Moment, das es in den Familien der deutschen Expressionisten nicht gab: der Ablehnung des Vaters aus einem Gefühl der Enttäuschung über die Inkonsequenz der väterlichen Einstellung und wegen des manchmal großen Unterschiedes in dem geistigen Niveau. Nachdem die Väter es ihren Söhnen ermöglicht hatten, den entscheidenden Schritt der Entfremdung zu tun, fühlten sich die Söhne gerechtfertigt zu hoffen, daß auch dem Weiterschreiten auf dieser Bahn kein Widerstand entgegengesetzt werden würde.

Die endgültige Loslösung von der sozialen Tradition war in vielen Fällen gleichbedeutend mit der Aufgabe des „Brotberufes" in seinen verschiedenen Formen; und hier stießen die Söhne auf unüberbrückbare Ablehnung. Der Kampf wurde mit sentimentalen mehr als mit autoritären Waffen geführt; er wurde dadurch aber nicht weniger nervenaufreibend und aussichtslos. Die Söhne sahen keinen Sinn in der Fortsetzung der Linie des ökonomischen Aufstiegs und lehnten die optimistische Assimilations-Vision des Fortschritts ab. Die Familien hingegen neigten dazu, Kunst als Asyl der Unfähigen zu betrachten; die Abneigung gegen einen bürgerlichen Beruf war ihnen kein Beweis für künstlerisches Talent[28].

Diese Problematik wurde besonders für Kafka und Werfel aktuell. Daher auch der Vorwurf Max Brods gegen Kafkas Eltern, der in seinem Brief an Felice Bauer vom 22. 11. 1912 zum Ausdruck kommt:

> „Die Eltern wollen eben nicht einsehen, daß für einen Ausnahmemenschen wie Franz einer ist, auch Ausnahmebedingungen notwendig sind [...]. Wenn die Eltern ihn so lieben, warum geben sie ihm nicht 30 000 Gulden wie einer Tochter, damit er aus dem Büro austreten kann und irgendwo an der Riviera, in einem billigen Örtchen, die Werke schafft, die Gott durch sein Gehirn hindurch in die Welt zu setzen verlangt?" (UFK 126).

Kafka selbst hat einige Male über den Zwiespalt seines Vaterkomplexes geschrieben und gesprochen. Das Wissen darum, daß die Gegensätze nicht so hart und einfach liegen, kommt auch in den Schlußworten des „Briefes an den Vater" zum Ausdruck (UFK 25 und 275)[29].

Auch für Werfel lag das Problem ganz ähnlich. Die Übersiedlung nach Leipzig 1912 war die definitive Absage an die Hoffnungen des Vaters, der einzige Sohn würde sich für die Nachfolge in dem väterlichen Unternehmen entscheiden[30]. Bei Werfel kamen auch noch starke religiöse und gesellschaftliche Momente hinzu; doch geht er in seinem Roman „Nicht der Ermordete, der Mörder ist schuldig" sehr weit, um jede Ähnlichkeit mit seinen persönlichen Familienverhältnissen zu widerlegen. Und in der Gedichtsammlung „Wir sind" erscheint das Gedicht „Vater und Sohn" mit den beiden letzten Strophen der versöhnlichen Kunde[31].

Ernst Weiß, der von Kafka so geschätzte Dichter, der zu dem erweiterten Kreis gehörte, zeigt in dem aus der expressionistischen Epoche stammenden Roman „Boetius" den in hingebungsvoller Liebe an dem Vater hängenden Sohn und neigt dazu, den Egoismus der Liebe hervorzuheben. Es sind seine Werke einer viel späteren Zeit, „Der Augenzeuge", „Der arme Verschwender", die das Vaterthema negativ sehen. Beide Romane zeigen außerdem eine starke Anlehnung an die Gestalt Kafkas[32]. Ernst Weiß scheint in seinen Romanen dem von Brod erwähnten absolutem Realismus nahe gekommen zu sein[33].

Ludwig Winder, der in seinem, nach dem Jahrzehnt der expressionistischen Literatur erschienenen, Roman „Die jüdische Orgel", 1922, einen der leidenschaftlichsten Vaterhaß-Romane veröffentlichte, stammt aus einer ganz kleinen, alteingesessenen Gemeinde Mährens. Die sozialen und religiösen Umstände waren in dieser Umgebung wesentlich verschieden von denen seiner Prager Freunde und deren Familien[34].

Max Brods Einstellung ist ganz eindeutig:

„Mein Vater war ein stiller Gerechter, mit dem ich eher Mitleid hatte, als daß ich irgendwelche noch so entfernte Ödipusgefühle gegen ihn empfunden hätte. Daher vielleicht meine einsame, isolierte Stellung innerhalb der expressionistische Literatur, die vom Ödipuskomklex des unterdrückten Sohnes lebte" (StL 63).

Ein weiteres Moment, das die Prager Dichter von der deutschen expressionistischen Bewegung unterschied, war ihr anders ausgerichteter Aktivismus. Hermann Friedmann und Otto Mann konstatieren, daß der Expressionismus „nicht vergeblich, nicht nur ein geschichtliches Phänomen" gewesen sei. Er war eine

„hohe und bewunderungswürdige Bekundung junger Menschen, die in einem Zustand äußerster Gefährdung, weitreichend alle Verhängnisse in sich selbst verspürend, ja sie oft als ein Tödliches in sich tragend, doch mit unbedingtem Einsatz Mensch und Kultur vor dem nahen Chaos und Abgrund zu retten versuchten. Sie kämpften auf ihrem Feld so heroisch wie dann die Jugend auf dem Schlachtfeld des Krieges"[35].

All dies ist auch auf den Prager Kreis gemünzt; auch die Prager Dichter kämpften – aber die Fronten waren schwerer zu fixieren, und aus der Vielseitigkeit ergab sich eine Verschwommenheit der Linien.

„Die Könige der Welt sind alt und werden keine Erben haben"[36], diese Zeilen Rilkes drücken die Stimmung ahnungsvoller Trauer, das Gefühl des unabwendbaren Endes einer Epoche aus, die besonders diesen Kreis erfüllten. Zwar kämpften alle „auf Ruinen", aber in Prag geschah dies in einem weit wörtlicheren Sinne als anderswo, bedingt durch die besondere politische Lage der Monarchie, der Stadt Prag und durch das Judentum dieser jungen Dichter. In Berlin, in Leipzig und in den anderen Städten kämpfte man den geistigen Kampf um eine bessere Zukunft der Menschheit – und des Kämpfers. Der Prager Kreis kämpfte mit der gleichen Intensität, mit Leidenschaft und Gefühl, doch die Ungewißheit des eigenen Schicksals in dem erstrebten besseren Morgen war ihnen bewußt. Sie kämpften für die „Brüder, Freunde, Alle", aber sie selbst gehörten in einer ungreifbaren, kaum fühlbaren Weise nicht dazu.

Die Frage nach der Unterschiedlichkeit des jüdischen Wesens innerhalb eines bestimmten kulturellen Kreises wird nur selten wohlgesinnten Personen überlassen, und deshalb scheint es uns richtig festzustellen, daß neben den individuellen, künstlerisch bestimmten Differenzen jedes einzelnen dieses Kreises und der vorangehend beobachteten – durch ihr Judentum begründeten – andersartigen Einstellung und Auffassung im Hinblick auf Familie, Krieg und Aktivismus, der ausschlaggebende Unterschied schon in der bloßen Tatsache, daß sie Juden waren, gegeben war. Diese Unterschiedlichkeit stellte Paul Leppin 1913 sehr deutlich fest:

„[...] da es ihnen (den Juden Prags) niemals gelingen wird, die eisernen Fangeisen jüdischen Denkens zu zerbrechen (...) werden sie immer nur das bedeuten, was sie in Wahrheit sind: eine jüdische Kolonie"[37].

Ihre Unterschiedlichkeit des Denkens und Seins drückte sich in unzähligen, kaum merkbaren und schwer zu definierenden Einzelheiten aus, in andersartiger Reaktion und Handlungsweise; sie war stets vorhanden, und die Prager Dichter wurden sich bald darüber klar, daß es ihnen nicht gegeben war, diese Spurweite zu überbrücken. Hans Tramer gibt in seinem Essay über Prag auch eine treffende Schilderung dieser Situation:

„Sie waren Juden, blieben es auch meistens, wenn wir von einigen Ausnahmen absehen, sahen das aber lediglich als ihre Herkunft an und fühlten sich im übrigen lediglich als Künstler einer liberalen, fortschrittlichen Welt, in der auch dem Juden ungehemmte Wirkungsmöglichkeiten offenstanden. Gewiß, eine kurze Zeitspanne schien es, als wäre gerade auf künstlerischem Gebiete die

Illusion zulässig, daß auch der Jude lediglich ein Künstler zu sein brauche, nichts als Künstler sein könne, daß nur und einzig die Qualität seiner Leistung entscheide, daß für seine Anerkennung kein anderes Attribut erforderlich sei. Sehr bald aber, und nicht erst durch den berühmten Aufsatz von Moritz Goldstein im ‚Kunstwart‘ wurde doch die von Zweifeln nicht freie Legitimität des Juden speziell in der deutschen Kunstwelt wieder allenthalben spürbar"[38].

Es kann keine Frage darüber bestehen, daß die Dichtergruppe des Prager Kreises von diesen Zweifeln erfüllt war. Vor dem später allgemein einsetzenden Differenzierungsprozeß nach Gesinnung und Weltanschauung jedes Einzelnen war diese Unterschiedlichkeit zur Umwelt der Gruppe auferzwungen. Das überkonfessionelle Christentum Werfels und die jüdische Haltung Brods wurden aus denselben Wurzeln genährt. Daß die Gemeinschaft der jungen Intellektuellen sich ihrer Sonderstellung bewußt war und sie als Realität akzeptierte, ist ein Teil ihrer Eigenständigkeit. Die gemeinsamen Gefühle, Ansichten und Lebensempfindungen der Gruppe waren bedingt durch die historischen und kulturellen Determinanten, von denen Elemir Terray spricht; das Andersartige des Prager Kreises jedoch war begründet in dem Judentum seiner Angehörigen. So sind auch der „Realismus" des Prager Kreises, den Max Brod als ihr kennzeichnendes Merkmal hervorhebt, und die sittlichen Gefühlselemente, die Friedrich Markus Hübner betont, als Resultat des ethnischen Erbes zu werten. Das Gemeinsame und Verbindende des Prager Kreises lag nicht in der gemeinsamen literarischen Einstellung, sondern in der Erkenntnis des Provisoriums, in dem sie lebten und dem jeder von ihnen auf seine Weise abhelfen wollte; diese Erkenntnis war auch die Wurzel, aus der ihre Sonderstellung innerhalb des literarischen Expressionismus erwuchs.

Die ambivalente Stellung und Einschätzung Max Brods in der expressionistischen Bewegung – und seine Ansicht über sie – muß aus diesem Blickwinkel erfaßt werden; doch wurde bei ihm die Gegensätzlichkeit durch die Begegnung mit dem Ostjudentum und mit Martin Buber in stärkerem Ausmaße als bei den Prager Freunden wirksam.

Als erste literarische Auswirkung der neuen Eindrücke erschienen 1911 die „Jüdinnen", die Felix Braun „Gebilde einer wirklichen und wahrhaften Anschauung der Welt" nannte; hingegen fand er das Buch „zu nahe"[39]. Der Roman behandelt erstmalig im dichterischen Schaffen Brods das Problem des Judentums. Es wird vorerst rein deskriptiv behandelt; ist dies doch auch für Brod die Epoche der Ästhetik, in der er mit einfühlender Liebe alle Einzelheiten des Lebens beobachtete und beschrieb, mit einer aufs Detail gerichteten Kunst, der alles und jedes wichtig und mitteilenswert erschien. Neue Aspekte des Geschehens waren die Folge dieser Richtung; viele, bisher im Dunkel des Unbewußten ruhenden Nuancen fanden Beachtung. So wurde auch das Jüdische, das bisher unwichtige, tagtägliche Belanglosigkeit in seinem Leben gewesen war, tiefer erfaßt und gewann an Bedeutung. Der junge Dichter suchte nach einer Antwort, einem zentralen Punkt, dem richtigen Einsatz für seine Aktivität und ahnte bereits, daß er ihn nur im Judentum finden könne.

Eros und Judentum, die zwei treibenden Elemente seines Schaffens, siegten über das nur distanzierte Beobachten und Beschreiben ohne persönliche Verpflichtung. Kurt Hiller erfaßte die Wandlung in Brod, als er sagte:

„Max Brod, mein Lieblingserzähler [...] eine vollkommen apolitische Seele [...] Trotzdem gilt für ihn als Künstler das, was für alle Künstler gilt: auch er lobt durch die Wahl. Sein neuer Roman ‚Jüdinnen' zeigt das wieder. Der Stoff ist völlig ‚interessant'[40].

„Arnold Beer", 1912, ist ein weiterer Schritt auf diesem Weg. Das Problem des Judentums verdrängt hier schon die künstlerische Beschaulichkeit. Das Judentum ist tiefgehender, bewußter und dynamischer ausgedrückt. Der Dichter ist aus der Ruhe des ästhetischen Standpunkts der Weltbetrachtung, die sich jeder Handlungsweise entzieht, aufgerüttelt. Das Judenproblem zwingt Brod zur Stellungnahme und ruft ihn zur Tat. Es ist die Zeit, in der er in der Tiefe des scheinbar Einfachen das Große sehen, in der er das Urwüchsige und Eigenständige der Dinge erfassen lernt und die beseelende Bereicherung des Erfassens durch die Liebe empfindet. Es sind „Stadien einer Enttäuschung" für Kurt Hiller: „über den neueren Brod schreiben heißt: zum Problem ‚Deskription' Stellung nehmen", schreibt er 1911[41].

Das entscheidende, alles umstürzende Ereignis war der Krieg, der alles bisher Gedachte, Gefühlte mit einem einzigen Schlag als unzulänglich erscheinen ließ. Er drängte die Generation der Debattierenden in die Rolle der Verantwortlichen. Jedwede geistige Passivität wäre Brod als ein Verrat am geistigen Gut der Menschheit erschienen. Talent allein genügte nicht mehr, man mußte auch Charakter und Mut besitzen und die Kühnheit, zu zeigen. Brod und die ihm Gleichgesinnten veröffentlichten in den „Weißen Blättern", die René Schickele als „die Zeitschrift der jungen Deutschen, die auch im Krieg Europäer bleiben wollen", definierte.

Die Erlösung aus dem Zusammenbruch, der die Welt erschütterte, suchte Brod nicht nur in seinem literarischen Schaffen. Wie bereits beschrieben[42], war dies für ihn eine Zeit intensivster Tätigkeit. In seinem Gottsucher Tycho de Brahe, (der erste historische Roman Brods, „Tycho Brahes Weg zu Gott") sucht der Dichter den Weg. Die Hilfe kann nur durch den Menschen für den Menschen kommen. Seine Stellung zu den Problemen der Zeit und der Welt sprechen aus den Werken, die in den Jahren des Ersten Weltkrieges entstanden, und aus seiner Tätigkeit in dieser Zeit. Die Überbrückung der Leere durch das Festhalten am Ethischen in einer Zeit, in der „auch die letzten Dinge zu administrativen Angelegenheiten geworden sind"[43], schien Brod unerläßliche Notwendigkeit. Aus dem Briefwechsel mit Werfel und Buber geht die tiefschürfende Frage nach der auf das Wohl der Allgemeinheit ausgerichteten – und nur auf das Wohl der Allgemeinheit zielenden – Ethik hervor. Den Weg der Erlösung glaubt Brod durch Überwindung der weltlichen Klugheit und Zweckgebundenheit in der Erhebung des Menschen zur Einheit der Ekstase zu sehen[44].

Aus diesem Gesichtswinkel erfaßt er die Aufgabe des Menschen in der Mithilfe am Werke Gottes – durch die Hilfe am Nächsten. Doch bald sieht er, daß er die Klüfte nicht in ihrer ganzen Breite und Tiefe erfaßt hat. Der tragische Gegensatz zwischen Vitalität und sittlicher Pflicht beschäftigt all sein Denken.

Der Zwiespalt zwischen Ethik und Vitalität, die Rolle des Bösen im Geschehen, die endgültige Ablehnung des Expressionismus und die Tendenz zum Zionismus sind die Motive im nächsten Buche Max Brods. „Das große Wagnis", erschienen 1918, ist ein „Buch des Widerrufes", mit dem sich Brod vom Aktivismus lossagt (HChJ 61). In ihm setzt sich Brod mit den altruistischen und sozialen Idealprinzipien auseinander. Auch die individuellen Momente der Gewissensentwicklung, der Gewissensforderung und die Schlußfolgerung des ethischen Grundprinzips sind in dem Buch verarbeitet[45].

Die zentrale Persönlichkeit des Romans, die, wie alle Brodschen Gestalten, viele biographische Züge aufweist, bleibt – symbolisch für die Idee und Tendenz dieses Werkes – von der ersten bis zur letzten Seite namenlos, und nur aus den letzten Zeilen des Buches sind die Initialen seines Namens: E. St. ersichtlich. Der Zwiespalt der Seele, der Dialog mit dem zweifelnden „Ich" sind in der Gegenüberstellung des Roman-Ichs mit der Gestalt des Dr. Askonas, dem Leiter des scheinbar idealen Staates, der den Gegensatz und doch das zweite „Ich" verkörpert, ausgeprägt.

E. St. wird aus einem Gelehrtendasein gerissen, um in einem in undefinierter Zukunft geführten und schon viele Jahre dauernden Krieg zu kämpfen. Nach einer Verwundung erwacht er aus tiefer Ohnmacht in der Zone der Freiheit, in Liberia, und erkennt in der Pflegerin seine einstige große Liebe. Liberia ist ein Höhlenstaat in einem verlassenen und vergessenen Teil des Kampfgebietes. Er ist – wie E. St. erklärt wird – eine Zufluchtsstätte, die Verkörperung von Freiheit und Vernunft, in der alle in echter brüderlicher Gemeinschaft leben.

Das System des Freistaates erfordert mehr als Zucht und Ordnung; es kann nur durch die Selbstaufopferung des Einzelnen für das Wohl der Gemeinschaft bestehen. Notgedrungen muß solch ein Staat nur aus disziplinierten Seelen, Überwindern, idealen Pflichtmenschen zusammengesetzt sein; „der Tod ist das einzige Laster, das man ihnen noch gelassen hat" (DgW 202). Vollkommene Gleichachtung und Gleichwertung, die den Lebenskampf des Einzelnen vermeiden und dadurch den Willen für fruchtbare Zwecke frei machen, sollen die Grundlagen dieses Gemeinschaftslebens sein, das auf völlig freier Willensentscheidung aufgebaut scheint. Aus Gemeinsinn meldet man sich freiwillig zu jedem Beruf, der als notwendig anerkannt wird, alle Beschäftigungen gelten als gleichwertig, und alles Individuelle wird ausgeschaltet; auch Eigennamen, denn „Eigennamen sind Eigenliebe, Symbole des Alleinseins" (DgW 66).

Jedoch in Wahrheit ist die Gemeinschaft Liberias nur die Summe der Einzelwesen, die durch eine auf Gewalt und Intrigen beruhenden Organisation zu einer Einheit zusammengefaßt sind. Die Aufopferung des Einzelnen – da sie keinem inneren Drang entspringt – kann letzten Endes nur aus Zwang geschehen und steht so der Zweckerfüllung des Individuums diametral entgegen. Es ist falsch und sinnlos, das Ego zu unterdrücken und gegen seine Neigungen zu leben, das gibt Askonas zu, er kann jedoch auf andere Art den Staat nicht leiten. Er träumte davon, die Welt zu verbessern, aber sein persönliches Versagen, in dem die Komponente der Unzulänglichkeit aller Bürger des Staates gesehen werden kann, macht den Traum unrealisierbar[46]. Die Bürger Liberias sind zum großen Teil Intellektuelle, die sich an theoretischen Enthusiasmus berauschen; sie benutzen an Stelle ihrer Namen proletarische Titel, aber die „Schuhputzer, Straßenkehrer, Geschirrwäscher" lassen es bei dieser Namensgebung beruhen, und die Arbeit bleibt ungetan. Der „Kellner", der dazu verurteilt und gezwungen wird, diese Arbeit tatsächlich auszuführen, tut es in Fesseln und wird zum Symbol der Hohlheit dieses phrasenhaften Gemeinschaftslebens.

Der Abgrund zwischen Theorie und Praxis, die Nichtbeachtung der praktischen Forderungen des alltäglichen Lebens führen zum Chaos, und dessen Folgen sind wieder nur Zwangsmaßnahmen, die die des totalitären Systems außerhalb des Höhlenstaates noch übertreffen[47]. Der gegen die Gemeinschaft gerichtete geknechtete Egozentrismus des Einzelnen brachte den Staat zum Scheitern; die Wandlung des Individuums in seinem Herzen – das große Wagnis – hätte Liberia zum idealen Staat gemacht.

„Das große Wagnis" deutet Brod als die in Ungebundenheit und nach freiem Ermessen getroffene Entscheidung des Menschen, die ihn auf den richtigen Weg führt. Die Kinder müssen von frühester Jugend an zur Entfaltung der Persönlichkeit erzogen werden, zu dem Streben nach einem im innersten wahren Selbst begründeten Wollen, das in den spontanen richtigen Entschluß umgesetzt werden kann; denn die große, richtige Entscheidung gibt es nur einmal im Leben des Menschen. Ruth[48], die Pflegerin, einer der überzeugendsten Frauentypen Brods, wirft eine optimistischere These auf: Nur Gott weiß, ob die falsche Entscheidung schon gefällt wurde, und gestattet in langmütiger Liebe einen neuen Versuch; er läßt dem Menschen die Möglichkeit der Umkehr – wenn dieser die sittliche Kraft hierzu aufbringt[49].

Für jeden Menschen liegt „das große Wagnis" in seinem individuellen Problem; in dem des „Dichters" und dem des Staatsführers wirft Brod die ihn zutiefst bewegenden Fragen auf. Für den ersteren besteht die Schicksalsfrage in der Fähigkeit, die „dritte Liebe" zu erkennen.

Es ist der Gedanke Platos[50], verbunden mit der Schlußfolgerung, daß die nicht genügend freie innere Erarbeitung eines unabhängigen Maßstabes das eigene Schauen und Erkennen beeinträchtigt. Vernunft und Pflichtvorstellungen bestimmen das Idealbild, „dann wählt man statt der geliebten Frau die passende Frau" (Dg W193). Dieser Gedankengang einer Synthese von sinnlicher und geistiger Liebe wird einige Male von Brod versucht; das Unerklärliche, das Wunder, „das weder mit dem Körper noch mit dem Geist etwas zu tun hat" (DgW 192), überzeugend zu interpretieren, gelingt ihm nur in Shoshanas Verhältnis zu Meleagros[51].

Für Dr. Askonas, dessen megalomanischer Wille zur Macht durch seine scheinbar welterlösende Tendenz noch gefährlicher wird, wäre „das große Wagnis", sich aufzugeben, sich in Gottes Hand zu legen[52]. Aber er glaubt nicht an Gott, nicht an das Gute und auch nicht daran, daß der Mensch gut sein kann.

„Man kann nicht gut sein. Es gibt Situationen, in denen man zwischen zwei Wegen zu wählen hat. Aber nicht so, daß der eine Weg gut und der andere böse wäre. Nein, beide Wege sind Sünde. Was auch immer man wählt, man wählt falsch" (DgW 181).

In dieser Phase des Brodschen Gottsuchens lehnt Gott den Helfer ab; der Mensch ist von Gott verurteilt zu sündigen. Das wahrhaft sittliche Leben ist dem Menschen nicht gestattet. Die Konzeption des werdenden Gottes, nicht des vollkommenen, allmächtigen Gottes, verstärkt sich in Brod, und Dr. Askonas gibt ihr Ausdruck: „Der Hohn Gottes spricht, wenn wir nur den Mund auftun [...]. Nicht von uns hängt es ab, es kommt von oben [...]. Wenn das Gute nicht in unserem Willen liegt, wozu leben wir?" (DgW 259 f.)[53].

Der Lichtstaat Liberia geht in einem Bombenangriff zu Grunde. E. St., der knapp vorher entkam, wird in der Außenwelt als Deserteur erschossen.

In ihrer Unfähigkeit zu lieben lag zum wesentlichen Teil das Versagen der Bürger und ihres Staates Liberias, des Staates ohne Liebe. Nicht Liebe, „Haß (ist) das einzige ungebrochene Gefühl, das in Liberia gedeiht" (DgW 240)[54]. Die Unterjochung des Individuellen, die für die Struktur des Staates notwendig erschienen war, hatte in der Folge die vitalen Naturkräfte – die sündige Vitalität, aber auch die Vitalität der Liebe – unmöglich gemacht[55]. Das Freiheitsideal, das Dr. Askonas vorgeschwebt hatte, konnte ohne Freiheit des Wollens nicht realisiert werden; auch die Gefahr, daß die freie Entfaltung des Einzelnen gegen die Interessen der Gemeinschaft verstoßen könnte, ist dem Zwang, der der Entwicklung des Individuums entgegensteht, vorzuziehen.

Der Roman bekundete den Durchbruch zur Ethik in der geistesgeschichtlichen Entwicklung Max Brods. In ihm will er die Notwendigkeit einer Erziehung der Menschheit zum ethischen Bewußtsein, zu freiem Denken und Suchen nach eigener sittlicher Einsicht, die es ermöglicht, das Wesentliche zu erkennen, auch wenn es in einer Form auftritt, für die empirische Kenntnis nicht genügt, klar aufdecken.

Diese geistige Entwicklungsphase war von der Wendung zum Judentum tiefgehend beeinflußt; durch den Zionismus wurde Brods Augenmerk auf die dominierende Wichtigkeit der Staatsform als Rahmen aller ethischen Entfaltung gelenkt. Palästina, die ersehnte Heimstätte mit dem System der Gemeinschaftssiedlungen, in denen jeder persönliche Besitz ausgeschlossen war und absolute Zurücksetzung des Individuums für das Wohl der Gemeinschaft verlangt wurde, bewegte die Gedanken der europäischen Zionisten. Die Schilderung der negativen Auswirkung des Systems – weil es nur auf Zwang beruht – hob die Möglichkeit des Gelingens – wenn es dem freien Wollen entspringt und durch Liebe motiviert ist – ab. In Palästina wird der Versuch, der in Liberia mißlang, gelingen. Der Zionismus Brods findet hier zum ersten Mal dichterischen Ausdruck[56].

In dem Schauspiel „Eine Königin Esther" kommt Brod auf das Problem der Unvereinbarkeit von Ethik und Vitalität zurück. Das Schauspiel ist nicht die Dramatisierung des biblischen Esthermotivs; es ist die philosophische Erfassung eines Paradoxons, das Brod auf den biblischen Stoff überträgt. Der König findet in Esther ein Wesen, das ihm durch reine, aber lebendige Liebe vollkommenes Glück geben kann. Das absolut Geistige, Ethische des Königs macht aber diese Liebe unwirksam: da ihr die Vitalität fehlt. Haman, der in dem Drama Jude ist[57], verkörpert das vitale, irrende und gegen sich selbst kämpfende Judentum. Er muß Esther, in der er seinen Gegenpol erkennt, gegen seinen Willen lieben, und gerade diese Erschütterung bestimmt ihn, die Vernichtung der ganzen Judenheit anzustreben. In der durch Formeln und Gesetze angestrebten Ethik der Juden sieht er ein Aufrechterhalten des Selbstbetruges, daß ein Widerstand gegen das Böse möglich sei. Er erfaßt das Böse als im Plan der Welt beschlossen; das Leiden ist nur deshalb unausrottbar, weil das Leben den Menschen immer wieder durch den Schein des Vollkommenen und des Glücks betrügt.

Esther nimmt den Kampf mit Haman auf, um ihr Volk zu retten; da sie ihn nicht überzeugen kann und ihre Kraft nur um geringeres größer ist als die seine, muß sie ihn töten.

Die Konklusion des Schauspiels ist, daß wohl Vitalität ohne Reinheit oder Reinheit ohne Vitalität möglich wäre, jedoch Reinheit und Vitalität unmöglich seien.

„Schuldig, was man auch tun mag, auch wenn man nichts tut. Was für eine Welt ist das, die du geschaffen hast, Gott!"

klagt der König (EKE 125); und Esthers Antwort beeinhaltet die Unfähigkeit Brods, eine Antwort zu finden: „Es ist unmöglich Mensch zu sein, dennoch bleibt uns nichts anderes übrig" (EKE 138)[58].

In seiner Autobiographie bezeichnet Max Brod die Generation des Expressionismus, die Günther Erken „die tragische Generation"[59] nennt, als die „Generation des Trotzdem". Beide Bezeichnungen kamen ein halbes Jahrhundert nach der Zeit der Bewegung auf und haben dadurch umsomehr Gewicht. Es ist für Brod eine „Generation des Mutes", eine Generation,

> „der zum erstenmal Weltuntergangsstimmung in die Knochen gefahren war, die aber doch nicht in Furcht verging";

die bemüht war,

> „dem ewigen Guten und Ordnenden eine Stelle in dem nervenzersägenden Getriebe der Zerfallserscheinungen zu erkämpfen. Der literarische Ausdruck hierfür war der Expressionismus" (StL 340).

Trotz seiner Anerkennung der hohen Motive des Expressionismus, für dessen Vorgeschichte und dialektischen Umschlag er so charakteristisch gewesen war[60], fand es Max Brod für richtig, seine ablehnende Stellung des „schreienden" Expressionismus klar darzulegen[61]. Er tat es in einem Streitgedicht, dessen zwei erste Strophen nachstehend wiedergegeben werden:

> „Ihr plakatiert euer Güte-Plakat!
> An allen Litfaßsäulen: Große Menschenliebe!
> Verbrüderung! Umarmt euch! Sonnenstaat!
> Wäre nur eure Unterschrift nicht so giftgrün, —
> gern glaub ich euch! In euren Augenwinkeln
> Wär eigensüchtig nicht dies Lächeln und Verblühn!" (GeG 51).

Das Gedicht erschien wahrscheinlich 1919[62]. Die Auseinandersetzung Max Brods mit dem Expressionismus hatte ein Jahrzehnt umspannt, in dem er mit den führenden deutschen Expressionisten befreundet war, in ihren Zeitschriften veröffentlichte und in dem seine eigenen literarischen Schöpfungen die Merkmale der Bewegung trugen. Wenn also 1934 Hermann Grab zu der Ansicht kam, daß Max Brod

> „mit erstaunlicher Wachheit, die Spanne der expressionistischen Auflösung überspringend, sich geradewegs in jenes Entwicklungsstadium gestellt (habe), das in der nachimpressionistischen Welt jedenfalls als das avanciertere und offenbar auch als das historisch gewichtigere sich behauptet"[63].

müssen dieser Ansicht Erläuterungen beigefügt werden, um die Geschehnisse richtigzustellen. Was Grab als „Hinüberspringen" sah, war ein aus vielen Elementen zusammengesetzter langwährender Übergangsprozeß, der vielen Schwankungen unterlag. Das entscheidende unter den Elementen, die wir in diesem Kapitel zu interpretieren versuchten, war Brods Hinwendung zum Judentum, die auch seine weitere Entwicklung bedingte. Um den Werdegang des Dichters in dem Jahrzehnt des Expressionismus unter diesem Aspekt zu verfolgen, müssen wir zu den Anfängen dieser Entwicklung zurückkehren.

## Die Wendung zum Judentum und zur Ethik

In dem Kapitel „Judentum als Problem" seiner Autobiographie deutet Max Brod die drei Beweggründe an, die dazu führten, seinem Zaudern und Schwanken ein Ende zu setzen und ihn der jüdischen Gemeinschaft nahe zu bringen (StL 66).

Wie schon erwähnt[1], war in den aufgeklärten jüdischen Mittelstandsfamilien Prags die Religion zu einigen Resten von religiösen Zeremonien, die anläßlich der hohen jüdischen Feiertage – Ostern, Laubhüttenfest, Neujahrs- und Versöhnungstag – ausgeübt wurden, zusammengeschmolzen. Dies galt auch für das Milieu des Prager Kreises, für die Familien Brods, Kafkas, Weltschs, Werfels und der anderen[2]. Dennoch bedeuten für Brod die schwachen Berührungspunkte mit der Religion, die vagen Anklänge an die geschichtliche Vergangenheit des Volkes, den Verbindungsfaden, der nie riß und der sein jüdisches Bewußtsein wach erhielt.

Die Distanzierung des Prager Kreises von der Vergangenheit und Tradition und der nicht-jüdischen Umgebung wurde im vorangehenden Kapitel in ihrer literarischen Auswirkung beobachtet. Hier soll dargestellt werden, wieweit die oben erwähnten drei Gründe, aus dem Abstand eines halben Jahrhunderts gesehen, die geistige und literarische Entwicklung Brods beeinflußten.

Der erste Punkt, auch chronologisch, ist die Begegnung mit Martin Buber und seinen religiös-philosophischen Schriften und chassidischen Legenden. Martin Buber hielt im Jahre 1909 in Prag im Kreise des jüdischen Studentenvereins Bar-Kochba, dem Brod nur als „Gast und Opponent" (StL 67) angehörte, die erste seiner tiefwirkenden drei Reden über das Judentum.

Ehe wir uns den Reden selbst zuwenden, erscheint es notwendig, über die Gestalt Bubers einiges einzuschalten. Martin Buber, nur wenige Jahre älter als Brod, übte einen großen, nachhaltigen Einfluß auf die Generation des assimilierten Westjudentums in den Jahren 1900 bis 1938 – zu welchem Zeitpunkt er nach Jerusalem berufen wurde – aus. Bubers Schriften, seine chassidischen Legenden und Vorlesungen vermittelten den dem Judentum entfremdeten Intellektuellen der Kronländer und Deutschlands eine für sie akzeptable und verständliche Auffassung von der jüdischen Religion und der jüdischen Religionsphilosophie[3].

Für Brod stand seit den Reden Bubers in Prag eines fest: Von den drei Völkern, die in Prag wohnten – Deutsche, Tschechen, Juden – gehörte er dem drittgenannten an (StL 70).

In der ersten seiner Reden erhebt Buber die Frage, wodurch einem Menschen sein Volk zur „autonomen Wirklichkeit" in seiner Seele und seinem Leben wird. Er erwägt die subjektive und objektive Situation des Einzelnen in seinem Verhältnis zum Volk und den sich daraus ergebenden Zwiespalt des Juden in der Diaspora. Er sieht die Antwort nicht in der Hingabe an einen Gott, den man nicht mehr wirklich zu machen vermag, sondern durch Hingabe an den Grund des menschlichen Wesens[4].

Auf die den Sinn und Zweck des Daseins suchende jüdische Generation dieser Zeit, und im besondern auf die in der Atmosphäre der Polarität der Stadt Prag lebenden jungen Schriftsteller, mußte die Rede wie ein zündender Funke wirken. Und in noch erhöhtem Maße auf den jungen Brod, der, wie schon angeführt, die Antwort auf die Frage nach dem Sein vergeblich in dem Pessimismus Schopenhauers gesucht hatte und sich von der Tatenlosigkeit, der alles verneinenden Passivität, nach anderem suchend, abgewandt hatte. Die jüdische Sage, die Buber am Ende seiner ersten Rede erzählte, mußte ihm wie ein Omen erscheinen[5].

Der Rede Bubers folgten Debatten und Auseinandersetzungen mit den Freunden, und die Spannung mit Werfel wegen religiöser Fragen begann hier. Für Brod, der nicht nur für sich allein einen Weg suchte, der auch den Freunden, der „Menschheit", helfend zur Seite stehen wollte, schien Bubers zweite Rede über das Judentum und die Menschheit die Richtung zu weisen, in der diese Möglichkeit lag. Buber sah das Judentum als von Gegensätzen erfüllt, als polares Phänomen. Das „Dualitätsbewußtsein" des Judentums sieht die Aufgabe des jüdischen Menschen in der richtigen Entscheidung angesichts des Guten und Bösen, in der Entscheidung, von der alle Zukunft abhängig ist[6]. Aus dem Bewußtsein der Polarität resultiert das Streben nach Einheit, das der gläubige Jude in der Einheit seines Gottes fand. Dieses Streben und Sehnen nach Einheit sah Buber als Grund für die Ablehnung alles Neuen, aus der Umwelt Kommenden, von dem die Orthodoxie eine Erschütterung des Glaubens fürchtete.

Buber erkannte, daß die strikte Ablehnung alles Neuen einem gesunden Grundtrieb der Selbstbehauptung entspringt; er glaubte jedoch, daß die zu weit getriebene Ablehnung in Selbstzerstörung ausartet; in diesem Widerstreit zwischen der Wahrung des Alten und dem immer stärker werdenden Einfluß der Umwelt erlahmte – nach Bubers Meinung – das Streben nach Einheit. Nur in der Ideenwelt einiger weniger Auserlesener lebte die Kraft weiter und hielt die Seele des Judentums bereit für den Augenblick der Befreiung. Aus dem Streben nach Einheit schöpfte das Judentum die Kraft, nicht der Verzweiflung zu unterliegen, durch die Jahrhunderte angesichts aller Qualen weiterzuleben und zu hoffen.

Buber unterscheidet nicht zwischen Nationalisten und Nicht-Nationalisten, sondern zwischen Wahl- und Zielmenschen, die er Urjuden nennt, und den Geschehenlassenden, den Galuthjuden[7]. Doch waren es eben die Galuthjuden, die seine Zuhörerschaft bildeten, die eifrig und enthusiastisch oder ablehnend kühl seinen Ausführungen folgten. Buber führte in diesen Reden ein Ziel vor die Augen der Zuhörer: die Erneuerung des Judentums; keine Verjüngung oder Neubelebung, sondern eine wahrhafte und vollkommene Neuwerdung, war der Appell seiner dritten Rede. Buber stellte in seinen Reden das Judentum als Geisteskampf dar, als gedanklichen Prozeß, der sich in der Geschichte als das Streben nach einer immer vollkommeneren Verwirklichung dreier Ideen vollzieht: der Idee der Einheit, der Tat und der Zukunft.

Die Idee der Tat steht im Mittelpunkt jüdischer Religiosität[8], nicht der Glaube, und Buber sieht darin den fundamentalen Unterschied zwischen Orient und Okzident. Jede Tat, auch die geringste, ist in der jüdischen Religion auf das Göttliche bezogen, und jede Handlung ist heilig, wenn sie auf das Heil gerichtet ist; die Seele des Täters allein bestimmt das Wesen seiner Tat, da nicht die Materie der Handlung entscheidet, nur ihre Weihung. Hier spricht aus Buber die geistige Richtung des ursprünglichen Chassidismus, von der er durchdrungen war, der sich in der Tat der wahre Sinn des Lebens offenbart[9].

Die Idee der Zukunft ist die Erlösung des Menschengeistes und somit das Heil der Welt. Es ist das zu verwirklichende Ziel der Menschheit.

Für den der Inaktivität müden Max Brod waren die Worte Bubers von der zentralen Wichtigkeit der Tat im Judentum ein willkommener Ansporn und Wegweiser zur Aktivität des Zielmenschen. In dem der persönlichen Begegnung sich anschließenden Briefwechsel zwischen Martin Buber und Max Brod, der bis zu Bubers Tod währte, präzisiert sich die zunehmende Vertiefung Brods in die Religiosität und das Volkstum. Das Blickfeld seines Schrifttums ist von diesem Zeitpunkt an von einer bewußten Volkszugehörigkeit weitgehend bestimmt.

Der zweite Grund war 1910 die Begegnung mit dem Ostjudentum in der Gestalt der „armseligen ostjüdischen Schauspielertruppe", in der Brod zum ersten Mal ein wahrer Begriff von jüdischem Volkstum entgegentrat (StL 66). Während Bubers Reden und chassidische Erzählungen die Idee vertraten, waren diese Juden, die nichts Gemeinsames hatten mit den Bekannten und Freunden Brods, außer eben der Tatsache, daß sie Juden waren, gelebte und erlebte Wirklichkeit. Hier war eine Brod bis dahin völlig unbekannte Art von Glauben: nicht von der Religion zu wissen, sondern gleichsam mit ihr zu leben. Er entdeckte das Wertvolle, Ursprüngliche in diesem Milieu, in dem aus religiöser Antriebskraft und aus Herzensdrang getan wurde, was bei den kultivierten, assimilierten Prager Bürgern nur allzu häufig die alleinige Folge guten Benehmens und anerzogener Lebensart war.

Einige Jahre später, als der Eindruck im täglichen Verkehr mit den ostjüdischen Flüchtlingen vertieft und verschärft wurde und Brod immer mehr Verständnis und Achtung für diese fremden Blutahnen empfand, beleuchtete der Briefwechsel mit Werfel den Aspekt des krassen Unterschiedes zwischen Ost und West und Brods Einstellung hierzu; Werfel fragte Brod in einem Brief vom 28. 1. 1917:

„Kann bei strengster Wahrhaftigkeit dieser Gegensatz in Dir standhalten zwischen der momentanen Universalkultur und dem ostjüdischen Leben?"[10]

Und Brod antwortete sofort und mit großer Vehemenz:

„Manches in Deiner Antwort ist vielleicht Mißverständnis, aber in anderem scheint es mir doch, daß unsere Diskussion auf unsern Wesensgegensatz zu stoßen beginnt ... Mißverständnis also scheint es mir, wenn Du glaubst, daß ich die ostjüdische Unhygiene verteidige. Ich lehne nur die westliche, europäische Identifizierung von Kultur und Badezimmer, Kultur und Smoking usw. ab. Nein, ich glaube, gerade ich bin es, der revoltiert, — und nicht die bisherige Familie ist es, nicht das Ghetto, zu dem ich ‚zurück' will — überhaupt will ich kein ‚zurück' — auch das heutige Ostjudentum ist mir nur Gleichnis der Wahrheit; allerdings ist es mir realer, wahrheitsnäher, erschienen als die heutige Familie samt den ‚neuen Christen', die unter dem Vorwand, alles anarchisch zu zertrümmern, — alles beim Alten lassen. Verzeih' auch Du meine allzuscharfen Worte"[11].

Der dritte Anstoß, der die Entwicklung Brods lenkte, waren die ersten direkten zionistischen Einflüsse. Die Möglichkeit eines jüdischen Staates, einer nationalen Heimat, war wunderbare Zukunftsmusik; aber in erster Linie wurde Brod von der Möglichkeit greifbarer Mithilfe am Aufbau, dem Tätigsein im positivsten Sinne des Aktivismus, angesprochen. Zu diesem Notwendigen, Erdgebundenen kam noch Bubers Konzeption der „Verwirklichung"[12], um die Idee des Zionismus zu verstärken. Brod wurde mit den Schriften Achad Haams bekannt, die den realistischeren, viel weiterreichenden Bestrebungen Herzls gegenüberstanden[13]. Aus diesem Labyrinth der Eindrücke, der sich gegeneinander stellenden Einflüsse schien nun Hugo Bergmanns Essay über „Kiddush Hashem"[14] den Weg zu weisen.

In seinem Essay erläutert Bergmann die Stelle im 22. Kapitel / 32 des dritten Buches Moses:

Entheiligt nicht meinen heiligen Namen, damit ich geheiligt werde unter den Kindern Israel; ich bin der Herr, der euch heiligt.

Bergmann erblickte in dem Vers den Ausgangspunkt einer der eigenartigsten religiösen Konzeptionen des jüdischen Volkes; das

„Merkwürdige liegt in dem ‚daß ich geheiligt werde'. Obzwar wir dem Sittengesetz nur in Freiheit folgen können und es keine Nötigung zu sittlicher Handlung geben kann — denn der Zwang würde sie unsittlich oder sittlich indifferent machen — so kann der Mensch doch nur aus einem Widerstreite gegen seine sinnliche Natur dem sittlichen Gebote folgen"[15].

Die jüdische Auffassung verknüpft das Schicksal der Welt und Gottes miteinander und erfaßt das Verhältnis von Gott und Welt als ein dynamisches: der Mensch ist ebenso Welterhalter wie Gott. Gott ist die primäre Kraft, er schuf die Welt, der Mensch aber, indem er sie als göttlich anerkennt, erhält sie. Die „Heiligung des Namens" ist die sittliche Tat, das Gebot des Sittengesetzes als ureigenste Wesenheit des Seins zu erleben und durch das Leben Zeuge dafür zu sein, daß Gott ist.

Hatte Brod bisher nun seiner Neigung und seinem inneren Drängen nach Taten des Aufbaus, der Hilfe nachgegeben, war es doch nie mit dem vollen Gefühl geschehen, das einzig Richtige zu tun. Die Nachklänge Schopenhauers, die Einflüsse der mehr auf das Zerstören des Vorhandenen als auf das Verbessern und Wiederherstellen ausgerichteten geistigen Umgebung, waren starke Antipoden gewesen. Folgte man aber Bergmanns Gedankengängen, so waren die ethische Pflicht und die religiöse philosophische Forderung vereint – und entsprachen den innersten Neigungen Brods –: der Mensch war frei, seine Entscheidung zu treffen; hier war kein ehernes, seit Ewigkeit bestehendes Prinzip aufgestellt, dem der Mensch nur zitternd gegenüberstehen konnte. Der Mensch konnte nicht nur auf sein eigenes Schicksal Einfluß nehmen, er hatte auch Anteil am Schicksal Gottes.

In den Gesprächen mit Christian von Ehrenfels, dem Verfasser der „Kosmogonie", waren Gedanken erörtert worden, die denen Bergmanns nicht unähnlich waren, doch der Mensch hatte – bei Ehrenfels – an dem Werden keinen tätigen Anteil. Auch die Auslegung der Mensch-Gott-Konzeption des Angelus Silesius war Brod bekannt und wies verwandte Züge mit dem Postulat Bergmanns auf. Anders als Ehrenfels und Silesius aber kennt Bergmann den allmächtigen, vollendeten Gott, sowie den „im Menschheitsprozeß" werdenden Gott; er sieht darin keinen Widerspruch, sondern etwas Unerklärliches, ein Geheimnis, das im Göttlichen wurzelt. Für Brod lag die Triftigkeit der Bergmannschen Auslegung in der Erhöhung des menschlichen Tuns zum Gottesgebot und in der Bereicherung des Menschen, die in der Möglichkeit „mitzuwirken" liegt.

Eine weitere Unterstützung der Freiheits-Auffassung der jüdischen Religion glaubte Brod in Bubers Hinweis auf „Verwirklichung" in der Religion zu finden. Vor allem der ethische Aspekt des Begriffes beschäftigte Brod: Sind Verwirklichung und Ekstase derselbe Begriff und sieht Buber darin den höchsten ethischen Wert?[16] Bubers Antwort ist explizit:

„Verwirklichung ist keineswegs Ekstase. In der Ekstase erlebt der Mensch die Seele. In der Verwirklichung die Welt. In der Ekstase erlebend und empfangend, in der Verwirklichung tuend. Die Ekstase ist episodisch-isolierend, die Verwirklichung dauernd – bindend. In der Verwirklichung sind Erkenntnis und Ethos verschmolzen"[17].

Das neue Freiheitsgefühl, das Brod aus dem Postulat Bergmanns erwuchs, abgerundet durch die in dem Blickfeld von Bubers „Verwirklichung" liegende Vermengung von Ethik und Erkenntnis, wird in der Gestalt des Tycho Brahe verarbeitet[18]; der dänische Sternsucher wird zum Symbol, zur Apologie des jüdischen Volkes.

Auch in der Lyrik Brods findet die neue Geisteshaltung ihren Widerhall. In dem Gedicht „Kosmos", das nach den gedämpften Zeilen

„Kleine Schatten auf der kleinen Erde,
Sterben wir und sind wie nichts vergessen"

des ersten Teils sich zu dem Jubel des Abschlusses emporschwingt:

„Doch uns ist gegeben: mitzuwirken!
Wenn du, Mensch, dich, gut zu sein, entscheidest,
Wirst den Weltenlauf du umgebären.
Fabel war es, daß du sinnlos leidest.
Gib dein Herz, — dir geben sich die Sphären" (DgL 7)

kommt die volle Entzückung und Begeisterung der Freiheits-Konzeption zum Durchbruch[19].

Gleichzeitig mit dem Erwachen seines jüdischen Volksbewußtseins konkretisieren sich Brods ethische Postulate. In einem Artikel „Vom neuen Irrationalismus" bringt Brod im Jahre 1914[20] seine Auffassung über die sittliche Tat als Folge der sittlichen Forderung zum Ausdruck, die auch eine Auseinandersetzung mit Buber und Werfel ist. Werfel scheint das Elend der Welt überwindbar „durch die Religion, durch die Wiederherstellung des Unendlichen in der Menschenbrust, durch die Verkündung des ekstatischen Erlebnisses! Auf der Welt sein![21] Brod glaubt jedoch, daß die Einigung des Individuums mit der Welt nicht genügt.

„Man muß auch zu den Menschen gehen. Der Mythos vom Gottessohn, der freiwillig Mensch wird, scheint dasselbe auszudrücken"[22].

Auch Bubers Gesichtspunkt, daß die verwirklichende Tat die Pflicht des Einzelnen sei, scheint Brod nicht weitreichend genug. Für Brod muß die verwirklichende Tat als sittliches Prinzip eine Wirkung in die Gesamtheit haben; die Einheit in der Welt ist nicht mehr egozentrisch, sondern sozial, überindividuell, „eine reale Durchführung des Göttlichen im Diesseits"[23].

Der Krieg läßt die Forderung Brods nach werktätiger Hilfe, dem Grundprinzip seines Lebens, noch unerläßlicher erscheinen. Doch Brod verlangt noch mehr: nicht nur muß diese Hilfe von der Liebe zum Nächsten beseelt sein, selbst die Liebe muß sittlichen Momenten entspringen. Nur so könne auch der Ursprung, nicht nur das Ziel, der an und für sich „richtigen" Tat den ethischen Anforderungen entsprechen. Dies wieder führte zu weiteren polemischen Debatten und Artikeln, die, wenngleich sie mit der Brod beherrschenden Problematik der Religions- und Volkszugehörigkeit nicht in direkter Linie verbunden waren, doch in ihr den Kausalnexus hatten.

Unter der weitverzweigten und vielseitigen schriftstellerischen Tätigkeit Brods aus diesen Jahren ist der Artikel „Organisation der Organisationen"[24] besonders aufschlußreich für die Einstellung des Autors. Der Essay ist als Aufruf zum Mitwirken an „die Geistigen" gerichtet; Brod sieht die Forderung der Stunde in der Durchsetzung aller wirklich kulturwichtigen positiven politischen Parteien mit geistigen Fermenten, um auf diesem Weg zu seiner Verständigung der Nationen zu kommen[25]. 1916 forderte Brod zu einer Tätigkeit auf, die die Wiederholung der Katastrophe von 1914 vermeiden sollte. Die Dokumentation der Ansicht Brods zu „Selbsterlösung-Welterlösung" brachte der letzte Teil des Artikels, in dem sich Brod an diejenigen wendet, denen das „Schwelgen in ihrer Gesinnung" wichtiger ist als die Durchsetzung eines „ethischen Effektes in der Realität". Ihm scheint es wichtiger, die eigene Reinheit und Ungetrübtheit der Seele zu opfern, als

„selbst zwar ein Heiliger zu werden, die übrigen Menschen jedoch [...] ihrem Schicksal zu überlassen"[26].

Auch hier, wie in seiner Novelle „Die erste Stunde nach dem Tode" wendet sich Brod gegen Scheler, für den die Liebe – nach Brods Meinung – nur eine „in sich höchstwertige Gemütsbewegung" ist, aber kein „Kausalfaktor für den allgemeinen Nutzen"[27]. Das Wirken zum Nutzen der Allgemeinheit aber ist das Ziel, auf das alle Bemühungen ausgerichtet sein sollen, um das „irdische Unglück" zu lindern[28].

Es ist für Brod eine Epoche der Gedankenkämpfe und Debatten, die durch seine rückhaltlose Unterstützung des Zionismus bedingt waren. Auch die Polemik mit Werfel fällt in diese Zeit, das Ringen um eine jüdische Gemeinschaft der deutschsprachigen Dichter, die selbstgestellte Aufgabe, in diesem Kreis das jüdische Bewußtsein zu wecken, und all dies findet seinen Niederschlag in Artikeln und Schriften[29].

So bereichernd und wertvoll das Gefühl seines Volksbewußtseins und seiner Volkszugehörigkeit für Brod auch war, so hatte es doch auch das Schmerzhafte der Entfremdung von den Zeitgenossen und der Umgebung zur Folge[30]. Dies kommt zum Ausdruck in Brods Lyrik, die aus dieser Epoche stammt. Der Sammelband „Das gelobte Land", 1917, trägt den Untertitel „Ein Buch der Schmerzen und Hoffnungen". Das Gedicht, das den Titel des Buches trägt und Martin Buber gewidmet ist, gibt das Empfinden der Entfremdung, des Fremdseins, von dem sonst Brods Schrifttum frei ist, prägnant wieder. Der Fremde in seinem Haus spricht daraus, denn das Haus steht auf fremden Boden. Nachstehend sind die gehaltvollsten Strophen wiedergegeben:

I. Ich fahre in eine Stadt,
wo niemand auf mich wartet.
Niemand liebt mich dort,
und niemand hat mich satt.

III. Entsteige ich der Bahn,
geht niemand mir entgegen,
und käm' ich gar nicht an,
ich würde keinem fehlen.

VII. Ich atme Luft und Pracht
beschlafe ihre Betten,
am Denkmal in der Nacht
berühr' ich Eisenketten.

X. Schon will es mich, gebannt
von leiser Pulse Schlagen,
aus fremder Häuserwand
in tiefste Heimat tragen.
(DgL 21 f.)

In den vorangehend erwähnten schriftlichen Kontroversen und Wortgefechten bereitete sich das 1921 erschienene Bekenntnisbuch Max Brods „Heidentum Christentum Judentum" vor. Doch die Bedeutung und Wirksamkeit dieser Essays Max Brods sind nicht in dem geistigen Klärungsprozeß verborgen, den sie ihrem Autor ermöglichten. Der Kardinalpunkt lag in der Wirkung zur Allgemeinheit, gründete darin, daß Hunderte von „Indifferenten" sie lasen und aus ihnen zum erstenmal die Möglichkeit einer geistigen Heimat im Judentum ersahen. In der gestellten Problematik basierte auch ihre Wirkung. Brods geistesgeschichtliche Bedeutung für die

Erweckung des jüdischen Volksbewußtseins wurzelt in diesen Artikeln; sie waren der Windhauch, der den kaum mehr glimmenden Funken jüdischen Bewußtseins anfachten. Selbst in der negativen Auswirkung, in der Ablehnung des Gedankens lag etwas Positives: der sich für die Assimilation entscheidende Mensch konnte nun füglich wählen. Was der einzige Weg aus der Leere des Daseins gewesen war, wurde zur Alternative.

In die Wertung Brods muß die – für seine Umgebung und Zeit – bahnbrechende Tätigkeit des Erweckens einbezogen werden, um die Tragweite seines Einflusses auf die Entwicklung des geistigen Lebens seines Bekannten- und Leserkreises zu ermessen. Aus der jüdischen historisch-religiösen Vergangenheit wölbte Max Brod die Brücke des jüdischen Gedankens eines ethischen Prinzips als Grundlage eines eigenen Volkstums zur gehaltlos gewordenen Gegenwart für die jüdischen Intellektuellen und wurde zum Vermittler dieser Ideen für die nichtjüdische Umwelt. Nicht in der Entdeckung neuer Formen, sondern in der Freilegung beinahe vergessenen Gedankenguts muß die Bedeutung Brods in dieser Epoche seines Schaffens gesucht werden.

In dem zweibändigen Werk, in dem Brod die Auslegung der jüdischen Diesseitserfassung unternimmt, gibt er eine Zusammenfassung seiner Weltanschauung, die nach der Skepsis der Unvereinbarkeit von Ethos und Eros eine neue Hoffnung einschließt: die Gnade.

Zu Beginn des Buches stellt Brod seine These vom edlen und unedlen Unglück auf[31]: Das edle Unglück, das seinen Grund in der Endlichkeit des Menschen hat, in dem unüberbrückbaren Abgrund zwischen Endlichem und Unendlichem, ist das unabwendbare Unglück, das zur Struktur des Mensch-Seins gehört: die sittliche Unzulänglichkeit, der Verfall des Leibes, die Wandelbarkeit des Herzens. Der Motor dieses Unglücks ist die Leidenschaft; deshalb ist die Sexualität das zentrale Gebiet des edlen Unglücks. Gegen dieses Unglück vermag die menschliche Macht nichts, nur durch einen Gnadenakt, durch Heraustreten aus dem Geflecht des Irdisch-Kausalen, kann Rettung kommen.

Das begrenzte Reaktionsfeld des menschlichen Wirkens ist hier hervorgehoben und hebt sich scharf von der Höhe des Freiheitsgefühls ab, von der einige Jahre vorher „Tycho Brahes Weg zu Gott" durchdrungen war.

Das Tun des Menschen ist beschränkt auf das Gebiet des unedlen Unglücks, das nicht wie edles Unglück metaphysische Grundlagen hat, sondern menschlichen Ursprungs ist: Krieg, schlechte soziale Verhältnisse, Rassen und Religionsverfolgungen. Dem unedlen Unglück abzuhelfen, liegt nicht nur in der Macht des Menschen, es ist, darüber hinausgehend, ein Teil seiner Bestimmung.

Der Gedanke, daß die zwei Arten von Unglück nur kraft unseres Gefühls zu unterscheiden sind[32] und daß die Grenzen zwischen edlem und unedlem Unglück nicht als für alle Zeiten gültig gesehen werden können, ist in Brods Dichotomie eingeschlossen. 45 Jahre nach diesem Buch, in seinem letzten Werk „Das Unzerstörbare", kam Brod nochmals auf die Verschiebung der Grenzen zwischen den beiden Arten von Unglück zurück. Seine Überzeugung, daß Krieg zu dem abwendbaren Übel, das verhindert werden kann, gehört, hatte sich nicht verändert[33].

Wäre nun Auflehnung gegen edles Unglück frevelhaft, wäre es unrichtig, das unedle Unglück passiv hinzunehmen[34]. Die Bekämpfung des unedlen Unglücks ist die Pflicht des Menschen; sie ist möglich in der Tat aus Liebe, die sich in dem „Stiften nützlicher Einrichtungen" offenbart (HChJ I. 220 ff.).

So gesehen findet Brod den Einwand des Pantragismus, daß es gar kein edles, behebbares Unglück gäbe, sowie den des Panrationalismus, der das andere Extrem aufstellt, für nicht stichhaltig.

Die ideologisierte Form der Auffassung des Pantragismus kommentiert Brod in einem 19 Jahre später erschienenen Buch „Das Diesseitswunder", das als Ergänzung und Rekapitulation seines Bekenntnisbuches gesehen werden kann. Hier glaubt er, die Auffassung in den Hauptpositionen des „agonalen Prinzips" Nietzsches darauf zurückführen zu können, daß der Pantragismus nur eine gewaltsame Lösung von Konflikten möglich erscheinen läßt. Auch das Programm der deutschen Nationalsozialisten und die prinzipiell kriegerische Haltung des Faschismus erfaßt Brod als von der Ideologie der Unversöhnlichkeit und Unüberbrückbarkeit von Gegensätzen der pantragistischen Weltanschauung bestimmt (DW 12)[35].

In der Stellungnahme zum edlen und unedlen Unglück liegt für Brod der Grundunterschied zwische den drei geistigen Mächten Heidentum, Christentum und Judentum. Richtunggebend beeinflußt sieht er diese Stellungnahme von der Bedeutsamkeit des Gnaden- und Diesseitsbegriffes in den drei Geistesrichtungen.

Das Heidentum erfaßt die göttliche Sphäre als Diesseitsfortsetzung. Die Götter symbolisieren zuhöchst gesteigertes Natürliches, aber kein die Natur überwindendes Prinzip. Für Brod liegt das Heidnische vor allem darin, daß die Eigengesetzlichkeit des Geistes nicht anerkannt wird. Der Geist ist der Materie unterworfen, und dadurch ist die Gegenüberstellung des Rela-

tiven und des Absoluten, die der Prüfstein des edlen Unglücks ist, nicht
möglich (HChJ II. 258 ff.).

Das Heidentum ist nicht als Religion, sondern als etwas Überzeitliches
zu verstehen, eine Interpretation der Welt, die in Etappen auftritt, wie
etwa das „ästhetisierende Hellenentum der ganzen Welt, die große Welle
der Renaissance" (HChJ I. 13).

Der Begriff „Heidentum" oder „heidnisch" ist also subjektiv aufzufassen. Es bedeutet für den Autor eine Weltanschauung, die die Ordnung
des Diesseits „ohne Eingriffsversuch anerkennt" (HChJ I. 13); Plato und
Sokrates hingegen sind in diesem Brodschen Sinne nicht als „heidnisch"
anzusehen (DW 22).

Im Gegensatz hierzu steht nach Brods Auffassung das Christentum als
äußerste Negation des Heidentums. Das christliche Weltbild ist bedingt
durch die Abkehr von den natürlichen Trieben und der Entwertung des
Diesseitslebens, die in der Konzeption des absolut Einmaligen, des geistig
entscheidenden Ereignisses – des Opfertodes Jesu – beruht. Anstelle des
Kampfes gegen das unedle Unglück, das nach dieser Auffassung im Plane
des Göttlichen liegt, tritt das passive Erdulden der Heimsuchung (HChJ I.
14 ff.)[36].

Sieht nun Brod im Heidentum die Diesseitsfortsetzung und im Christentum die Diesseitsvereinigung, so ist ihm das Judentum das Diesseitswunder.
Das Diesseitswunder ist die Überbrückung der „Unvereinbarkeit des Zu-
sammengehörigen" (HChJ I. 193); der Tatsache, daß das unedle Unglück
dadurch, daß es überhaupt sein kann, zum edlen Unglück wird. Es ist die
Möglichkeit der Diesseitsumformung zugleich mit Weltvergessen und Versinken in Gott. Dieses Wunder hebt den Menschen aus dem unauflöslichen
Konflikt des Lebens und macht ihn eigentlich lebensfähig. Der Mittelpunkt
des Judentums ist für Brod dieses Wunder des verlorenen und wieder-
gefundenen Diesseits, während er als Mittelpunkt des Christentums die
Sorge um ein verlorenes und wiedergefundenes Jenseits zu sehen glaubt
(HChJ I. 229).

Der Inbegriff des Diesseitswunders ist in der Legende vom Rabbi
Shimon Bar Jochai gegeben, die der Angelpunkt der jüdischen Religionsphilosophie Brods ist[37].

„Rabbi Shimon Bar Jochai und sein Sohn wurden bei den Römern denunziert
und verbargen sich vor ihnen in einer Höhle. Da geschah ein Wunder. Ein
Brotbaum wuchs in der Höhle. Auch eine Wasserquelle zeigte sich. Sie zogen

ihre Kleider aus und saßen im Sande bis zum Halse. Sie beschäftigten sich den ganzen Tag mit Erforschung der Lehre, nur zur Zeit des Gebetes zogen sie ihre Kleider wieder an und beteten. So verweilten sie zwölf Jahre in der Höhle. Nach Ablauf der zwölf Jahre kam der Prophet Elia, stellt sich an den Eingang der Höhle und rief: Wer tut dem Sohne Jochais kund, daß der Kaiser gestorben und sein Befehl aufgehoben ist. — Die beiden traten hierauf aus der Höhle. Da sahen sie Menschen pflügen und säen. Und sie sprachen: Ach, diese Menschen vernachlässigen die Dinge des ewigen Lebens und beschäftigen sich mit dem zeitlichen Leben! Und wohin Bar Jochai und sein Sohn ihre Blicke richteten, dort verbrannte alles. Da ließ sich eine Himmelsstimme hören: Seid ihr deshalb aus der Höhle gekommen, um meine Welt zugrunde zu richten? Kehrt wieder zurück in eure Höhle! Sie gingen wieder zurück und blieben noch zwölf Monate dort. [...] Dann hatten sie die dem wahren Frommen und Begnadeten zukommende Stufe erreicht. Sie verneinen das Diesseits nicht mehr. Sie vermögen in ihm eine höhere Stufe zu leben. — Als man die Geschwüre an ihrem Körper sah und darüber weinte, antwortete Rabbi Shimon: Heil dir, daß du mich so siehst; denn wenn du mich nicht so sähest, würdest du auch meine Seele nicht so treffen. Da uns nun ein Wunder geschehen ist, will ich eine gute Einrichtung treffen"[38].

Der Sinn der Legende ist darin zu sehen, daß der Rabbi, nachdem er zwölf Jahre in Einsamkeit und Läuterung der Anschauung hingegeben war, zwar die Gnade erreicht hatte, aber nicht die volle Gnade nach jüdischem Begriff. Denn nicht in der Weltabkehr äußert sie sich; der wahre Heilige lebt in und mit der Welt. Daher mußten sich Rabbi Shimon und sein Sohn noch ein Jahr läutern, ehe sie diese höchste Stufe erreichten: die Endlichkeit des Menschen zu erkennen und trotzdem durch Wirken zum Guten der Welt zu helfen, um das unedle Unglück zu vermindern. Nach jüdischer Ansicht zeichnet sich der Begnadete dadurch aus, daß es ihm „auf unbegreifliche Art möglich geworden (ist) [...] eigenes Seelenheil wie auch irdische Angelegenheiten zu verwalten" (HChJ I. 227)[39].

Im Wirken zum Guten, in der guten Tat, sind folglich drei Ebenen zu unterscheiden: die erste, die auf den eigenen Vorteil ausgerichtet ist und keine Intention auf das Gute hat; die zweite, in der das Gute gewollt ist, und die dritte, in der das Gewollte mit dem pflichtmäßig Erkannten verschmilzt (HChJ I. 100 ff.).

In der zweiten Ebene, in der Pflicht und Natur nicht eines sind, gebietet das Judentum: das Gute muß geschehen. Der Mensch muß sich strebend bemühen, auch wenn das Höchste nicht erreicht werden kann. Die Freiheit des Willens, die „Wahlfreiheit" liegt darin, daß der Mensch das Gesetz befolgen kann (HChJ I. 138). In der Wahlfreiheit[40], die sich in der Bewußtheit der Motive äußert, und in der bereits die Loslösung aus dem Kausalgeflecht angedeutet ist, kann der Mensch zum Guten wirken – das Gute der zweiten Ebene Brods –, das aber zur Behebung des endlichen, unedlen Unglücks genügt (DW 46). Hier geht Brod mit Buber konform, der die Welt nicht als dem Menschen gegeben, sondern als ihm aufgegeben erfaßt; es ist des Menschen Aufgabe, die wahre Welt zur wirklichen Welt zu machen – in der Ganzheit und Unbedingtheit seiner Entscheidung, in der sich der Ursinn der Welt erfüllt. „Die Welt ist um der Wahl des Wählenden willen erschaffen worden"[41], ist die Ansicht, zu der Buber hier gelangt. Auch für diese Ebene, für die Wahlfreiheit, ist der göttliche Beistand erforderlich; es ist aber noch nicht die volle Gnade. Deren Gebiet liegt in der dritten Ebene, in dem Eins-Werden von Pflicht und Natur, in der „Schaffensfreiheit" (DW 47), die außerhalb der menschlichen Willkür liegt: „Es kommt als ein Geschenk Gottes, als Gnade" (HChJ I. 100 ff.)[42]. (Die Gnade kann im Judentum nur ein individuelles Erlebnis sein.)

In dem durch Gnade ermöglichten Zusammenfall der Gegensätze liegt auch die Antwort auf Brods Suchen nach der Möglichkeit einer wahren Sittlichkeit: die Verflechtung von Eros und Ethik kann durch ein Wunder geschehen.

Aus dieser Struktur des Wirkens zum Guten geht hervor, daß der Mensch vor einem doppelten „Trotzdem" steht: er muß seine Pflicht tun, auch wenn er seiner Kraft nicht sicher ist, ohne Gnade, – und –, auch wenn er der Gnade teilhaft wird, darf er sich hiermit allein nicht zufrieden geben, sondern muß sich von neuem aufbauend um die Welt bemühen, denn

> „Die sichtbare Welt ist dem Juden nicht Schauplatz eines einzig-einmaligen Wunders, einer vor zwei Jahrtausenden ein für allemal vollbrachten Heilstat, sie bietet sich vielmehr immer und in gar nicht vorhersehbaren Richtungen dem Wunder, der Begegnung mit Gott, an, wiewohl solche Begegnungen natürlich nur als äußerst seltene Ausnahmefälle zu denken sind" (DW 33)[43].

sie sind aber immer vorhanden, da der „Funken der Gottheit"[44] überall schlummert – sich demgemäß auch überall offenbaren kann.

Durch das besonders Jüdische des Gnadenbegriffes, das Brod mit Recht hervorhebt, durch die individuell mögliche Gnade zwischen Gott und Mensch – ohne Mittler – wird die konkrete, sichtbare Welt unendlich

wichtig. Die jüdische Religion kennt wohl einen transzendenten Gott,
aber diesem Gott ist das Geschehen auf Erden sehr beachtenswürdig; der
jüdische Gott hat seine Wirksamkeit und seinen eigentlichen Sinn nicht in
einem Jenseits, sondern auf Erden, im zeitlichen Geschehen und im Menschen[45]. Dies geht aus der Gott-Mensch-Beziehung des alten Testaments
klar hervor. Daß diese Anschauung auch im jüdischen Recht ihren Ausdruck fand, hebt Moshe Zilberg, Richter des Obersten Gerichtshofes in
Israel, hervor:

> „[...] das jüdische Recht, im Gegensatz zu anderen Rechtsmethoden oder
> deren größter Teil, beschränkt sich nicht nur auf das Gebiet ‚zwischen dem
> Menschen und seinem Nächsten‘, es schließt in seine Rechtskategorien ein,
> belegt mit juristischen Bezeichnungen, erfaßt mit juristischer Auffassung auch
> die Beziehung zwischen Mensch und Gott. Auch der Ewige selbst, gepriesen sei
> sein Name, ist eine Art juristischer Person, genießt Vergünstigungen, unterliegt
> Verpflichtungen, gehorcht seinen eigenen Gesetzen und befolgt sie und fügt sich
> gleichsam als Gegenstand des bürgerlichen Rechtes in den Bereich der Beziehun-
> gen zwischen ihm und seinen Geschöpfen"[46].

Aus allen diesen Zusammenhängen ist im Judentum die Betonung des
Diesseits zu verstehen, das Brod „als ein zunächst in Verzweiflung unter-
gegangenes und dann gnadenweise wiedergeborenes Diesseits – ein Geschenk Gottes –" (HChJ I. 227) darstellt.

Albert Sörgel sagt, daß Brod den jüdischen Menschen als prophetischen
Typus zwischen das Diesseits des Heiden und das Jenseits des Christen
stellt, als den „eigentlich tätigen Menschen"[47].

Auf dieser Stufe seiner Weltanschauung, die viele Jahre währen sollte,
erfaßte Brod tatsächlich den wahrhaft religiösen Menschen als den durch
sein Tun in Wahrheit den Willen Gottes erfüllenden Menschen. Er ging
dabei weiter als Martin Buber (der wohl gleichfalls „echte Religiosität" als
„ein Tun" sah), indem er neben die Wahlfreiheit auch die Schaffensfreiheit
– durch göttlichen Beistand, durch Gnade empfangene Freiheit – stellt[48].

Im ersten Kapitel seines „Bekenntnis" meint Brod, daß alles davon
abhänge,

> „ob Heidentum, Christentum oder Judentum zum führenden geistigen Ideal
> der Zukunft aufsteigen wird",

fügt aber hinzu, daß das Heidentum hierzu die größten Aussichten hätte
(HChJ I. 9). Am Ende des Buches kommt er zur Ansicht, daß „wir uns

mitten im Heidentum befinden", in dem die „kreatürliche Ordnung der Dinge die einzig mögliche ist" (HChJ II. 274). Hierin fürchtete Brod die Gefahr, die dadurch entsteht, daß in dieser Lebensauffassung eine Bekämpfung des unedlen Unglücks sinnlos erscheinen muß und so zu einer bewußten Kapitulation des Menschen vor dem Ablauf der Natur führt (HChJ II. 281).

Der Autor beendete dieses Bekenntnis zum Judentum und zum jüdischen Volk – als solches darf das Buch gesehen werden – im Jahre 1920; dem Jahr, in dem die neue Heimstätte der Juden in Palästina geschaffen wurde. Daraus schöpfte Brod die Hoffnung, daß der jüdische Gedanke, in richtiger Weise bekannt[49], die Möglichkeit eines richtigeren Lebens zeigen könnte. Im Zionismus ahnte er die Kraft, die der jüdischen Religiosität die Verwirklichung bringen würde:

> „noch einmal wird eine frohe Botschaft ausgehen und diesmal wird es die unverminderte, klarere jüdische Heilsbotschaft sein" (HChJ II. 325).

Die Konsequenz der philosophischen Erkenntnis, die Brod in „Heidentum Christentum Judentum" errungen hat – daß das Wirken in der endlichen Welt auch eine Ausstrahlung in die vollkommene Welt hat –, ist die Transponierung dieser Idee ins Sittliche: die Sünde hat für das sittlich Vollkommene einen Wert. Es folgen nunmehr die Bücher, in denen sich Brod um die Grenzbestimmung dieses Wertes bemüht. Das sittliche Paradox wird immer wieder untersucht und abgewandelt, denn Brod will das Böse mit offenen Augen gesehen und ernst genommen wissen. Der Mensch darf sich der Erkenntnis der Sünde nicht verschließen, darf aber auch nicht an ihr verzweifeln.

Hugo Bergmann sieht in dieser Gedankenbeziehung Brods einen der bewegendsten Züge seines Schaffens[50]. Die Anfänge dieser Problematik zeigten sich bereits in der Zweifelsfrage, ob reine Sittlichkeit ohne Virilität bestehen könne[51], und seit „Eine Königin Esther" sind die Bücher Brods nicht mehr frei von Betrachtungen über die Rolle des Bösen im Weltplan. Er kommt zu der Überzeugung, daß die Welt ohne dieses Erbteil Satans nicht bestehen könnte; die mannigfachen Aspekte dieser Problematik werden in dem Schrifttum Brods dieser Epoche erwogen. Nicht nur die Tatsache der Sünde als Teil des Weltplans wird abgewandelt, auch das Warum und Weshalb der Sünde. Die Gestalten, die Max Brod schafft, leben die Probleme ihres Schöpfers, und er sucht durch sie die verschiedenen Möglich-

keiten der Antwort, die Eventualität der Konstellation, die verschieden-
artigen Wirkungen des Bösen auf den Menschen. Gemeinsam ist diesen
Figuren der Romane Brods die Erkenntnis, daß das Leben durch die Sünde
reicher und lebenswerter wird; daß durch den Funken, den die Reibung
des Guten an dem Bösen hervorbringt, neue Kraft ins Leben dringt[52].
Die Zweifelsfrage Brods stellt das erzählende Ich in „Franzi oder eine
Liebe zweiten Ranges":

> „Ich verstehe Gott nicht mehr [...] mit der Sünde leben, das ist mein Fall.
> Vielleicht muß man verstehen zwischen ihr und der Tugend mit Ahnungs-
> gefühl, Tastgefühl hindurchzukommen" (F 323 f.).

In „Leben mit einer Göttin" hat Brod beinahe die Antwort gefunden:
es ist nicht die Bestimmung des Menschen, sündenlos zu leben, sondern die
Sünde zu benützen, ohne sie groß werden zu lassen. Aber hiermit entstand
ein weiteres Problem: Wenn wir die Sünde brauchen, um ein volleres
Leben zu führen, wie können wir das richtige Maß an Sünde bestimmen.
Die Größe und Schwere dieser Problematik erlebt Brod in dem historischen
Roman „Reubeni, Fürst der Juden"[53].

## Die Ganzheit der Auffassung Platos – „Stefan Rott"

Nach der Sicherheit des unbedingten Gott-helfen-könnens, die von der
Gewißheit abgelöst worden war, daß es des Menschen Pflicht sei, auf
bestimmten Gebieten – mit göttlichem Gnadenbeistand – helfend mitzu-
wirken, erheben sich neue Zweifel: ist es angesichts des Absoluten, des
Seienden Gottes, möglich zu helfen und mitzuwirken am Werk der Mensch-
heit, oder ist dem Menschen nur ein passives Hinnehmen gegeben? Die
Brodsche Problematik der Vereinigung des Unvereinbaren ist in eine neue
Phase getreten.
    Nachdem Brod in dem Kafkaroman „Zauberreich der Liebe"[1] dem
Unüberbrückbaren durch ein passives Sich-Stellen den Stachel nehmen
wollte, kam er in seinem 1931 erschienenen Roman „Stefan Rott oder das
Jahr der Entscheidung" zu der Ansicht, daß die Gegensätze nebeneinander
erhalten bleiben müssen. Belegt wird das neue Weltbild durch eine Plato-
Interpretation, in der die beiden Gegensätze Platos – des Seins und des
Werdens – erkannt und dennoch als Einheit erlebt werden[2].

In diesem Buch erlebt Brod noch einmal die Probleme der Jahre 1913/14, wie sie seiner Generation erschienen, die in dem Zerfall der politisch-gesellschaftlichen Ordnung des auseinanderstrebenden Vielvölkerreiches Österreich eine eigene Auslegung der Geschehnisse und ihrer Gründe finden mußte. Der Roman zeigt den Weg des Suchens des siebzehnjährigen Stefan Rott in dem schicksalsschweren Jahr 1914. Den Hintergrund des Geschehens bilden die tatsächlichen außen- und innenpolitischen Ereignisse der Epoche und Prags. In dieser den historischen Tatsachen entsprechenden Atmosphäre, beeinflußt teils von den sozialen und politischen Bewegungen des tschechischen Prags, teils von der in dem dekadenten Glanz des untergehenden K. und K. Reiches dahinlebenden Gesellschaft, erfährt Stefan seine erste Liebe und – Plato.

Zwischen den auf ihn einstürmenden Extremen – der christlichen Passivität des Religionslehrers und dem alles zerstören-wollenden Aktivismus des Freundes Anton – drängt es Stefan, die Antwort auf die ihn unabläßlich beschäftigende Frage zu finden, ob es dem Menschen gegeben sei, in sinnvoller Weise in das Leiden der Welt einzugreifen, oder ob nur Verehren des Absoluten möglich sei. Während in dem Katecheten Werder und in Anton die Gegensätze des Pantragismus und Panrationalismus dichterisch gestaltet werden, verkörpert Stefan den tätigen Menschen, der die Gebote Gottes verstehend erfüllt und mitwirken will an der Schöpfung.

Die Zweigleisigkeit Brods, die sich bis zu diesem Zeitpunkt – und nachher wieder – in der Gestalt zweier „Helden" auswirkt, wird hier in dem Zwiespalt Stefans allein dargestellt. Das zeigt eine neue Phase im Schrifttum Brods, in der diese Zweiheit weder ein Kampf noch ein bloßes Dulden ist, sondern ein Nebeneinander: indem man die Gegensätze bestehen läßt, ihnen freie Entfaltung gewährt, erweitert sich das Auffassungsvermögen und ermöglicht ein vollkommenes Erfassen des Vollendeten.

Stefan findet die Antwort, die Möglichkeit der Überbrückung, im eigenen Erleben: beseelt durch die Liebe zu Antons Mutter und geleitet von dem Studium Platos kommt er zu seiner Philosophie „der schönen Stellen"[3] (StR 97): das Gefühl beim Anblick von etwas wahrhaft Schönem, beim Hören einer vollendet schönen Melodie, in der Anwesenheit eines geliebten Wesens – diese Sekunden des Erfühlens, das weder gelehrt noch gelernt werden kann, das ein Gottesgeschenk ist – hebt den Menschen aus dem Alltag, unterbricht das Kausale und gestattet ein blitzartiges Erkennen des Wahren, ein Eins-sein mit Gott. Diese Ausblicke ins Vollkommene bieten Gewähr dafür, daß zwischen Gott und Welt doch kein unüberbrückbarer Abgrund klafft. Der Mensch soll in göttlichen Dingen ehrfürchtig, in menschlichen aktiv sein.

In der Person des Stefan Rott kommt auch Brod zu der Ansicht, daß es unnötig, vielleicht falsch wäre, eine Erkenntnis wegen der anderen zu verwerfen: „Verehren und Helfen — das ‚und‘ ist das wichtigste Wort der Welt" (StR 511)⁴.

Stefan sieht vor seinem geistigen Auge den neuen Menschen, der diese Idee leben wird; dieser

„nächsthöhere Menschentyp wird streng materialistisch denken, so weit es um materielle Dinge und ihren ungeheuren Einfluß auf alles Leben geht [...]. Aber darüber hinaus wird er an die Seele glauben und ihr grenzenloses Reich" (StR 544)⁵.

Doch das Jahr ist 1914; die Entscheidung Europas überschattet die persönliche Entscheidung Stefans. Die Zeit des „nächsthöheren Menschentyps" scheint weiter entfernt als je zuvor, und entmutigt muß Stefan zusehen, „wie aller guten Bindungen ledig", die Weltkugel zu ihrem „großen Sturz ins Nichts" ansetzt (StR 591).

Neben der Entwicklung des philosophischen Gedankens — der Klärung der persönlichen Problematik — gibt Brod in dem Buch auch die politischen Zustände der Zeit wieder. Die Versammlungen der tschechischen sozialanarchistischen Bewegung in dem „Klub mladych" (Klub der Jungen), wo man sich über die Unterschiede von Anarchisten, Sozialisten, Putschisten und Utopisten" nicht völlig klar war" StR 351), sind auf tasächliche, historisch richtige Begebenheiten bezogen. Die tchechischen Dichter Camil Berdych, Michael Mareš, Jaroslav Hašek, Franz Kafka als deutscher Gast, der „Polizeispitzel" Obratny, nehmen teil an diesen, mit viel Verständnis und doch Distanz geschilderten, Versammlungen. Es entsteht der Eindruck, daß Brod in diesem Buch mit den so liebevollen Schilderungen der Stadt bereits unbewußten Abschied von ihr nimmt. Prag ist hier mehr als der Ort der Handlung, sie hat teil an ihr, denn nur Prag⁶ konnte diese Gestalten hervorbringen, wie sie Max Brod mit unheimlich anmutender Objektivität in der Schilderung des zynischen, korrupten Freundes Phyllis, in Dr. Urban, dem „Hrbone"⁷ zeigt, der seine Weltanschauung aus persönlichem Leid gewinnt:

„Was das bedeutet, mit einem unheilbaren körperlichen Makel zur Welt gekommen sein, mein lieber Herr Rott, das kann keiner, keiner ermessen, der
nicht im gleichen Falle ist. Und darin liegt wohl das Schreckliche: daß es ein
Übel ist, an dem ein anderer nur ganz oder gar nicht teilnehmen kann [...].
Im Grunde dreht sich mein ganzes Leben doch nur um eines und dieses Eine
ist nicht wegzubringen, durch nichts zu kompensieren: meine Kyphose"
(StR 548)[8].

Robert Blauhut weist auf das seltsame Phänomen der Wiederkehr des
Weltkrieges in der Literatur „rund 10 Jahre nach St. Germain und rund
10 Jahre vor Hitlers Einmarsch" (in Österreich) hin[9].

Diese „Janusköpfige Kunst", wie sie Blauhut nennt, kommt in manchem
in diesem Roman zum Ausdruck: in der biographischen Beziehung zu
Masaryk (StR 582 f.), der in allem den Platoschen Forderungen nach
einem Staatsoberhaupt zu entsprechen schien; in der Schilderung der ersten
Kriegseindrücke in Prag, wo kein Kriegsgeist herrschte, sondern Angst:

> „Ergreifend, daß in diesem allgemeinen Verwirrtsein, in dem alle edlen Ziel-
> setzungen irreführten, dem Menschen nichts blieb als seine sogenannten schlech-
> ten Instinkte, um unverrückbar das Rechte zu weisen: übrig blieb die ganze
> gemeine Angst" (StR 580 f.),

und in dem Hinweis, daß sowohl Werder wie Anton, jeder von seiner
voneinander völlig verschiedenen Weltanschauung beeinflußt, nichts gegen
den Krieg einzuwenden hatten.

Das Jahr der Entscheidung erfüllt wegen der Dichte des Geschehens
die erzieherische Aufgabe eines Jahrzehnts. Der verwirrte, nach geistigen
Werten und Wertungen suchende Knabe wird in ihm zum gefestigten,
seinen ihm durch das Weltgeschehen aufgezwungenen Weg gehenden
Mann.

„Stefan Rott" ist der Bildungsroman einer Generation, die, überlebte sie
den Ersten Weltkrieg, noch jung genug war, von der ganzen Tragik des
zweiten heimgesucht zu werden.

### Distanzliebe und Nationalhumanismus

In dem 1913 von Martin Buber herausgegebenen Sammelband „Vom
Judentum" bezeichnet sich Max Brod als „jüdischen Dichter deutscher
Zunge" (PrK 57).

Diese Definition war von zwei Beweggründen motiviert: der Wendung zum Judentum und der in ihrer Folge unausbleiblichen Auseinandersetzung mit dem Deutschtum. Die beiden Motive entwickelten sich wohl in gewissem Ausmaße gemeinsam, aber die Frage des Deutschtums, dieser kulturellen und historischer Bindung, sollte erst zu einem wesentlich späteren Zeitpunkt, nach Schwankungen und inneren Kämpfen, beantwortet werden.

Die deutsche Sprache war nicht nur das einzige und ausschließliche Ausdrucksorgan der Gruppe von jüdischen Dichtern Prags, als deren Mentor Max Brod sich fühlte, darüber hinaus bestimmte ihr deutsches Sprachbewußtsein „ihr Geschichtsbewußtsein stärker, als dies etwa ihr Stammesbewußtsein vermochte"[1]. Doch Brod hatte bereits zu diesem Zeitpunkt keine Zweifel über den Widerhall dieser Einstellung: „[...] die Deutschen empfinden uns ja doch genau so als Juden, wie ich mich als jüdischen Dichter empfinde", schrieb er am 7. 4. 1916 an Buber[2].

Inwieweit und unter welchen Umständen es möglich sein würde, eine Literatur des Judentums, des jüdischen Volkes, in einer anderen als der Sprache des Volkes zu pflegen, wurde zum Gegenstand jahrelanger Debatten und Erwägungen. Aus dem Briefwechsel mit Buber geht das Kreisen um dieses Problem hervor und zeigt die Bürde der selbsterwählten Aufgabe Brods, die Lockerung der geistigen Verbundenheit mit dem Deutschtum, die auch für ihn „ein schmerzlicher Abschied" (StL 73) war, den Freunden zu erleichtern[3].

Wesentlich später, im Laufe der Nachkriegsjahre, kristallisierte sich eine Einstellung innerhalb dieses Problemkomplexes heraus, die Brod „Distanzliebe" nennt und die zum ersten Male in dem Roman „Die Frau, die nicht enttäuscht", 1933 expliziert wird. Das Thema des Romans ist das Judenproblem der Zeit und im besonderen das Problem des jüdischen Intellektuellen innerhalb des deutschen Sprachraums. Die Geschehnisse des Romans umfassen die Zeitspanne von Juli 1932 bis Februar 1933, die mit den in ihr zum Ausbruch kommenden historischen Ereignissen die Frage der Verbundenheit mit dem Deutschtum für alle jüdischen Dichter gewaltsam regelte.

Aus dem seelischen Zwiespalt der zentralen Gestalt des Buches, des jüdischen Dichters Spira, für den die Judenfrage bis zu diesem Datum nicht nur nicht dringend, sondern für seinen speziellen Fall auch völlig durchsichtig erschienen war (Fne 31) und für den nun die Stellung eines Schriftstellers von jüdischem Blut innerhalb des deutschen Volkes sehr fragwürdig wird, und aus der Verzweiflung der Isoliertheit Spiras wird die „Distanzliebe" geboren: die Distanz wird nicht in Abrede gestellt, dennoch liebt man „über Abgründe hinweg" (Fne 141)[4].

Brod kommt hier in den maßgebenden Zügen auf die Idee Achad Haams zurück[5]. Das Eigengesetzliche Brods ist die Forderung nach Liebe, wo Anerkennung und Achtung genügen müßten, sogar unter Umständen das gemeinsame Wirken erleichtern könnten. Das Postulat der Liebe klingt hier – unter Einbezug der Zeit und Umstände – unrealistisch und unverständlich. Auch daß die Distanzliebe bedingt ist in einer seelischen Sicherheit, ohne die sie nicht wirksam werden kann, und daß sie undurchführbar ist ohne das Gegengewicht eines Rückhalts, der die Distanz ermöglicht, übersah Brod – denn in ihm waren diese Bedingungen erfüllt. Felix Weltsch weist mit Recht darauf hin, daß „Distanz halten nur kann, wer selbst auf seinem Platz steht; nur der kann aber dieses Gleichgewicht wahren, der der lockenden fremden nationalen Kultur sein eigenes sicheres, jüdisches Ich entgegensetzen kann"[6]. Ein Menschenalter später erklärte Brod den Gedankengang der Distanzliebe dahingehend, daß

> „der Begriff der Toleranz, so erhaben er an sich [...] nicht ausreicht, um menschenwürdige Beziehungen zwischen den Varianten der Gattung Mensch (das sind eben die Nationen) zu schaffen" (PrK 58).

Man könnte dieses Buch Max Brods auch als Streitschrift auffassen – gegen den Wind geschrieben; gesehen im Licht der Ereignisse nach 1933, ist die Polemik des Buches von einem rührenden Glauben an den Sieg des Geistigen getragen. Die aufgeworfene Frage, ob gute und klare Beziehungen zwischen Juden und Deutschen geschaffen werden könnten (Fne 333), wird hier nicht beantwortet. Dies versucht Brod in der Schrift zur Diskussion des Zionismus „Rassentheorie und Judentum", mit einem Anhang „Nationalhumanismus" von Felix Weltsch[7], und in der Biographie eines anderen „jüdischen Dichters deutscher Zunge": „Heinrich Heine".

Diese 1934 erschienene Biographie ist der Versuch Brods, Heine in die jüdische Literatur, in den Geschichtszusammenhang des jüdischen Geistes, in den er naturgemäß gehört, einzufügen. Brod schien wie kein anderer geeignet, diesen Dichter, dem 1820 die „Einreihung ins Deutsche" bereits fragwürdig geworden war und der die Sprache, das deutsche Wort, als das „heilige Gut" proklamierte,

> „ein Vaterland selbst demjenigen, dem Torheit und Arglist ein Vaterland verweigern" (HH 107),

zu verstehen, denn er stand diesem Zustand hundert Jahre später hundert-
fach verschärft gegenüber. Er deutet Heine als jüdischer Dichter, dessen
Schicksal es war, seine unglückliche Liebe zum Deutschtum in einem Zeitpunkt zu erleben, in dem sich das Judentum Westeuropas in einem der
schwierigsten Stadien der Assimilation befand; es sollte gleichzeitig „die
Haßumklammerung" der Ghettomauern lösen und doch eine Diskriminie-
rung, die bisher „nur Folge und Anlaß des Hasses gewesen war, aufrechterhalten" (HH 172), und die Generation Heines war dieser Aufgabe nicht
gewachsen.

Der hebräische Schriftsteller Achad Haam enthüllte in seinem Essay
„Äußere Freiheit und innere Knechtschaft" diesen beschämenden Zustand
der geistigen Unfreiheit, der damals seine Anfänge nahm, indem er das
tiefe materielle und geistige Elend seiner östlichen Geburtsheimat mit der
vermeintlichen Gunst der Verhältnisse im Westen verglich — die doch in
Wahrheit eine zweifache geistige Knechtschaft sei, eine moralische und
eine intellektuelle[8].

Gegen diesen Hintergrund hebt sich die umstrittene Gestalt profiliert,
geschlossen und verständlich ab; der junge Heine träumt von der Möglichkeit, völlig und unterschiedslos im Deutschtum aufzugehen, und die Salons
der Berliner Jüdinnen um 1800 waren dazu angetan, diese Träume zu
nähren[9]. Die Beweggründe seines Handelns und Wirkens und deren dichterischer Ausdruck kommen in eine folgerichtige Perspektive, und die scheinbaren Widersprüche werden zu verständlichen Etappen seines tragischen
Lebens[10]. Heines Polemisiersucht, rücksichtslose Spottlust, seine vernichten-
den Angriffe auf seine Gegner — seinen Glaubensgenossen Börne zum
Beispiel — und demgegenüber seine Empfindlichkeit gegen Angriffe, denen
er ausgesetzt war, werden wohl nicht sympathischer, aber sie werden
begreiflicher. Heines Ironie, begründet in der besonderen jüdischen Situation der Isoliertheit — von dem eigenen Volk und dem Gastvolk[11] —, die
allen Leiden Heines eine eigene Schärfe gibt, kommentiert Brod als den
letzten Ausweg „einer Seele, im Negativen, Zynischen eine Balance zu
gewinnen, die auf der Ebene des Ernstes ja doch schon verloren war"
(H 268). Für Brod liegt die Tragik Heines in seiner Verkennung des
Judentums und des Jüdischen in ihm. Heine, der das Judentum als prinzipiell asketisch erfaßte, hat seine Tendenz zum Konkreten und die Abneigung gegen Weltflucht niemals als jüdisch erkannt. In gewissem Grade
hat Heine seinen Irrtum eingesehen und korrigiert. In den „Geständnissen"
sieht er ein, daß die Griechen „nur schöne Jünglinge" waren, aber die

Juden waren „immer gewaltige, unbeugsame Männer, nicht bloß ehemals, sondern bis auf den heutigen Tag, trotz achtzehn Jahrhunderten der Verfolgung und des Elends" (H 480).

In Heines Leben, in dem er die Abgründe der Liebe zum Wirtsvolk – ohne Distanz – zeigt, findet Brod Belege für seine Forderung der Distanzliebe, die eben diese „Abgründe" überbrücken soll.

Rückblickend mit der Schärfe des Blickes, die Erfahrung und gewonnene Erkenntnis geben, erscheint Heinrich Heine und alle, die gleich ihm ein Heim zu finden glaubten, wo sie kaum geduldet waren, verständlicher und gleichzeitig bedauernswert[12].

1935 erschienen, gleichfalls in Amsterdam, „Novellen aus Böhmen", in denen Max Brod das Problem der unzureichenden Verständigung innerhalb der menschlichen Beziehungen schildert. Die engen Grenzen, in denen gegenseitige Hilfe möglich ist, werden von verschiedenen Aspekten aus beleuchtet. Optimistischer ist die Gedankenfolge des 1936 ebenfalls in Amsterdam erschienenen Romans „Annerl", in dem der Einfluß der Liebe helfend und rettend eingreifen kann.

Nach dem 1938 mit seinem Bruder veröffentlichten Roman „Ein Abenteuer in Japan" tritt die langjährige Unterbrechung im dichterischen Schaffen Max Brods ein.

## Diesseits und Jenseits[1]

In den Jahren des Unheils, in der Zeit der Katastrophe des jüdischen Volkes und des großen Umbruchs im Leben Max Brods, wurden alle Grundfesten seiner philosophischen und religiösen Ansichten erschüttert; er erlebte nicht nur den Zusammenbruch seiner materiellen, sondern auch seiner geistigen Welt.

Aus der Asche der Ideen und Erkenntnisse der Vergangenheit stieg die Frage auf nach der Gerechtigkeit Gottes, nach einer Erklärung für die grauenhaften Geschehnisse der Zeit, die Frage, die in diesen Jahren manche Festen des Glaubens zu erschüttern drohte: wie kann Gott dies unvorstellbare Leiden geschehen lassen, ohne ein Wunder zu tun, warum läßt er den Mord der Unschuldigen zu, und wie läßt sich die Qual und Pein der Welt mit dem Glauben an einen allmächtigen und allgütigen Gott vereinbaren?

In harter Selbstprüfung macht sich der Dichter den Vorwurf, daß erst persönliches Leid die ganze Tragik in ihm aufriß und zu den Fragen drängte, deren Antworten – in jahrelangen Kontemplationen errungen – er in den 1947 und 1948 erschienenen zwei Bänden „Diesseits und Jenseits" niederlegte. Das Zentralthema des Werkes, das „von der Krisis der Seelen und vom Weltbild der neuen Naturwissenschaft" und „von der Unsterblichkeit der Seele, der Gerechtigkeit Gottes und einer neuen Politik" handelt, ist der Widerspruch zwischen dem allmächtigen Gott, der die Welt geschaffen hat, und der Wirklichkeit des Leids in dieser Welt.

Brod beginnt seine Meditationen damit, von neuem das Urerlebnis zu untersuchen, aus dem er die Gewißheit von der Existenz Gottes gewinnt: das Erlebnis des Vollkommenen. Der Mensch, der in jedem Augenblick seines Lebens eine unausschöpfliche Fülle zusammengepreßt erlebt, ist machtlos, selbst das einfachste Ding des Seins bis ans Ende durchzufühlen – wenn nicht ein Wunder geschieht. Dieses Wunder ist ein „abgekürztes Verfahren" (DuJ I. 67), die ganze Unendlichkeit in einem Punkt zusammengefaßt zu erleben. Das Unendliche wird als zur menschlichen Natur gehörend erfaßt; der Mensch hat an ihm Anteil und dieses Anteil-Haben, das bei den Scholastikern als „Synteresis", bei Eckhart als „Funke" und bei Kafka als „das Unzerstörbare" erscheint, bezeichnet Brod als das „Erlebnis des Vollkommenen"[2] (DuJ I. 224).

Bei der Entwicklung seiner Hypothese beginnt Brod mit seiner ersten philosophischen Meinung, mit Schopenhauer: in der Natur herrscht das Gesetz, demzufolge der Stärkere den Schwächeren vernichtet. In dieses Gesetz tritt nun der Mensch, dem Schopenhauer die Möglichkeit gibt, die Welt zu verneinen. Aber in dem Neuen, das mit dem Menschen in die Welt kommt, entsteht zum ersten Male die Eventualität des Verzichtens. Die Haltung des Verzichtens hat nichts mit der Verneinung des Lebens gemeinsam. Es ist ein Verzicht aus Lebensfreude, eine Entscheidung gegen den eigenen Egoismus. Hiermit kommt ein neuer Geist in die Welt, und es geschieht etwas, das dem Gesetz der Kausalität völlig widerspricht: es kommt zu einem Umbruch in der Entwicklungslinie der Welt[3].

In dem Durchbrechen der Kausalstruktur wurzeln das Ethische und das Religiöse, daher ist die Abgrenzung der guten, ethischen Tat von der freien Tat nur in der Innerlichkeit des Menschen selbst gegeben. In der ethischen Tat, in der der Mensch verzichtet, in der er unter Umständen die Zurückstellung seiner eigenen Interessen zu Gunsten fremder in einsamer Gewissenserforschung zu verantworten hat, ist die Bemühung um den Durchbruch[4] verankert. Diese Bemühung rührt aber bereits an die freie Tat, in der der des Erlebnisses teilhaftig werdende Mensch sein subjektives Ich vergißt (DuJ I. 97 ff.)[5]. (Dieser Idee kam Brod bereits in „Heidentum Christentum Judentum" nahe, als er in der guten Tat drei Ebenen unterschied[6].)

Daß der Durchbruch bei aller Mühe nicht immer, dagegen manchmal ohne Mühe gelingt, führten von Paulus an viele Denker, wie Augustinus, Luther und in gewisser Hinsicht auch Kierkegaard, zu einer Schlußfolgerung, derzufolge sie dem Menschen jegliche eigene Fähigkeit hierzu absprachen[7]. Brod hingegen beschränkt sich auf die Annahme, daß ein Faktor, den man als Liebe oder Gnade bezeichnen kann, zwar wahrscheinlich immer mitwirke, aber daß der Zusammenhang mit dem Unendlichen auch durch eine Freiheitsbewegung und Anstrengung des menschlichen Willens erreicht werden könne (DuJ I. 114); er hat also seine Ansicht, die er in „Heidentum Christentum Judentum" vertrat, daß der göttliche Beistand auch bei der Willensfreiheit unerläßlich sei, modifiziert[8]. Einigermaßen equivoque kommt er zu dem Schluß, daß Freiheit und Gnade eigentlich den gleichen Tatbestand bezeichnen, die diruptio structurae causarum (Unz 94).

In der „neuen Naturwissenschaft" vermutete Brod keine Widerlegung seiner Theorie; an der philosophischen Beurteilung des Freiheitsproblems ändert sich nichts, wenn die Physik von der strengen Kausalität zur Wahrscheinlichkeit übergeht:

„Die Freiheit wäre dann eben nicht Durchbrechung der Kausalstruktur, sondern Durchbrechung der Wahrscheinlichkeitsstruktur, was aber für das Prinzip der Freiheit selbst gleichgültig ist" (DuJ I. 182).

Von dem „Erlebnis des Vollkommenen" ausgehend, forscht Brod nach der Antwort auf seine Frage nach der Unsterblichkeit der Seele und der Gerechtigkeit Gottes.

Er beginnt damit, den Begriff des Geistes und der Materie unter Heranziehung der Untersuchungen der modernen Physik abzuklären; er kommt dabei zu der Überzeugung, daß die mathematischen Formeln und statistischen Angaben, in denen die erforschte Materie aufgeht, sich auf etwas beziehen, was nicht – im bisherigen Sinne – materiell ist. Der immer in materieller Kausalität gefesselte Mensch kann, anders als im „Erlebnis des Vollkommenen", den Geist niemals anders als in der Materie erfassen. Dies gilt auch für die menschliche Vorstellung vom Jenseits. Vermutungen, die

über die Existenz der Seele ohne Körper, über irgendeine geistige Existenz-
form nach dem Tode, angestellt werden, können sich stets nur auf die
irdische, menschliche Wirklichkeit stützen.

Die Tatsache aber, daß der Mensch keine Vorstellung vom Geist in seinem nicht an die Materie gebundenen Leben hat, ist kein Beweis für die
Unmöglichkeit, daß die Materie nur eine Begleiterscheinung des Geistes sei.
Von dieser Annahme ist es nur ein kleiner Schritt, „diese Begleiterscheinung
als eine nicht-notwendige anzusehen" (DuJ II. 39). Die Mutmaßung, daß
es auch mit der menschlichen Unsterblichkeits-Vorstellung so sein könne,
hatte nichts Absurdes für Brod[9]. Die Umstände, unter denen sich eine
Weiterexistenz vielleicht vollzieht, haben nichts gemein mit den aus dem
menschlichen Dasein bekannten Verhältnissen (DuJ II. 131). Die persönliche Einstellung, zu der Brod nach seinen Darlegungen kam, war eine
gefühlsmäßige:

„Ich glaube an eine individuelle Weiterexistenz und Fortentwicklung der
Seele nach dem Tode" (DuJ II. 136)[10].

Als Anmerkung fügte er hinzu:

„Nur die Tatsache, daß das geschieht, steht für mich fest — nichts über das
Wie" (DuJ II. 136).

Auch bei der Beantwortung der Frage nach der Gerechtigkeit Gottes ist
der Ausgangspunkt das „Erlebnis des Vollkommenen". Der eigentliche
Kern des Erlebnisses, das unbedingt in die ekstatische, religiöse Erfahrung
eingereiht werden kann, ist der Glaube, der sich aus dem Vollkommenen,
das der Mensch in der diruptio structurae causarum erlebt, ergibt:

„Glauben ist nur ein anderes Wort für dieses Erlebnis, sobald es richtig zum
Bewußtsein des Erlebenden gelangt" (DuJ II. 176),

ist die Darstellung Brods.

Hiermit erfaßt Brod nicht den Glauben an einen bestimmten Vorgang
oder eine bestimmte Begebenheit, sondern die uneingeschränkte Bejahung
des göttlichen Geschehens – aus freier Entscheidung[11]. Diese Willensfreiheit
ist dem Menschen in einem „Fundamentalsatz des Judentums" (DuJ II.
180): „Alles liegt in der Gewalt des Himmels, nur nicht die Ehrfurcht vor
dem Himmel" gegeben[12]. Während die Furcht noch durchaus als ins Gebiet

der Kausalität gehörend zu betrachten ist, liegt in der Ehrfurcht schon die
Anerkennung eines unendlichen Zusammenhanges und damit Vertrauen zu
der unendlichen Macht (DuJ II. 182 f.). Hiermit erschließt sich dem Menschen auch die Liebe zu Gott; in der Beziehung Mensch-Gott ist Liebe mit
Vertrauen identisch.

Das entscheidende Problem des Glaubens, um das sich die Philosophen
von jeher bemühen, bewegt auch Brod:

> „Es ist also eine Welt der Sünde und des Leidens, in der wir leben. Und wir
> fragen, wie es mit Gottes Allgüte und Allmacht vereinbar ist, eine solche Welt
> geschaffen zu haben" (DuJ II. 202).

ist die brennende Frage, die er erhebt. Er wehrt sich gegen die philosophischen Theorien, die Gott als das absolute fertige Sein, in dem es kein Werden gibt, erfassen und die das Leid für unwirklich erklären. Er ist sich der
Vollkommenheit Gottes gewiß, aber auch der Wirklichkeit des Werdens, des
Leids.

Die These, daß das unveränderliche außerzeitliche Sein durch das Hinzufügen des Werdens wertvoller wird, als es bloßes Sein ohne Werden ist,
die Brod in „Heidentum Christentum Judentum" vertrat, wird von einer
neuen Erkenntnis verdrängt: Gott, der die Fülle des Unendlichen und Endlichen zugleich in sich hat, kann durch das Endliche nicht bereichert werden.
Aber Gott hat das Endliche aus sich entlassen, hat die Werdenswelt geschaffen,

> „nicht um seiner Bereicherung willen [...], sondern um zu verarmen [...] um
> zu leiden" (DuJ II. 265)[13].

Gottes Leiden ist der Kosmos, die Werdenswelt. Die Schlußfolgerung, zu
der diese Theodizee führt, ist, daß Gott die Welt schuf, weil er zu allem
Seienden und Werdenden auch noch die Negation haben wollte.

Diese Ansicht stößt im Komplex des Leidens mit der Christus-Konzeption zusammen; die Auffassung des Leidens ist aber eine völlig verschiedene: Bei Brod ist das Leiden Gottes ein Leiden-Wollen um des Leidens
willen, nicht – wie bei Jesus –, „um eine Schuld zu begleichen, die Adam auf
sich geladen hat" (DuJ II. 273).

Brod fühlt die Schwere seiner Theodizee; die Tragik dieser Rechtfertigung des Leidens spricht aus seinen Worten:

„Eine große Trauer senkt sich auf mich herab, wenn ich dies als ‚der Weisheit letzten Schluß' denke: daß Gott leiden will – und daß dies und nichts anderes ihn bewogen hat, die werdend-vergehende Welt zu schaffen, in der wir leben" (DuJ II. 247).

Doch trotzdem ist die Auffassung frei von Pessimismus: dem Menschen bleibt die Hoffnung in dem Bemühen um das „Erlebnis des Vollkommenen", bleibt die Erwartung und die Aufgabe, das Leid des Werdens zu mildern. Die in „Heidentum Christentum Judentum" erhobene Forderung, das unedle Unglück zu bekämpfen, wird auch in diesem Werk aufgenommen. Hier kam Brod zu einer weitergehenden Ansicht: das unedle Unglück könnte aus der Welt geschafft werden durch das Zusammenwirken von Vernunft und diruptio structurae causarum. Der Zustand, in dem die Welt des Werdens ihr Ziel erreicht hätte, wäre der Anbruch einer messianischen Zeit, die sich noch völlig im Diesseits abspielt (DuJ II. 293 f.), eine Vorstellung, die auch dem jüdisch-religiösen Verständnis der messianischen Zeit nicht fremd ist.

Brods Ideen und Vorstellungen zeigen in vielem Anlehnung an jüdisches religiöses Gedankengut – an die Kabbala, an Martin Buber und vor allem an die Vorstellungen von Raw Kook[14].

Die Meditationen Brods kommen immer wieder auf die Frage zurück: Wie kann dieser Widerspruch in Gott vereint sein und wie kann der Mensch angesichts des Unerforschlichen zum Guten wirken? Die Antwort, zu der er gelangt, ist ein Verzicht auf Erkenntnis:

„Daß es so sein muß, daß beide Gegensätze in Gott zusammen wohnen, das sieht die Vernunft gerade noch ein; das ist ihre äußerste Leistung. Wie es so sein kann, wie dieses Widerspruchsvolle in Gott existieren kann und zwar in voller Harmonie mit sich selbst; darüber weiß die Vernunft nichts mehr zu sagen, das geht über ihre Grenzen" (DuJ II. 257).

Er bekennt, daß es ein Mysterium bleibt (DuJ II. 251).

Die Kraft und den Mut, die Brod aus den heiligen Büchern und den Worten der Weisen schöpfte, ermöglichen es ihm, seine sittlichen Überzeugungen aufrechtzuerhalten. Symbolisch, beinahe als Gebot, erschien dem Dichter eine Stelle in dem ersten Buch der Könige, 19/12, die er in den ersten Seiten seines Buches „Das Unzerstörbare" anführt (Unz 12); der Ewige offenbart sich nicht im Erdbeben, nicht im Sturmwind und nicht im Feuer, aber in einer „Stimme zarten Schweigens"[15]. Hierin liegt das Walten eines geistigen Elements, das allen übrigen Seinswesen entgegengesetzt ist. Wenn auch das geistige Prinzip in unserer Zeit nur ein leiser Unterton ist, der das Weltgeschehen begleitet, ohne es durchdringen zu können, kann es doch nie zum Verstummen gebracht werden, denn es ist das Unzerstörbare im Menschen. Recht und Wahrheit, auch wenn sie im Bereich der Gewalt machtlos sind, behalten als – eine Stimme zarten Schweigens – „stumme Zeugen des Weltgeschehens", eine grenzenlose Bedeutung (Unz 23).

Diese, seine geistesgeschichtliche Entwicklung zusammenfassende Schrift wollte Brod als Warnung und Mahnung verstanden wissen. Er war sich dessen bewußt, daß in der Zeit der Atombombe der Titel „Das Unzerstörbare" vielleicht ungewollt ironisch klingen mochte, aber der Nachklang an Kafkas Wort zum Unzerstörbaren hatte die Wahl des Titels beeinflußt[16].

Das Gedenken und das geistige Weiterbestehen des Gespräches innerhalb des „allerengsten Prager Kreises", Weltsch, Kafka, Brod, manifestierte sich in „Diesseits und Jenseits" sowohl in den Themen wie auch in der Ansicht und Einstellung zu ihnen. Hier, in „Das Unzerstörbare", verdichtet sich der Zusammenhang; Max Brod führte dieses Drittgespräch allein, Felix Weltsch war 1965 gestorben. Brod war sich dieser, über die Zeit hinaus bestehenden Beziehung wohl bewußt und weist darauf hin:

„Es kommt mir manchmal so vor, als hätte ich das vorliegende Buch nur geschrieben (und vorher schon Diesseits und Jenseits, 1947 [...], um mit Kafka weiterzulernen. Ebensosehr mit Felix Weltsch" (Unz 217).

Der Glaube an das Gute, das in dem Buch „Das Unzerstörbare" erneut zum Ausdruck kommt, und die Zuversicht in die Liebe des vollkommenen Gottes waren die letzte Botschaft eines Denkers, der vor sechzig Jahren seine Weltanschauung von Schopenhauer ableitete. „Tod den Toten" (1906) und „Das Unzerstörbare" (1968) – in den Titeln liegt der Hinweis auf die Entwicklungslinie Max Brods.

# DIE HISTORISCHEN ROMANE MAX BRODS

In den historischen Romanen, die nach den kulturphilosophischen Werken Brods als besonders kennzeichnend für das Wesenseigene seines Schrifttums erscheinen, ist die häufig im Zusammenhang mit dem Dichter erwähnte Zweiheit – oder wie er selbst es nannte: „Zweigleisigkeit" – ausgeprägt. Alle diese Romane haben zwei Helden, nicht etwa einen Helden und einen Anti-Helden, sondern Charaktere, die sich treffen, einander anziehen und abstoßen; Gemeinsames und sich Widersprechendes ringen miteinander, wobei keines von beiden das endgültige Übergewicht erhält. Es ist der dichterische Niederschlag seines persönlichen Kampfes, der jeweiligen philosophischen, religiösen und gesellschaftskritischen Problematik Max Brods, der, in den Gestalten der Romane verkörpert, um Klarheit ficht.

Die verbindende Linie der Romane ist der Kampf um die Wahrheit[1], um die Selbsterkenntnis, der vom Suchen nach dem Schwerpunkt der moralischen Werte begleitet ist.

Die Gestalten dieser historischen Romane Brods gehören verschiedenen Nationen, Bekenntnissen und Ständen an, aber sie sind stets das Symbol des schaffenden, tätigen Menschen, der, über die ihm gegebenen Möglichkeiten hinausstrebend, mitwirken will am Bau der Zukunft, die besser, lauterer und glücklicher gestaltet werden soll. In diesem Sinne ist in den historischen Gestalten der Romane eine biographische Bezogenheit zur Person Max Brods zu sehen.

## Tycho Brahes Weg zu Gott

Am 26. 11. 1913 schrieb Brod an Martin Buber:

„Mir schwebt eigentlich seit Beginn meiner Entwicklung irgendeine Versöhnung von Ratio- und Irrationalem vor. Natürlich keine Vermengung; wohl aber ein Zusammentreffen im beiderseitigen, zu Ende geführten Ideal! Daher mein Tycho –".

Und nochmals äußert sich Brod in diesem Sinne über das Buch in einem Brief vom 21. 1. 1914 an Buber:

„Was ich über die geforderte Synthese mehr zu sagen habe, wird teils in meinem Roman von Tycho Brahe stehen"[2].

Das zentrale Motiv des Buches ist hiermit umrissen; es ist ein neuer Lösungsversuch der in Brods Werken immer wiederkehrenden Frage nach der sinnvollen Aufgabe des Menschen.

Die Epoche des Indifferentismus, die unter dem Einfluß Schopenhauers und dem Erlebnis der Unfreiheit gestanden hatte, war überwunden. Der junge Brod hatte den Weg zum Judentum gefunden und glaubte, in der jüdischen Religion den höchsten Begriff der Freiheit sehen zu dürfen. Die göttliche Welt bedarf des menschlichen Geschehens, und das Gebot, Gott zu heiligen, umschließt die Aufgabe des Menschen, am Werke Gottes mitzuwirken.

Die dichterische Gestaltung dieser Erwägungen ist das Buch „Tycho Brahes Weg zu Gott"; es ist die Schilderung des mühsamen Weges, der Tycho zur Sittlichkeit, zur freien Willensentscheidung und zur Annahme der Mitverantwortlichkeit am Werke Gottes führt und der in der Begegnung mit dem Hohen Rabbi Löw gipfelt.

Die Handlung erstreckt sich über eine kurze Zeitspanne – vom Februar 1600 bis zum Tode Tychos im Oktober desselben Jahres – und umfaßt im wesentlichen Keplers Besuch bei Tycho und die dadurch ausgelöste seelische Krise des dänischen Gelehrten und deren Überwindung. Die zwölf Kapitel des Buches haben keine Untertitel, sie sind nur mit römischen Zahlen bezeichnet, und Brod betont hiermit die Vehemenz der seelischen Entwicklung. Es gibt keine Haupthandlung im üblichen Sinne, nur Situationsbilder, die die jeweiligen Entwicklungsphasen, die Stationen auf dem Wege zu Gott darstellen. Die in allen Werken Brods gewahrte kontinuierliche Abfolge des Geschehens ist auch hier eingehalten.

Das Geschehen setzt mit der Reise Keplers von Prag nach Benatek, dem Wohnsitz Tychos, ein. Durch die Konfrontation Keplers mit Tychos Schwiegersohn während der Reise wird die Möglichkeit einer Charakterschilderung Keplers geschaffen und seine leidenschaftslose, glasglatte Abwehr von allem, das nicht mit seiner „Kunst" zusammenhängt, seine unbeirrbare, egozentrisch-egoistische Sicherheit hervorgehoben. Die Probleme und Seelennöte des alternden Tycho, die sich dem Gast schon am

ersten Abend offenbaren, bringen ihn nur zu der Überlegung: „Es muß
hier nicht leicht sein, die Sterne zu studieren" (TYB 69)[3].

Brod verkörpert in Tycho und Kepler zwei verschiedene geistige Welten;
zwei Weltanschauungen und zwei Mentalitäten heben sich voneinander ab:
der aktive, impulsive Tycho und der kontemplative, kühle Kepler. Sein
Leben lang hatte Tycho der Welt alle möglichen Angriffsflächen geboten,
hatte gekämpft, gesiegt und Niederlagen erlitten und nie daran geglaubt,
daß das Gute und Richtige siegen müsse. Die Kompromisse, Halbwahrheiten und unehrlichen Schmeicheleien hatte er als notwendige Übel des
Gelehrtendaseins betrachtet. Nun aber kam Kepler, der in völliger Nichtbeachtung all dieser Winkelzüge lebte, der zwar nicht glücklich war, aber
auch nicht glücklich sein wollte. Wohl hatte sich Tycho damit abgefunden,
daß sein Leben einer Gewitternacht glich, aber daß

„in diese Gewitternacht ein Schimmer von Gnade und menschenwohlgefälliger
Leichtigkeit wie ein Mondstrahl durch die Wolken brach [...] der nicht auf
ihn, sondern [...] auf Kepler fiel, machte doch auch zugleich die fürchterliche
Einöde sichtbar, in der Tycho rettungslos umherirrte und die bisher in gütiger
Finsternis verhüllt geblieben war [...]" (TYB 225).

Das Gespräch der beiden Gelehrten konfrontiert stets zwei konträre
Denkformen und doch bleibt jede Auseinandersetzung Tychos mit Kepler
eine Auseinandersetzung Tychos mit sich selbst. Auch die Situationsbilder
des Buches haben in dieser Selbstauseinandersetzung ihre Mitte. Das Ideal
der völligen Ungebundenheit, das Kepler verkörpert und das Tycho vor-
schwebt, stößt bei jeder Gelegenheit mit dem Problem der Verantwortung
für die Wissenschaft und die Mitmenschen, das in Tycho immer gegen-
wärtig ist, zusammen. Aber diese innere Stimme der sittlichen Forderung
erschließt für Tycho ein neues Blickfeld: sein „strebendes Bemühen" könnte
eine höhere Stufe sein auf dem Wege zur Erkenntnis als die unvitale Reinheit Keplers, der ihm nur als Wegweiser, als eine „liebe Zuchtrute" (TYB
303) gesandt war, um ihm den richtigen Weg zu weisen. Auch wenn er
Gott nicht mehr verstehen, ihn nirgends fühlen kann, muß er weiter nach
dem Zweck des Daseins, nach der Aufgabe des Menschen forschen; er kann
und will den Glauben an die Vollkommenheit Gottes, den er so lange
gehegt hatte und der ihm niemals ganz richtig schien, auch jetzt nicht auf-
geben.

Nun führt der Musiker Brod die Hand des Dichters. Gleich einer Symphonie, die nach allerlei Sätzen und Intervallen zum Höhepunkt anschwillt und ihre Hörer mitreißt, wird der Leser mit dem crescendo vorwärtsgerissen zum Höhepunkt des Buches: zu der Begegnung Tychos mit dem Hohen Rabbi Löw, die ihm dazu verhilft, in der nachfolgenden Begegnung mit dem Kaiser sich selbst zu verstehen. Gleichsam als Antwort auf seine Klage, daß keiner ihn verstehe, keiner ihm helfe, kommen die Worte des Rabbi:

„Gott ist nicht um des Gerechten willen da, um ihm zu dienen und ihn zu stützen, sondern der Gerechte ist da, um Gott zu dienen und um ihn zu stützen" (TYB 387 f.).

Hier offenbart sich Tycho die Antwort auf sein Suchen und Forschen nach der Vollkommenheit Gottes: er, Tycho, muß Gott helfen, er soll mitwirken am nie vollendeten Werk der Schöpfung und so zur Vollkommenheit Gottes beitragen. Bedauernswert dünkt ihn der alte, schwache Mann, der allmächtige Kaiser, vor den er nun tritt; es scheint ihm, als würde der Kaiser zu einem Teil Gottes, ein hilfsbedürftiger, ohnmächtiger Teil, dem man helfen kann.

In der Begegnung mit dem Kaiser liegt der Scheitelpunkt der seelischen Krise Tychos und gleichzeitig der Triumph der Selbstüberwindung. In der freien Tat – in der DSC, diruptio structurae causarum, wie Brod es dreißig Jahre später nennen sollte –, in der sein Verzicht auf Genugtuung und die Befürwortung Keplers wurzeln, offenbart sich ihm die Erkenntnis: „Ich bin am Werke Gottes, ich diene. Ich spüre die süße Last der Verantwortlichkeit für alles, was geschieht" (TYB 412). Tycho meint, die Stimme des Herrn zu vernehmen, und in seiner Antwort: „Hier bin ich" (TYB 419) beschließt er sein Leben – als demütiger Knecht, der der Gnade teilhaftig wurde.

Über die Entstehungsgeschichte des Romans gibt ein Brief Max Brods an Adolf Wenig, den Übersetzer des Buches ins Tschechische, Auskunft. Auf eine diesbezügliche Bitte Wenigs faßt der Autor hier die Antriebe zusammen, die ihn zu dem Thema geführt hatten; der lang gehegte Wunsch, zwei Gestalten dichterisch zu interpretieren – die Friedrich Smetanas und Tycho Brahes – war der entscheidende gewesen. Auf den ersten Blick tritt das Gemeinsame der beiden Themen hervor: das Exil. Tycho Brahe in Prag und Smetana in Göteborg waren von den Lebensquellen des Vaterlandes abgeschnitten, und es zog Brod „mit ganzer Kraft dazu, die im

Ausland entwurzelten Typen von Menschen zu gestalten; es zwingt mich, diesen großen Schmerz dichterisch zu interpretieren"[4]. Denn Brod sah darin das Gemeinsame mit dem Schicksal des Judentums, das sich in der Fremde vergeblich um die Entfaltung seiner guten Kräfte bemüht, da die Harmonie mit der natürlichen Umwelt und Lebenssphäre hierfür unerläßlich ist.

In der Deutung dieses Romans müssen demnach drei Beweggründe des Autors voneinander abgehoben werden: die eingangs erwähnte religiös-philosophische Problematik[5], das Tragische des im Exil lebenden Menschen und somit für Brod das Tragische des jüdischen Schicksals überhaupt und die Katharsis einer oft besprochenen, kritisierten und auch mißverstandenen Freundschaft, der Freundschaft zwischen dem jungen Max Brod und dem jungen Franz Werfel. So werden in dem Roman, obwohl er im konkreten geschichtlichen Rahmen und Raum bleibt, das Geschichtliche und die geschichtlichen Persönlichkeiten ins Religiöse und Persönliche übertragen. Die äußere Handlung des Buches wird gebildet durch die menschlichen Beziehungen, die vom Persönlichen her gewertet werden müssen; die innere Szene spielt in der Seele des Dänen Tycho, dem der Dichter viele jüdische Charakterzüge verleiht.

Tycho ist der Heimatlose, ewig Fremde, der vom Schicksal Gejagte, der sich nicht über die Tücken des Schicksals hinwegsetzen kann. In dem Aufrichten seelischer und geistiger Schutzwälle, dem Festhalten jeder glücklichen Minute als Geschenk eines kargen Schicksals, dem Rastlosen und Überschwänglichen seiner Natur, illustriert Brod die geistige Verwandtschaft Tychos mit der Judenheit der Diaspora; er läßt dies an einer Stelle Tycho selbst aussprechen, wenn ihm

„das Volk der Juden, heimatlos und flüchtig wie er, stets angefeindet wie er, in seiner Lehre mißverstanden wie er und dennoch an ihr festhaltend, ausgeraubt und verwundet wie er" (TYB 387),

zum Symbol seines eigenen Lebenswandels wird. Franz Rosenzweig hat dies ganz richtig erfaßt, als er „Tycho" einen „jüdischen Roman" nannte[6]. Brod verdichtet in diesem Frühwerk die Konzeption, die ihm symbolisch für die jüdische Religiosität erscheint: daß die Aufgabe des Menschen in der schaffenden Tat liegt. Diese Aufgabe ist zugleich ein göttliches Gnadengeschenkt; die freie Willensentscheidung zu dieser Aufgabe wird durch den Glauben an eine endgültige Sinnhaftigkeit des Lebens in der Welt ermöglicht. In dieser Auffassung wird auch die oberste Regel der Sittlichkeit zu einem die ganze Menschheit umfassenden Bollwerk, und das Gefühl der Heimatlosigkeit wandelt sich in seelische Festigkeit.

In dem Motto des Romans, „Ich lasse dich nicht, du segnest mich denn" (1. Mos. 32), wird diese Gedankenlinie zusammengefaßt, die in den zwei Bänden „Heidentum Christentum Judentum", in denen Brod seine philosophische Erfassung dieses Ringens und des jüdischen Gnadenbegriffs weiter ausbaute, fortgesetzt wird[7].

Die äußere Handlung und die Beziehungen zwischen Tycho und Kepler sind in weitem Ausmaße die dichterische Wiedergabe der Beziehungen zwischen Brod und Werfel. Wie Brod in seiner Autobiographie (StL 315 f.) darlegt, hat Werfel viel Schweres und Schmerzliches zur Figur Keplers beigetragen. Um das persönliche Moment herauszuarbeiten, wurde diese Gestalt nach dem Gesetz der Gegensätzlichkeit – zu Tycho – aufgebaut, und um dies zu bewerkstelligen, war der Dichter stark von der historischen Wirklichkeit abgewichen. Kepler wurde als das vom Glück begünstigte Genie dargestellt, das nur sein Ziel vor Augen hat und sich von jedem Zwang frei wähnt; Freundschaftsverpflichtungen und Dank sind, unter diesem Blickwinkel gesehen, bloße Belastungen. In Tychos Einstellung zu dem Jüngeren ist die Brods zu Werfel versinnbildlicht: gleich Tycho war Brod der Helfer und Förderer des Freundes gewesen, und ebenso wie Tycho hatte Brod in dem Anderen das Abbild seiner Wünsche und Hoffnungen gesehen, ohne das grundsätzlich Andersartige im Charakter des Freundes genügend zu erfassen und zu werten.

Auch das Verantwortungsbewußtsein Tychos, das Brod hier der Ichbezogenheit Keplers entgegensetzt, führt auf die Divergenz Brod-Werfel zurück[8]. Von diesem unterschiedlichen Verhältnis zum Leben bewegt, hatte Brod – gleichfalls mit Hinblick auf Werfel – auch die Theorie Martin Bubers von der „Ich-Du-Beziehung", die auf ein dauerndes Hinüberwechseln in die Welt der Zweckfreiheit zusteuert, abgelehnt. Brods Erfassung der freien Wahl schloß dies aus; nur unter Rückstellung persönlicher, egoistischer Gefühle, als schwer erkämpfter Ausnahmezustand, schien ihm dieser Aufschwung in die „höhere" Welt möglich. Die wahre Religiosität beginnt erst an der Stelle, an der das Subjektive endet. Die Problematik grenzt hier bereits an die Frage, ob „Selbsterlösung" oder „Welterlösung" zu leisten sei, die Gegenstand häufiger Auseinandersetzungen zwischen Brod und Werfel war. Brod schrieb darüber an Buber in einem Brief vom 26. 11. 1913:

„Es ist dies (die soziale Ekstase) ein Punkt, der mich oft in Kontroversen mit unserem Freund Werfel beschäftigt hat: mir scheint sein Streben zu sehr ‚Selbsterlösung‘ und dem stellte ich eben ‚Welterlösung‘ gegenüber"[9].

In der geistigen Haltung Brods ist zu diesem Zeitpunkt bereits der Einfluß seiner Talmudstudien deutlich zu erkennen. So kann auch die Grundidee des Romans, der Kampf Tychos und der Wert des Sich-Selbstüberwindens in einem Satz des Talmuds ausgedrückt werden:

„Wo die Reuigen stehen, stehen die vollends Gerechten nicht einmal"[10].

## Reubeni, Fürst der Juden

In diesem Roman, der zehn Jahre nach „Tycho Brahes Weg zu Gott" erschien, ist nichts mehr von der optimistischen Phase im Schaffen Brods, mit der „Tycho" ausklang, vorhanden. Hier geht es um das Böse der Welt, das seinen Platz im Dasein haben muß, und um das Maß der Sünde.

Um diese Probleme dichterisch zu gestalten, weicht Max Brod in einigen wesentlichen Punkten von den historisch belegten Geschehnissen ab. Er setzt dem eigentlichen Roman des Reubeni einen ersten Teil voran, der das geistige Ringen des Menschen, den Sinn des Bösen zu erfassen, veranschaulichen soll. Der Brodsche Gedankengang, daß die Sünde eine treibende Kraft zum Guten sein könne, wird vor dem Hintergrund des Prager mittelalterlichen Ghettos entwickelt. Die tatsächliche Auswirkung dieser Hypothese wird im zweiten Teil des Romans veranschaulicht, der sich in den historischen Rahmen, unter Beachtung der historischen Daten, fügt. Dies gibt der Gestalt des Reubeni ein Gepräge, das es von dem geschichtlichen Bild des geheimnisvollen Fürsten – oder Abenteurers – in entscheidenden Zügen unterscheidet: Brod läßt keine Zweifel über die Lauterkeit der Beweggründe und Absichten Reubenis entstehen.

Die Struktur des Romans ist locker gefügt, und die Verbindung zwischen den beiden Teilen wird nur durch die Person des stummen Knechtes hergestellt.

Für David Lemel, den Sohn des Denkriemenschneiders aus dem Ghetto Prag, der die zentrale Gestalt des ersten Romanteils ist, bedeuten die Ghettomauern keinen Schutz, sie sind nur ein einengender Wall, der jedes freie Gefühl erstickt. Die Natur, die sonst in dem dichterischen Schaffen

Max Brods eine untergeordnete Rolle spielt, wird hier von ihm zum Symbol des ungehemmten Wachstums gestaltet, gegen das sich das Bedrückende nicht nur des Ghettos und des Cheders, sondern auch der starren Gesetzesauslegung abhebt. Es ist die Problematik einer Ethik ohne Vitalität, die erneut den Dichter beschäftigt[1] und die sich hier in einer neuen Gestaltung darbietet.

Die Auslegung des Gebetes:

> „Und du sollst lieben den Ewigen deinen Gott, mit deinem ganzen Herzen, mit deiner ganzen Seele und mit deiner ganzen Kraft. – Hierzu bemerkt man: mit deinem ganzen Herzen, das bedeutet: mit beiden Trieben, sowohl mit dem guten wie mit dem bösen Trieb" (R 3)[2].

beschäftigte die Gedankenwelt des jungen David seit seiner Kindheit. In der Welt draußen, vor den Ghettomauern, in der es blüht und duftet von Bäumen, die er innerhalb des Ghettos nur auf dem Friedhof gesehen hat, lernt der Jüngling David die Sünde kennen, den bösen Trieb, der aber auch die große treibende Kraft ist, die in dem unverwehrten Wachsen und Grünen wirksam wird. Das Paradoxon, daß die Sünde eine Quelle sein kann, aus der die Entfaltung all jener Kräfte genährt wird, die in dem sündenfreien Leben der Lehre verkümmern, wird unter Einbezug der vitalen Sinnlichkeit, verkörpert in der blonden Geliebten Davids, konkretisiert.

Dem passiven Erdulden des Daseins in der Befolgung der Gesetze und der sich ständig verschärfenden Notlage der Juden stellt Brod die Erkenntnis gegenüber, daß es die Pflicht des Menschen sei, das Leid mit allen Mitteln, auch mit dem bösen Trieb, zu bekämpfen[3]. David erlebt die sündige Liebe, die ihn stärker und seinen Geist freier macht. Und ebenso, scheint ihm, müßte sein Volk, unter Zuhilfenahme selbst des bösen Triebes, an den Fesseln rütteln, nicht sie in Demut tragen und nicht stolz sein auf die seit Jahrhunderten erduldeten Leiden.

In der großartigen Schilderung der jüdischen Ratsitzung bringt Brod das Sterile der nur auf strikter Befolgung der Gebote begründeten Haltung zum Ausdruck. Durch die Schaustellung der negativen Folgen dieser Lebensgestaltung drückt Brod das Frevelhafte der nur in unmäßigem Stolz auf ihre Sündenlosigkeit bedachten Gemeinde aus. „An ihre Reinheit dachten sie – statt an die Rettung des Volkes" (R 158), ist das in Variationen stets wiederkehrende Leitmotiv des Romans.

Max Brod bedient sich der jüdischen Ratsitzung des 16. Jahrhunderts, um zu zeigen, wie wenig sich geändert habe in der Psychologie seines Volkes und wie dieselben Grundübel auch nach vierhundert Jahren der Hemmschuh zur freien Entwicklung des Volkes seien[4]. Über zwanzig Seiten des Romans vertieft sich der Dichter mit der Vehemenz persönlich erduldeten Ungemachs in die Beschreibung der Beratung über die Rettungspläne zur Verhütung der drohenden Ausweisung der Juden aus Prag. Es zeigte sich bei dieser Sitzung, daß

> „jeder einzelne seinen eigenen Vorschlag hatte, den er für den einzig richtigen hielt, mit dem verglichen er sämtliche von andern erwähnten Rettungsmöglichkeiten nichtig und trügerisch, ja schädlich und mit äußerster Energie bekämpfenswert fand" (R 160)[5].

Der Umstand, daß durch die sündige Tat der Geliebten die Rettung herbeigeführt wird, während dem gottesfürchtigen Rat jeder Erfolg versagt blieb, wird David zum Omen: es geht nicht ohne Sünde. Das Gebet ist nicht in dem Sinne auszulegen, daß die Sünde zu verwerfen sei; es darf also nicht Bezwingung des bösen Triebes heißen, wie der fromme Vater glaubt, sondern Beherrschung: sich der Sünde bedienen als Mittel zur Realisierung eines edlen Zieles. Zu sündigen ohne Freude, um der Erlösung willen, um Gottes willen, das ist der heilige Dienst, zu dem sich David auserwählt fühlt; nicht den gemordeten Gerechten, sondern den Kämpfern für ihr Volk will er es nachtun.

Die Fabel des zweiten Teiles beginnt mit der Landung des geheimnisvollen kriegerischen Fürsten der Juden, David Reubeni, 1524 in Venedig. Er ist der berechnende Staatsmann, der kühle Politiker, von dem David im Ghetto Prags geträumt hat. Er kommt als Diplomat, als Gleichgestellter, nicht als Bittsteller, der seine Hilfe zur Bekämpfung der Türken und zur Befreiung des heiligen Landes anbietet und dafür Waffen verlangt. Das Gebot der Selbstbezwingung beherrscht ihn: er verlangt Waffen, obwohl er den Krieg verabscheut, er stößt die Maranen zurück, verschließt sein Herz vor ihnen, denn sie könnten die Idee des Kampfes um die Rettung seines Volkes, für die er lügt und betrügt, gefährden. Er geht seinen selbstgewählten Weg der Sünde, und, wie David im Ghetto, glaubt er, die Sünde wäre zu beherrschen; er tut, wozu er sich berufen fühlt.

Den seelischen Zwiespalt Reubenis hebt Brod durch die Einschaltung der Gestalt Machiavellis hervor: er ist der wirklich ruchlose Politiker. Aber es gelingt Reubeni beinahe, sich von der Richtigkeit seines Handelns zu überzeugen, auch das ersehnte bestätigende Zeichen Gottes wähnt er bereits zu sehen – da kommt die Ernüchterung in der Begegnung mit Tuwja, dem taubstummen Knecht aus dem Elternhaus in Prag, der ihm in ahnungsloser Wiedersehensfreude zu Füßen stürzt.

Mit dieser Konfrontation markiert Brod den Wendepunkt in Reubenis Leben. Durch die plötzlich wiederhergestellte Verbindung mit der Vergangenheit – vom morgenländischen Fürsten zum Prager Ghetto-Juden – vergegenwärtigt Brod die unberechenbare Fügung und auch die Bedingtheit des Menschen, sein Leben frei zu gestalten. Mit dieser Wendung gelingt es dem Dichter, das Geschehen ohne Mißklang in die historisch bekannte Entwicklungslinie zu stellen[6].

In der Begegnung mit Diogo Pires[7], der rein und schön in Verehrung für Reubeni erglüht und ihm doch zum Verhängnis wird, verdichtet sich für Reubeni die Erkenntnis der Welt und des eigenen Ichs. Der Knabe Diogo, der immer all das besessen hatte, was Reubeni als der erstrebenswerteste Kern des Lebens erschienen war, brennt danach, all dies abzuwerfen, zurückzukehren zum verbotenen Glauben der Väter und einer der Märtyrer zu werden, deren passives Leiden Reubeni stets so falsch erschienen war. Wohl weiß Reubeni, daß Hunderte von Schwärmern der Art Molchos schon in Israel gewirkt hatten, ohne die Erlösung einen Schritt näher zu bringen. Eine andere, ungeheure Anstrengung, die noch keiner gewagt hatte, tat not. Reubeni wußte um seine Einzigkeit, dennoch, die Begegnung mit Tuwja hatte sein Vertrauen in sich selbst erschüttert, und angesichts der Erfolge, die dem „reinen" Molcho mühelos zufliegen, wo er weder mit Vorsicht noch Lüge etwas erreichen konnte, gibt er den Kampf auf. Er läßt sich von Molcho leiten; ohne Last der Verantwortung, ohne Angst geht er mit Molcho den „wahrhaften Kriegszug" nach Regensburg und in den Tod[8].

Vierzig Jahre nach dem Erscheinen dieses Romans hatte Max Brod seine Ansicht über den ersten Teil des Buches geändert: „Reuweni (so würde ich heute meinen „Reubeni" richtiger nennen) kam aus dem äußersten Osten der Judenheit, aus Arabien (nicht etwa aus Prag, wie ich es einst, autobiographischen Impulsen folgend, mit dichterischer Freiheit dargestellt habe)" (Reuch 304), schrieb er 1965. Doch schien diese historische Freiheit durchaus dem Interessengebiet der Epoche entsprochen zu haben, darauf deuten die Briefe Werfels und Zweigs.

Werfel schrieb am 18. 8. 1925:

„[...] Der Zufall wollte es, daß zugleich Dein Reubeni kam. Ich habe den ersten Teil in der Nacht noch ausgelesen und bin sehr begeistert von ihm. Er ist spannend, äußerst wahr, gegen das Judentum von scharfer Objektivität. Es ist sehr schön, daß er wohl gegen die Geschichte, nach Heimat riecht, sehr verwurzelt ist. Die Gestalten sind alle zu sehen. Der Held hat gleich die Freundschaft des Lesers [...]"[9].

Stefan Zweig in einem Brief vom 1. 10. 1925 war ähnlicher Ansicht:

„Der erste Teil ist für mich nicht nur das Schönste, was Sie überhaupt geschrieben haben, sondern eine dauernde, aus erfühltem Volksgeist gestaltete Tragödie eines ganzen Geschlechts — der letzte Teil wieder großartig durch historische Fülle und Farbigkeit [...]. Ich glaube an eine fördernde und bezwingende Kraft dieses Buches"[10].

Gesehen im Rückblick und von der Perspektive, die das Gesamtwerk Max Brods bietet, ist die Wahl des Themas und seine Gestaltung kennzeichnend für den Gesichtspunkt des Dichters. Brod schrieb nie über Helden; seine zentralen Gestalten sind immer Menschen, die die Verantwortlichkeit für das Weltgeschehen auf sich nehmen wollen und die in einem bestimmten Augenblick der Welt nicht mehr gewachsen sind. Von diesem Aspekt aus gesehen ist Reubeni für Brod nicht die unklare Gestalt aus der Geschichte der Juden. Er ist der leidende Mensch, der sich gegen das „unedle Unglück" auflehnt, der die Sünden, die an der Menschheit verübt werden, selbst sündig werdend, bekämpfen will. Reubeni ist sich der Größe des Menschseins bewußt und auch der Verantwortung, die diese Erkenntnis mit sich bringt. Der Mensch kann wählen zwischen Gut und Böse; er kann ‚nein' sagen zur Bedingtheit, aber er muß sich der Versuchung aussetzen, wenn es das Wohl der Menschheit verlangt: darin liegt ein Teil der Freiheit des Menschen. Die Freiheit ist hier, in diesem Roman, allerdings nicht mehr absolut. Auch dies ist in der Begegnung Reubenis mit Tuwja ausgedrückt.

Tuwja selbst wird zum zweifachen Symbol: in seiner Stummheit ist er das Symbol des ohnmächtigen Leidens; er wird aber auch zum Symbol der durch nichts lösbaren Verbindung des Menschen mit seiner Herkunft, seinem Ausgangspunkt. Der Ursprung des Menschen bleibt entscheidend für sein Leben[11].

Wieder, wie in Tycho-Kepler, ist in Reubeni-Molcho der Gegensatz verkörpert zwischen dem für seine Überzeugung ringenden Menschen und dem vom Glück in seinem Vorhaben Begünstigten. Wie Tycho denkt auch Reubeni:

„Für mich das Schwere, für ihn (Molcho) aber [...] für ihn gilt das Leichte [...]. Er steht eben in größerer Gunst. Bei Gott – wie bei den Menschen" (R 444)[12].

Und, wie in „Tycho", sieht auch hier Brod das wirklich Große in dem Erkämpften; die natürliche Sündenlosigkeit Molchos ist noch nicht die höchste Stufe: der Mut zum Bösen ist der wahre Dienst an Gott[13]. Auch Reubeni interpretiert Brod als den Gott suchenden Menschen; aber Tycho irrt und fehlt aus Schwäche – Reubeni dagegen will mit wissentlicher und geplanter Sünde seinen Weg zu Gott erzwingen. Er will Gott helfen, auch mit dem bösen Trieb, und er unterliegt. In Reubeni zeichnete Brod den Menschen, der seine seelische Kraft überschätzt. In einem kritischen Moment hört Reubeni auf, der Gestalter seines Geschickes zu sein, er erduldet nur mehr, was auf ihn eindringt, was die Folge seiner früheren Aktivität ist. Brod kommt auf die historischen Geschehnisse mit Über- spielung der persönlichen Attribute der beiden Charaktere zurück: Reubeni hat nicht die seelische Kraft, sich von dem Egoismus des Molcho, der nur auf seine Sittenreinheit bedacht ist, abzuwenden – obwohl er darin die Gefahr für seine auf das Wohl der Allgemeinheit ausgerichteten Idee erkennt – und auch nicht die Macht, ihn zum Werkzeug seiner Pläne zu machen.

Wenn nun Grätz sagt:

„Das Ende war, daß der Kaiser Molcho und seinen bösen Geist David Reubeni, in Fesseln schlagen ließ"[14].

so führt Brods Deutung in die entgegengesetzte Richtung: Reubenis Ver- derben wird von dem Gerechten Molcho herbeigeführt, dem es gelingt, einen kompromißlosen, individuellen Kampf um seine Erlösung zu führen. Am 5. 6. 1913 schrieb Max Brod an Martin Buber:

„Die Ekstase hat in Ihrer Darstellung immer etwas streng egozentrisches. Mir aber scheint für das Leben in der Vollendung nicht zu genügen, daß in uns die Welt erlöst wird, sondern sie muß auch an sich erlöst werden. Die Messias-Idee, die Wendung auf die allgemeine Erlösung, fehlt mir noch"[15].

In Reubeni, der in die Geschichte als „falscher Messias" einging, fand Brod die Verkörperung dieser Wendung[16]. Aber die allgemeine Erlösung, die Reubeni anstrebt, ist doch nicht die Welterlösung. Diese Idee der Welterlösung scheint hier nicht ganz klar hervorgehoben zu sein. Die Messias-Idee[17], von der Brod ausging, enthält in der jüdischen Literatur immer und in erster Linie die Idee des Weltfriedens und der daraus entstehenden Möglichkeit des Studiums der Lehre Gottes. Es gibt nach der jüdischen Auffassung keinen Messias, der nur die Juden erlöst; die Welt wird erlöst. Das Leben des Diesseits geht weiter, aber „zu dieser Zeit wird kein Hunger sein und kein Krieg und kein Neid und kein Haß. Die Güte wird herrschen und die Welt wird von nichts anderem wissen als von Gottkenntnis"[18].

Erst viele Jahre nach „Reubeni" und wahrscheinlich unter dem Einfluß vertiefter Talmudstudien schrieb Brod unter Bezugnahme auf das Buch:

„Diese Spannweite leidenschaftlicher Sehnsucht nach der jüdischen Heimat, zusammen mit unzähligen andern ähnlichen Strebungen und stets mißglückten Unternehmungen, mußte endlich einmal zu einer Staatsgründung führen, sei es auch nur zu einer Vorform, auf deren friedliche Entwicklung aus den gegebenen natürlichen Bedingungen zu spiritualer Blüte wir hoffen" (Reuch 304).

## Galilei in Gefangenschaft

1949, anläßlich der Veröffentlichung dieses Romans, schrieb Martin Buber an Max Brod:

„Unser Gespräch aus Anlaß Ihres ‚Galilei' geht mir nach, und ich will, Ihren und meinen eigenen Wunsch zu erfüllen, genauer formulieren, welcher neuartigen Gattung er mir anzugehören scheint. Ich meine den Roman, dem das irdische Schicksal des Geistes zum Thema geworden ist. Ich sage nicht: das Schicksal des geistigen Menschen, denn das ist je und je behandelt worden. Sondern es ist den Erzählern, die ich im Sinn habe, um den Geist selber zu tun, um Bewegung, Kampf und versuchte (hienieden wohl nie völlig gelingende) Versöhnung geistiger Potenzen, sodann aber um das geistige Ringen in den Tiefen der Person selber, tiefer noch als alles Widereinander von ‚Geist' und ‚Trieben': den Streit zwischen einem geistigen Trieb und einem andern geistigen Trieb; das und noch manches dazu. All dies, das Leben des Geistes zu erzählen, nicht zu erörtern, sondern zu erzählen — merkwürdig genug, daß es heute Mal um Mal unternommen wird, noch merkwürdiger, daß es nicht selten einigermaßen gelingt"[1].

Dies von Martin Buber hervorgehobene „Ringen des Geistes" ist ein Ringen in Gefangenschaft. Das Wort ‚Gefangenschaft' im Titel des Buches ist symbolisch für seine Grundstimmung. Brod verbindet in dem vierteilig aufgebauten Roman die Gefangenschaft des Geistes mit der Gefangenschaft im Weltgeschehen zu einer motivischen Kette. Das Ringen der sich einander entgegenstellenden geistigen Triebe macht Galilei zum Gefangenen dieser zwiespältigen Triebe. Lange, ehe er der Gefangene der Inquisition wird, ist er der Gefangene seines Charakters.

Die Fürsten und Machthaber, bei denen Galilei Schutz sucht, sind gefangen in dem Zeitgeschehen, und die Richter, die ihn verurteilen, sind selbst verstrickt in den Regeln der Gewalt, die stets nach mehr Gewalt strebt. Das Netz der Kausalbedingtheit umfaßt alle[2].

Auf die merkwürdige Tatsache, daß viele historische Romane in der Emigration entstanden sind, wurde verschiedentlich hingewiesen[3]. Man mag hierin eine Zeitflucht der Dichter sehen oder ihr Bestreben, für die eigene Situation historische Parallelen zu finden. Das Letztere scheint anwendbar auf den Umstand, daß auch Bertold Brecht zehn Jahre vor Brod sein Schauspiel „Das Leben des Galilei" schrieb.

Die beiden Werke, Brechts Drama und Brods Roman, sind in der Emigration entstanden, geschaffen von Autoren, die, gleich Galilei, nicht lehren und nicht veröffentlichen durften. Galileis Schicksal konnte ihnen zum gleichnishaften Spiegel ihres persönlichen Geschicks werden. Die zwischen Galilei und Brod und Brecht liegenden vier Jahrhunderte hatten mit ihrer Entwicklung auch die Methoden der Tyrannei entwickelt, und das bloße Abschwören einer Idee genügte nicht mehr, um leben zu dürfen. Brechts Drama, geschrieben 1938/39, zeigt die entscheidenden Momente mit der Schärfe und dem Nachdruck, die mitempfundenes Leiden, noch ungemildert durch die dazwischen liegende Zeit, gibt. Brods Werk, 1948 vollendet, vertieft sich mit epischer Breite in die Entwicklung der Geschehnisse. Aber es ist in höherem Maße die Frage, warum es geschieht, als die Tatsache, daß es geschieht, die zum Gegenstand der Reflektionen wird. Gleichwohl bietet die thematische Verwandtschaft der Werke die Möglichkeit zu untersuchen, in welchen Punkten sich die Auffassung Brods, die in seiner Lebensauffassung begründet ist, von der Brechts unterscheidet. Brod gestaltet die Seelenstürme im Verhältnis eines reifen Menschen zu sich selbst und seiner Umwelt. Sein Galilei ist der große Gelehrte, der im steten Kampf mit seinen Impulsen steht, mit seiner Eitelkeit, seiner rabelaisischen Veranlagung und mit seiner verfänglich unbedenklichen Bereitschaft zur Aneignung[4]. Er ist aber auch nicht der Weltmann, der sich im Tubel der Welt zurecht findet; er erregt Widerspruch, man schenkt ihm nichts[5].

In Brods Art, die Emotionen seiner Gestalten durch alle Entwicklungs-
stadien zu verfolgen, liegt etwas stark Suggestives; der Roman wird dadurch beinahe zur Ich-Erzählung. In besonders starkem Maße trifft dies
hier zu; die Gestalt des Galilei beherrscht das Buch, und Brod gibt ihm
auch nicht, wie es bei „Tycho" und „Reubeni" der Fall war, einen Gegen-
spieler. Bernini und Delmedigo erfüllen diese Aufgabe nicht, da der Gleichklang der Interessen fehlt, sie veranschaulichen nur die konträren Denkformen.

Die problematische, schwerlebige Natur Galileis fühlt sich zu dem „ziel-
sicheren Glückspilz Bernini" (Gal 46) hingezogen; indem er die Einheit
des Jüngeren erkennt, nimmt er seinen eigenen Zwiespalt umso deutlicher
wahr und drückt dies in ähnlichen Worten aus wie Tycho und Reubeni:

„Vielleicht hat Bernini recht, und ich bin bis heute einen falschen Weg gegangen [...]. Ich könnte das Leben viel leichter, viel glücklicher haben, wenn
ich das einsähe" (Gal 59).

Indem sich Bernini der Zeit fügt, beherrscht er sie. Galilei kann nicht,
wie der bewunderte Freund, seine Entdeckungen unter Gewandfalten ver-
bergen. Brod entwickelt hier den Gegensatz zwischen Galilei und Bernini,
dem in sich geschlossenen Künstler, der mit gleicher Hingabe nackte mytho-
logische Gestalten oder verzückte Heilige schafft und der die Forderungen
und Beschränkungen der Epoche nicht zum Zwang werden läßt. Galilei
fehlt die Stärke des Schwachen, der siegt, indem er nachgibt. Obgleich er
sich dessen bewußt ist, daß er als Naturforscher sich vor Tatsachen befindet,
die sich auf jeden Fall mit ganzer Kraft geltend machen, „auch wenn man
dagegen ankämpft, geht die Erde ihren Gang und niemand kann sie halten" (Gal 124), glaubt er, die ihm zuteil gewordene Kenntnis bekannt-
machen zu müssen; in der Tatsache seines Wissens wähnt er den göttlichen
Fingerzeig.

Delmedigo, der Schüler Galileis, ist Jude, und die aus der Erfahrung von
jahrhundertelangen Leiden gewonnene Vernunft spricht aus seinem Rat zur
Flucht: „Der Geist ist überall zu Hause" (Gal 113). Aber Brods Galilei
kann nicht Vernunft gegen Wahrheit setzen. In diesem Punkt ist die klare
Trennung zwischen der Auffassung Brods und der Brechts gegeben[6].

In Anlehnung an den Brodschen Gedankengang von der Wirksamkeit
der Sünde in „Reubeni" kommt auch Galilei zu der Ansicht, daß die
Menschheit nichts Besseres verdient, als betrogen zu werden. Mit Hilfe

„kleiner Lügen" erscheinen die Discorsi. Mit achtundsechzig Jahren glaubt sich Galilei endlich am Ziel. Es ist das Jahr 1632.

Den dritten Teil seines Romans nennt Brod: „Ein Mensch wird gewogen". Gewogen werden aber zwei Menschen, einer gegen den andern: Galilei gegen seine Tochter Virginia, wie sie in säculo geheißen hatte, jetzt Suor Maria Celeste. Maria Celeste in ihrer vollkommenen Liebe zu ihrem Vater und in ihrer kompromißlosen Lauterkeit ist eine symbolische Gestalt; sie verkörpert die Wahrheit und Stärke, zu der sich Galilei nie emporringen kann. In der Nonne sind höchste Liebe und echte Wahrheit identisch, und Galilei fühlt etwas „Grenzenloses und fast Grausiges" in dieser Absolutheit, die seine eigene Wankelmütigkeit und Eitelkeit nur umso klarer hervortreten läßt.

Erneut wird das Ringen der geistigen Triebe in den Vordergrund des Geschehens gebracht. Galilei gesteht sich ein, daß „wer die Wahrheit nur unter der Bedingung erkennen will, daß er sie als erster erkennt, – der will sie gar nicht erkennen" (Gal 577), und sucht seinen Weg, den dritten Weg. Die Verschmelzung von Liebe und Wahrheit in Maria Celeste – der Einfluß Platos, der im Schaffen Brods stets wiederkehrt, – hat Bedeutung im Fortgang der Erzählung: Galilei, in Anknüpfung an die Brodsche Gedankenlinie der drei Ebenen der guten Tat in „Heidentum Christentum Judentum"[7], erstrebt den dritten Weg, der zwischen seinem bisherigen Weg der Lüge liegt und dem Weg des Entsagens; den des Verzichtes aus Liebe, der heiliger Dienst an der unvermischten Wahrheit ist. Dies ist das für ihn erreichbare höchste Ziel, und er sehnt sich danach, seine Seelenstärke auf diesem Wege beweisen zu können – sein Wunsch wird ihm erfüllt: er wird in den Kampf gezwungen und unterliegt.

Die Konfrontierung Galileis mit dem Zeitgeschehen wird von Brod zu zeitkritischen Beobachtungen ausgewertet und seine Schlußfolgerungen unterscheiden sich von denen Brechts. Während Brecht das Unterliegen des Individuums aus Staats- und Machtgründen in seinem Schauspiel festhält und damit den Gleichnischarakter mit seiner Zeit, in der der Mensch als solcher unwichtig geworden ist, herstellt, deutet Brod in dem Edikt das Gesicht der Zeit.

Galileis Umgehung des Edikts fällt in eine denkbar ungüstige Periode: Wallenstein, vor nicht langer Zeit unter dem Einfluß des Vatikans entlassen, wird vom Wiener Hof zurückgerufen und damit betraut, ein Heer aufzustellen; Frankreich, unter Richelieu, unterstützt das protestantische Schweden. Der Traum Urbans, in der Politik Europas die Schlüsselrolle zu spielen, war gescheitert. Die Discorsi, erlaubt in einer Zeit, in der sich der Papst stark genug fühlt, sie als literarisches Kuriosum zu betrachten, werden nun den wankenden Pfeilern seiner Macht eine neue Gefahr. Auch war Urban in seiner persönlichen Eitelkeit getroffen[8]. Der Prozeß, der nun eingeleitet wurde, war in nicht geringem Maße das Resultat von Galileis geistigen Dünkel und persönlicher Überheblichkeit.

Die Darstellung des Antagonismus von Macht und Erkenntnis ist bei Brod und Brecht thematisch bedingt, erhält jedoch unterschiedliche Prägung. Bei Brecht ist das Verdikt gegen Galilei nur ein Mittel im Kampf gegen die Aufklärung und Erleuchtung des Volkes, um der Kirche unter allen Umständen ihre traditionelle Vorrangstellung zu erhalten,

„die Wissenschaft ist die legitime und höchst geliebte Tochter der Kirche"[9].

Auch bei Brod kämpft das Zeitalter der wissenschaftlichen Wahrheit für seinen Durchbruch und ringt gegen die Mächte, die die helle, nüchterne Klarheit des Wissens bekämpfen müssen: denn im Dunkel und undurchdringlich Geheimen liegt die Angst und hiermit ihre Gewalt. Brod erfaßt den Standpunkt der Kirche mit verständnisvollerer Einfühlung – auch diese Macht ist in dem Kausalgesetz gefangen. Die Kirche wird zum Instrument des Papstes im Kampf der Könige, und diese Waffe muß scharf und schneidend erhalten werden. So entsteht das Paradoxon: gerade weil es auf die Macht ankommt, ist der Glaube so wichtig – aber als Instrument – und darf von niemandem in Bewegung gebracht werden (Gal 216 ff.). Das Verdikt ist folglich nur eine der Maßnahmen der Kirche in ihrem Bemühen, ihre erschütterte Stellung zu festigen, und es ist die persönliche Tragödie Galileis, zum Spielball dieser Ereignisse zu werden.

In den bisher nicht beachteten Worten ‚seu de ea tractare' liegt die Schuld Galileis, und an „der Stilfloskel hängt ein Menschenleben" (Gal 550)[10]. Das Rechten mit sich selbst, die bittere Gewissensforschung Galileis im Kerker der Inquisition kreisen in zeitloser Problematik immer wieder um den Konflikt zwischen Geist und Trieb. Es gibt Momente, in denen Galilei mit Bruno und Hutten sich eins wähnt, schöne Momente, in denen er „mit all diesen Großen in die Trompete stößt" (Gal 572), aber der Schall erschreckt ihn. Er will leben – in dem Ringen der geistigen Triebe siegt die Angst. Am 22. Juni 1633 schwört Galilei ab; die territio realis, der Anblick der Folterwerkzeuge, war überzeugender als die abstrakte Sehnsucht nach der Wahrheit.

In den großen Gesprächspartien zwischen Galilei und dem Pater Qualificator wird Brods Lehre vom edlen und unedlen Unglück in der Geisteshaltung der Gesprächspartner verdeutlicht. Die religiösen und sozialpolitischen Erörterungen sind als wichtiges Element in die Erzählung einbezogen. Aus ihnen erschließt sich Brods Deutung des Verdikts und des Abschwurs.

Der Partner will Galilei ‚zum Bekenntnis aus Liebe' bringen:

„Ob hundert Jahre früher oder später die Lehre von der Erdbewegung anerkannt wird — nehmen wir einmal an, daß sie wirklich anerkennenswert ist —; aber ob hundert Jahre früher oder später anerkannt: was macht denn das für einen Unterschied, in Anbetracht der Ewigkeit und Unendlichkeit der Weltentwicklung?" (Gal 631).

Die Diesseitsverneinung, die sich in der entsagenden Haltung des Paters ausdrückt – in dem der Gefangene des sündigen irdischen Daseins zu sehen ist[11] –, hat wohl auch das Große der freiwilligen Unfreiheit: „für uns denkt die Kirche" (Gal 665). Doch dieses Verhältnis zum Leben, das den Eingeborenen in dem idealen „Sonnenstaat" aufgezwungen wird[12], führt zur geplanten, systematischen Zersetzung der Denkkraft und Denkfähigkeit. Galilei lehnt diese Synthese von heidnischer Macht und christlicher Ergebung ab. Er ist durchdrungen von der Richtigkeit seines dritten Weges, der dieses heidnisch-christliche Amalgam[13] vermeiden sollte, der „ein Weg der Kirche des reinen unendlichen Geistes" (Gal 579) wäre, auf dem man nicht dem Heidentum, der Gewalt preisgegeben ist, wo aber auch der Zwang der Kirche vermieden wird. So haben auch des Paters Worte: „Wahrheiten werden überholt. Taten der Liebe überholt man nie, sie sind immer ein Äußerstes" (Gal 634) keine Überzeugung für Galilei. Er glaubt an die Liebe, aber auch an den unendlichen Wert der Wahrheit. Die Liebe und die Erkenntnis kommen beide von Gott[14].

Brod steht Galilei kritischer gegenüber als anderen historischen Gestalten seiner Werke. In der wichtigen Entscheidung, die diesen Gestalten bei Brod immer abverlangt wird, versagt Galilei, ohne daß Brod – wie bei Reubeni – hierfür eine außerhalb des eigenen Charakters liegende Begründung vorlegt; die Hypothese, daß, um die Wahrheit sagen zu dürfen, vielleicht die Wahrheit verleugnet werden müsse, wird nur zögernd herbeigezogen. Dennoch bleibt Galilei der Sucher nach der Wahrheit und der Kämpfer um die Wahrheit, indem der Dichter das Geschehen mit der Problematik der

„egoistischen Selbsterlösung" verbindet. Zehn Jahre nach dem Widerruf, nach zehn Jahren als Gefangener der Inquisition, weiß Galilei, daß es damals richtig gewesen war, nicht zu sterben:

> „Wir müssen für die Wahrheit zu sterben wissen, und zwar um unsertwillen, weil nur das ein reines Herz gibt. Und damals durfte ich trotz allem nicht sterben, — weil ich noch ein Stück Wahrheit nicht niedergelegt hatte und nicht das Recht hatte, an meine Reinheit zu denken" (Gal 771).

Brecht stellt in seinem Drama die Vernunft der Wahrheit gegenüber. Sagredo sagt zu Galilei: „Das ist eine Nacht des Unglücks, wo der Mensch die Wahrheit sieht. Und eine Stunde der Verblendung, wo er an die Vernunft des Menschengeschlechtes glaubt"[15]. Brecht will Vernunft, und Galilei glaubt in dem Drama an „die sanfte Gewalt der Vernunft" und auch, daß der „Sieg der Vernunft [...] nur der Sieg der Vernünftigen sein (kann)"[16], und sein Schüler, Andrea, muß es am Ende gut heißen, daß er die Wahrheit verneinte, um die Wissenschaft zu lehren. Für Brecht ist das Verstecken der Wahrheit vor dem Feind der Beweis, daß Galilei „auch auf dem Felde der Ethik um Jahrhunderte seiner Zeit voraus war"[17].

Bei Brods Roman ist die Problematik völlig anders gelagert. Vernunft ist für Galilei nur Vernünftelei; ein Verstecken der Wahrheit ist für ihn auch Verzicht auf persönlichen Ruhm, und um diese Stufe geistiger Freiheit geht das Ringen Galileis[18]. Es ist ein Werk über die Unfreiheit des Menschen, das Brod in seinem Roman schuf, der direkte Ausdruck seiner Mahnung aus „Diesseits und Jenseits". Brod spannt in den historischen Rahmen seines Romans den Leitsatz, daß die sittliche Entscheidung des Einzelnen auf Wahrheit aufgebaut sein muß – auf innerer, erforschter Wahrheit – und daß es keine sittliche Tat gibt, die nicht aus dem Erlebnis der Liebe kommt. In der Selbstverleugnung um der Wahrheit willen, in der Unterdrückung der subjektiven Beweggründe hätte die wahre sittliche Entscheidung Galileis liegen müssen[19].

Max Brod zeigt den Zwiespalt des Geistes und das egoistische Drängen nach Wissen. Es geht um die Verleugnung oder Behauptung einer bestimmten Wahrheit, die von einer totalitären Gewalt abgewiesen werden muß, da sie ihre Fundamente erschüttert. Galilei ist der Unterliegende, der Kämpfer, dem die Gnade des Märtyrertums versagt ist, der aber seine „Schwäche" später gut macht[20].

In der Geisteshaltung, in der in diesem Roman das Schicksal des Renaissancegelehrten gedeutet wird, kann nicht die Antwort Brods auf die ungeheure Schwere der Frage, die in den letzten Jahrzehnten zur brennenden Gewissensfrage wurde, die Frage, ob es sittlich wäre, für die Wahrheit zu sterben, gefunden werden. Es ist aber sicherlich nicht im Sinne des Autors, dem Roman eine Rechtfertigung für „Weiterleben um jeden Preis" zu entnehmen. Die Antwort kann stets nur in der mit äußerster Ehrlichkeit erforschten Erkenntnis des Individuums liegen; die volle Last der freien sittlichen Entscheidung wird der Lauterkeit des Einzelnen anheimgestellt.

Brods Kenntnis der jüdisch-religiösen Erfassung dieses Problems wird aus der Bearbeitung der Kernfrage sichtbar; die jüdische Religion beschränkt den Märtyrertod auf ganz wenige Fälle[21] und auch dann nur unter Berücksichtigung vieler Gegebenheiten, und nie darf ein weltliches Gericht die Verweigerung, den Märtyrertod auf sich zu nehmen, bestrafen[22].

*Der Meister*

Chaim Cohn sagt in der Darstellung der politischen und religiösen Beweggründe, die zu dem Urteil und Tod Jesu führten[1], daß im letzten Jahrhundert angeblich mehr als sechzigtausend Bücher über Jesus geschrieben wurden. Wenn nun Max Brod als Siebzigjähriger, nach einer stattlichen Reihe von Veröffentlichungen, auch einen Jesus-Roman schrieb und in dem Titel des Buches „Der Meister" bereits seine Erfassung der Gestalt Jesu ausdrückt, darf in dem Buch mehr als ein zum unzähligsten Mal wiederholter Versuch einer Deutung gesehen werden.

Brod verzichtet bewußt auf religiöse Themenstellung oder mystische Deutung historischen Geschehens. Das Buch, das zur sittlich-religiösen Geschichtsdichtung gezählt werden könnte, bringt in dichterischer Gestaltung die Fortsetzung der Brodschen Gedankenkette aus den kulturphilosophischen Werken: eine Interpretation des „Unzerstörbaren", das die Kausalkette sprengt, und der obersten Pflicht des Menschen – liebe deinen Nächsten und sei ihm Helfer und dadurch Helfer am Werke Gottes.

Die Motive und Gestalten des Romans sind Jesus und Judas und Meleagros; die Bürde der Liebe, das undurchdringbare Dunkel und das leichte ‚odysseische' Heidnische. Die Struktur des Romans – sieben Kapitel, von denen jedes mit einem Hinweis auf den Inhalt überschrieben ist – weist innerhalb der beinahe gleichmäßig langen Kapitel eine gezielte Unregelmäßigkeit auf: das letzte Kapitel, in dem Judas zu Jesus kommt, hat die dreifache Länge der restlichen Kapitel. Die Bedeutung dieses Ereignisses ist hiermit auch in der äußeren Form ausgedrückt.

Die Wiedergabe der Lebensgeschichte Meleagros, der als Schreiber nach Jerusalem an Pilatus ‚verschenkt' wurde, ermöglicht es dem Dichter, die Kontraste zwischen dem in voller Macht herrschenden römischen Reich, dem nur im geistigen Leben weiterbestehenden Griechentum und dem Judentum, das sich mit einer solchen bloßen Existenz des Geistes nicht zufrieden geben will, hervorzuheben. Dies sind auch die das Buch beherrschenden Elemente: das maßgebende Rom und das unterjochte Griechentum, für die jedoch beide das Gesetz des Stärkeren das allein gültige ist, und demgegenüber das Judentum als Träger des Sittlichen. Das Epikuräertum, das den Weisen lehrt, nicht nach dem Unerreichbaren zu trachten und ihm gestattet, in der Vergangenheit zu leben, wird in der Gestalt des Meleagros mit der passiven Akzeptierung des ‚unedlen Unglücks' identisch. Der Kampf gegen menschengeschaffenes Leid ist dieser Denkart fremd, denn man kann für alles einen Grund finden, und „alle Gründe sind gleich richtig oder auch unrichtig" (Mei 12).

In den Monologen des Griechen sowie in seinen Gesprächen mit den römischen Beamten und in noch erhöhterem Maße in seinem Briefwechsel mit Jason verfolgt Brod charakterisierende Absichten; die unterschiedliche Weltanschauung wird in Beziehung gebracht zu der Perspektive, aus der das jüdische Volk jeweils gesehen wird. Noch vor seiner großen Wandlung, die durch seine Liebe zu Shoshana eingeleitet wird und sich in der Begegnung mit dem Meister vollzieht, wird in Meleagros zögernd der Gedanke geweckt, daß in dem babarischen Volk der Juden, in seiner intensiven Religiosität, seinem Streben nach sittlicher Reinheit und nach Volkstum, seelische Kräfte am Werk wären, die ein Abschütteln des römischen Joches ermöglichen könnten (Mei 276).

Demgegenüber erscheint dem nur vom Kausalbedingten gesteuerten Erfassungsvermögen der römischen Machthaber dieses Volk als eine sinnlose Entartung, als einer aussterbenden Gattung angehörend, „nämlich jenen Völkern, die für die Segnungen der römischen Weltherrschaft kein Verständnis haben" (Mei 133).

Die logische Folgerung aus der Idee der Gewalt, der Herrschaft des Triebhaften, liegt im Nihilismus. In der Gestalt Jasons, mit seinem schönen, wehmütigen Gesicht und seinem zersägenden Verstand kehrt Brod zu seinen philosophischen Anfängen zurück, zu Schopenhauer und noch weiter, zur absoluten Vereinung. Für Jason sind in dem großen Sterben, das durch die Welt geht, alle Gefühle, außer Angst und Verachtung, bereits „durch die Erfahrung als Illusion widerlegt" (Mei 31)[2]. In den Worten des Nihilisten Jason kann die Verzweiflung des Altruisten Brod vernommen werden; zeitlos und dadurch noch erbarmungsloser klagen die Worte Jasons, und die Namen, die diese Worte in ihrem geschichtlichen Rahmen festlegen, sind nicht mehr als eine hauchdünne glasblanke Hülle:

> „Es ist eine menschliche Willkür in die Welt gekommen, die jeden Widerstand brechen kann. In der Person des römischen Cäsar ist sie Gott geworden und regiert mit wirklichen Mitteln [...]. Heute erst ist es richtig ernst mit der Gewalt. Heute kann der Cäsar, wenn er die Absicht hat, binnen Tagen ganze Länder zerstören" (Mei 33).

Die Verzweiflung Jasons ist passiv, sie wartet nur auf das Ende der Welt; die abgrundtiefe Traurigkeit enthält sich jeder aufrichtigen Stellungnahme[3]. Nur ein Objekt kann ihn aus dieser Passivität locken: die Juden. Seine Diesseitsverneinung ist durch die Juden gefährdet, denn sie wollen leben „und hindern damit vielleicht die ganze Welt an einem schönen anständigen Tod" (Mei 63).

Die ausführlichen Beschreibungen Jasons, seines Aussehens, seiner Sprechweise, seiner Handlungen und Ansichten sind verbindliche Beurteilungen dieser Gestalt. Die graduelle Entfaltung des Griechen Jason aus Gadera – einer Gestalt, die, gleich der des David Lemel im ersten Teil von Reubeni, die psychologische Unterlegung einer historischen Figur ist und ähnlichen Motiven entspricht –, die sich durch sechs Kapitel des Buches zieht, dient Brod zur Dramatisierung der Enthüllung: Jason, der den von Meleagros nur halbverstandenen Gleichnissen[4] Jesu nur die Verkündigung vom Ende der Welt entnimmt, kommt nach Jerusalem, um sich Jesus anzuschließen; er ist Jude, ein Jude aus Hebron, aus dem Dorf Keriot, Judas, der Mann aus Kerioth: Ischariot. Das Geheimnis hütete er nicht etwa aus Ärger darüber, daß er Jude war, sondern weil die Tatsache alles beeinflußte, was er tat:

> „Bei jedem Volk kommt es einmal vor, daß einer abtrünnig wird [...]. Bei uns aber fühlt jeder, der seine Abstammung auslöschen will, das Bedürfnis, seinen Abfall durch ebenso zahlreiche wie geistvolle, verwickelte und höchst sinnreiche Argumente zu erklären [...]" (Mei 349).

In Fortsetzung dieses Selbsthasses läßt Brod auch das erste Zerwürfnis

Judas mit Jesus daraus entstehen, „er ist mir zu jüdisch", klagt er Meleagros (Mei 373). Shoshana, die einzige der typisch profilierten Frauengestalten des Romans, ist die Ziehschwester Jesu, Jeschua, wie er hier mit dem hebräischen Namen genannt wird, der Hilfe, Beistand, bedeutet. Sie wird mit großem dichterischen Geschick und vornehmer Scheu, das den Mitmenschen Heilige nicht zu profanieren, eingeschaltet. Shoshana, wie Ruth in „Das große Wagnis"[5], ist die sanfte, aufopfernde Frauengestalt, die die Liebe lebt. Durch Shoshana sehen Meleagros und der Leser den „erhabenen Bruder", der ihr alles bedeutet, um den sie zittert und sorgt, den sie nicht versteht und dem sie bedingungslos, mit ganzem Herzen ergeben ist. Sie ist nicht das Symbol der mystisch liebenden, christlichen Seele, wie sie verschiedentlich gedeutet wurde, sondern der Spiegel des Volkes. In ihr zeigt Max Brod die Deutung Jesu durch seine Landsleute; seine Worte werden erfühlt, nicht verstanden[6].

Die enge Verflechtung der politischen und religiösen Problematik wird in einer Reihe von Gestalten verbildlicht, die nicht mittelbar mit dem Geschehen verbunden werden. Die Fragen des ‚Fremden', Meleagros, bringen die Motive und Antriebe des jüdischen Widerstandes in das Blickfeld. Brod verbindet das zeitlose Moment des Aufstandes gegen die Macht mit einer Klarstellung: nicht aus Hochmut, sondern aus Liebe schließen sich die Juden von der übrigen Welt ab und kämpfen um ihre Volkseigenheit, denn sie haben etwas, das nicht preisgegeben werden darf, das als schöne Hoffnung für alle Menschen bewahrt werden muß. Daher ihr zäher Wille, der so oft den Widerspruch und sogar den Haß der anderen Völker hervorruft. Die Unterschiede zwischen Sadduzäern und Pharisäern[7] werden in gedrängter Form angedeutet: die Gemäßigten wollen den Kampf auf die Verteidigung beschränken, während die Fanatiker[8] im Angriff die Stärke sahen, und die Sadduzäer, Ben Kaifa selbst, wollten als Volk gar nicht weiter bestehen; die Geschichte der Juden – „Eine Geschichte unseres Unglücks und sie geht glücklicherweise gerade jetzt zu Ende. Wir verschmelzen mit der Umwelt. Das ist das Ende unserer Leiden" (Mei 337) – ist ihre Reaktion[9].

Brod hebt das politische Moment, das zum religiösen wurde, hervor: die Stellung Jeschuas, die ihn von der Reihe der patriotischen Kämpfer absondert:

„Das Wort ‚Rom' habe ich noch nie von seinen Lippen gehört [...]. Für meinen

Bruder gibt es auch wirklich Rom gar nicht mehr. Er hat Rom besiegt"
(Mei 165), sagt Soshana.

Hierin liegt das Andere und Gefährlichere in Jeschua. Er will nicht nur
die Befreiung seines Volkes, sondern das Heil der Menschheit. Rom ist nicht
wesentlicher als jede andere Gewalt, die auf das Kausale allein ausgerichtet
ist; Jeschua will mehr als verbessern, er will das Vollkommene[10].

Die mißverstandene Deutung der politischen Absichten Jesu wird vom
Dichter zur Erhellung des Judas-Motivs herangezogen. Judas liebt den
Meister tief und aufrichtig – und er versteht ihn auch; der tragische Punkt,
in dem er ihn mißversteht, ist das von Jesu angestrebte Ziel. Aber da miß-
verstehen ihn auch die Anderen, von denen manche sich mit äußerer
Rettung begnügen würden, wo Jeschua die völlige Sinnesänderung seines
Volkes erstrebt, der dann auch die Rettung der ganzen Menschheit folgen
würde. Für Judas ist die Rettung, das Endziel, nur das Ende der Welt. Als
Jeschua trotz aller Warnung nach Jerusalem kommt und die Händler aus
dem Tempelhof jagt, sieht Judas darin den Anfang des von ihm erträumten
Endes.

Jeschua wird vor das Sanhedrin gebracht, das im Hause des Hohepriesters in der Nacht des Festes einberufen wurde[11]. Der Versuch Meleagros, durch seine persönliche Bitte Pilatus umzustimmen, war vergeblich.
Doppelt verzweifelt, da Shoshana bei ihrem Bemühen, Jeschua den Römern
zu entreißen, getötet worden war, wartet der Grieche mit der Volksmenge,
daß sich die Himmel öffnen, um Jeschua aufzunehmen[12]. In der Reaktion
des ,bekehrten' Griechen symbolisiert Brod das Überzeitliche, sich stets
Gleiche, das die vollkommenen Menschen aller Nationen und Religionen
verbindet; in die Totenklagen der Frauen mischt sich eine innere Stimme:

„Dies, o Echekrates, war das Ende unseres Freundes, des Mannes, der, wie uns
scheint, von allen damaligen, die wir erprobt haben, der beste gewesen ist und
auch sonst der erkenntnisreichste und der gerechteste" (Mei 475).

Das Erlebnis Jeschua läßt Meleagros die ganze Menschlichkeit und jeg-
liches Menschenwesen in einem anderen Licht erblicken, in einem neuen
Sinn und Glanz. Das Wunder des Menschen, das sich ihm in Jeschua offenbart, wird ihm zur Brücke des Geistes und der ewigen Liebe, die über das
Nichts führt.

Max Brod stellt nicht das mystische Geschehen in den Mittelpunkt seines
Romans. Jesus wird ihm nicht zum Objekt historisch-religiöser Reflek-

tionen. Er geht mutig an das Problem der Jesus-Gestalt heran und die Antwort auf die Frage Kurt Ihlenfelds, welchen Schlüssel Brod zu der Gestalt des Meisters gehabt hätte, kann nur sein: der israelische Jude Brod schrieb über den Juden Jeschua aus dem Galil[13], aus dieser Landschaft, die „von Wundern summte" (Mei 232).

Bewunderung und Liebe zu dem Vollkommenen in Jeschua von Nazareth sind die Ausgangspunkte der Brodschen Erfassung des ‚Meisters'. Die einzige bildhafte Schilderung wird durch das Medium des Meleagros gegeben und ist als Ausdruck der seelischen Kräfte Jesu zu deuten:

„[...] die Augen, die unendlich tief waren. Man glaubte durch eine an sich kleine Spalte in einen ungeheuren Lichtraum hineinzusehen, in einen Raum, vor dem man nicht haltmachen konnte, in den man wie angesaugt hineinstürzte wie in einen Wirbel. [...] Solch starkes Leben wie nie fühlte man auf einen eindringen, während man in die Tiefe dieser Augen gerissen wurde" (Mei 271).

Im Anschluß an diese Sätze kann kaum von ‚dichterischer Aufhellung' gesprochen werden; sie sind die dichterische Wiedergabe eines Ahnens, ebenso wie die Darstellung jedes bildenden Künstlers aller Epochen und Stile, der die Gestalt Jesu formte, der künstlerische Ausdruck der gefühlsmäßigen Erfassung war. Hier wird das Bild von einem Künstler entfaltet, der die Erde, auf der Jesus lebte, kannte und liebte und der die Menschen, die dieses Land hervorbringt, verstand und ihnen verbunden war[14].

Im Nachwort des Buches kommt Max Brod darauf zurück, daß es nicht in seiner Absicht lag, eine historische oder theologische Darstellung zu geben; eine Dichtung wird der Öffentlichkeit übergeben, und Brod legt auf diesen Unterschied großen Nachdruck, denn der Dichter verfolgt nicht die Absicht, etwas historisch Erweisbares vorzulegen; er entwickelt die hypothetische Möglichkeit eines Geschehens und begnügt sich damit,

„daß diese eine Möglichkeit mit dem Geiste der Zeitepoche, die er studiert hat, mit der Landschaft und mit tausend geheimnisvollen Zwischentönen, die das Thema ihm zuflüstert, nicht in Widerspruch gerät" (Mei 485).

Kurt Ihlenfeld macht weiter Brod den Vorwurf, daß er in seinem Nachwort keinen Aufschluß über seine persönliche Stellungnahme gebe[15], „eine Dichtung will er geschrieben haben, kein Bekenntnis". Die Stellungnahme Brods ist seinen kulturphilosophischen Schriften, seinen Briefen und diesem

Buch zu entnehmen: es ist eine eindeutige Stellungnahme, aber es ist kein Bekenntnis. Bereits 1920 hatte Brod seine Auffassung klar dargetan. In dem bereits angeführten Kapitel von ‚Heidentum Christentum Judentum' schrieb er hierzu:

> „Es könnte scheinen, daß ich hier einer Darstellung der Jesusfigur ausweiche. — In einem gewissen Sinne ist das richtig. Es widerstrebt mir, den Gegenstand religiöser Verehrung für so viele, den wahrhaftigen Gnadenquell für einige, mit prüfendem Blick auch nur anzusehen" (HChJ 214).

und weiter auf S. 220:

> „Diese persönliche Atmosphäre eines Menschen, die er seiner individuellen Gnade verdankt, durchdringt man nicht. Sie durchdringen wollen, hieße: unreligiös sein — nicht nur in diesem Falle weil es sich gerade um Jesus handelt, sondern in jedem Falle der Welt."

„Der Meister" ist Ausdruck dafür, daß sich in dem zwischen den beiden Werken liegenden halben Jahrhundert die Ehrfurcht des Dichters vor der Gestalt Jesu noch vertiefte; Jesus ist für ihn „einer der Kulminationspunkte des Judentums", das Wunder im Menschen, das der Dichter unter das Licht einer überirdischen Macht stellt[16].

In Judas versucht Brod, im Rahmen des konkreten historischen Geschehens die Beweggründe für die von Haß, Verzweiflung und Enttäuschung besessene Gestalt zu deuten. In dem Buch kann weitgehend der Versuch gesehen werden, Judas Ischariot, eine der undurchdringlichsten Gestalten der Geschichte, zu interpretieren. Das Motiv des Judas, die Schilderungen und Beschreibungen seiner Person bilden hier, auch wenn sie an verschiedenen Stellen des Buches auftreten, ein in sich geschlossenes Ganzes: das Abbild des bis zur Verzerrung gesteigerten jüdischen Selbsthasses, der zum Haß der ganzen Welt wird. Diese Interpretation schließt sich der Kette der Brandmarkungen des Selbsthasses in den vorangehenden Schriften Brods an. Auch Haman, Sh'chem (Sem) haßt gerade das Starke und Ethische in seinen Glaubensgenossen und will deshalb die Judenheit ausrotten[17].

Die Liebe zu Jesus kontrastiert nachdrücklich mit den übrigen Gefühlselementen, die Brod der Figur des Judas verleiht; jedoch wird auf seine Fähigkeit, unter Umständen Herr seiner bitteren Ressentiments zu werden, bereits in seinem Freundschaftsverhältnis zu Meleagros hingewiesen. In seine Liebe zu Jesus verlagert Brod das Motiv zu Judas' Selbstmord; es ist ein intensiviertes Bekenntnis zu Jeschua, nicht Reue über die Tat[18]. Brod folgt auch hier nicht der christologischen Auslegung:

„Ich tue es weil er weggeht. Weil er geht, deshalb sterbe ich. Und weil ich ihn geliebt habe. [...] Meine Hoffnung hatte ich auf ihn gesetzt, meine ganze Hoffnung. Daß er mit mir gemeinsam den Weltbau auflösen wird" (Mei 454).

Zu einer ähnlichen Konzeption kam Andrejev[19], wenn auch bei ihm das psychologische Moment unterschiedlich erfaßt ist; aber auch hier liebt er Jesus: „Petrus schleuderte Steine [...] ich hätte Berge für ihn versetzt. Nun wird er untergehen und Judas geht mit ihm zusammen unter". Andrejev interpretiert diesen Gedanken auch auf einem Bild, indem er Jesus und Judas mit dem Ausdruck des gleichen Schmerzes und einem gemeinsamen Heiligenschein malte[20]. Brod verzichtet darauf, politische Momente zur Erklärung der Gestalt heranzuziehen[21]. Die Tragödie Judas' setzt ein mit seinem Unvermögen, Jesus zu verstehen und endet mit der Verzweiflung darüber, Jesus nicht überzeugen zu können; sie beruht nur in seiner psychischen Eigenart.

Mit der starken Betonung der Liebe in Judas, die aber nicht den Zweck einer Verschönerung geschichtlicher Überlieferung verfolgt, ist die Tendenz des Buches in allen Zentralfiguren versinnbildlicht: Max Brod schrieb ein Buch der Liebe: der starken, verzweifelten Liebe des Judas, der selbstlosen Liebe Shoshanas, der Liebe Meleagros, die ihn von dem Schüler Epikurus zum glühenden Verfechter von Jesus Lehre wandelt, und der unendlichen, reinen Liebe Jesu zur Menschheit. Bewußt stellt der Dichter auf die letzte Seite des Romans den Satz: „Die ewige Liebe wird nicht auslöschen. Sie ist stark wie der Tod" (Mei 483).

## Armer Cicero

Das Leben Ciceros ist der Nachwelt bekannt wie das keines anderen Menschen der Antike. Aus seinen Briefen, die ein Vierteljahrhundert römischer Geschichte umspannen, kennen wir den Menschen Cicero mit seinen Tugenden und Schwächen, rednerischen Fähigkeiten und privaten Gedanken, politischen Ambitionen und persönlichen Wünschen. Aus dieser Fülle wählte Max Brod für sein Buch die letzten Lebensjahre Ciceros, um in der

Rückschau auf ein Leben voller Widersprüche dem Leser den Menschen zu zeigen, dessen Tragik es gewesen war, „hineingestellt zu sein in eine Zeit, die härtere Naturen verlangte, als er es war"[1].

Warum Brod, dessen Schrifttum stets den Kampf um das Sittliche zum Kernpunkt hat, gerade diese Epoche wählte, erklärt in seiner Dichtung der griechische Freund Ciceros, Antiochus, den der Autor auch als Kommentator Ciceros einsetzt: Cicero hatte stets mit dem Sittlichen bloß „geschäkert", und nach all den geistvoll unverbindlichen Scherzen wurde aus dem Spiel Leidenschaft; im Alter wurde das Sittliche das allein Bestimmende (vgl. AC 249).

Brod verzichtet bewußt auf die Darstellung historischer Ereignisse. Das knappe äußere Geschehen bildet den Rahmen, in dem die wesentlichen gehaltlichen Elemente von den Zentralfiguren verkörpert werden. Das aus freier Phantasie Gestaltete ist in diesem Buch – mit Ausnahme der zweiten Ehe Ciceros – den historischen Tatsachen untergeordnet.

Der zeitkritische Abschnitt um das Jahr 44 v. Chr. wird nur in der Reaktion Ciceros interpretiert. Brod zeigt in seiner Darstellung einen Cicero, der

„die Taten seines Konsulatsjahrs nicht ohne Grund, jedoch ohne Ende gelobt" (AC 14),

der den Ruhm immer mehr geliebt hatte, als man ihn lieben sollte, und erst in den letzten Jahren seines Lebens die seelische Größe findet, in Treue und Wahrheit für das Ideal der römischen Freiheit zu kämpfen – und zu sterben.

Dieser Wandlung geht das Zwischenspiel seiner Ehe mit seinem jungen, reichen Mündel Publilia voraus. Brod baut die Ehe mit der schönen Frau über die bekannten historischen Tatsachen hinaus aus[2] und macht sie zum Symbol des Zusammenstoßes von Eros, dem dionysischen Taumel, mit der Ethik. Brod verfolgt hier nicht die Absicht, das übliche Bild des lächerlichen alten Ehemannes zu zeichnen; er zeigt, wie anfangs der Geist der Vitalität unterliegt, wie zersetzend der Einfluß dieser Liebe auf Cicero ist und den Preis, den er für dieses kurzlebige Glück zahlt, und bringt hiermit noch einmal das Unvereinbare des Triebhaften mit dem Sittlichen in einem Spätwerk in vollem Umfang zum Ausdruck[3]. Das Ephemäre dieses Verhältnisses ist als von Cicero gefühlsmäßig gerechtfertigt dargestellt, da es ihm stets bewußt war, daß es „in gewisser Art gegen das Natürliche, das

Vernünftige, dem er sein Leben lang denkerisch gehuldigt hatte", verstieß
(AC 40). Als die Ereignisse in Rom Cicero wieder in den Bannkreis der
politischen Tätigkeit ziehen, verliert er Publilia „an Dyonysos"[4].

Gegen die Gestalt der Publilia, die ganz dem Triebhaften ergeben ist,
und der des Cicero – Verkörperung des aktiven Menschen, der versucht,
Ethik und Eros zu vereinen –, stellt Brod Antiochus, den Freund aus der
Zeit des Studiums in der Rednerschule in Rhodos[5], der im Roman auch die
geistigen und sittlichen Etappen der Entwicklung Ciceros konkretisiert.
Die Dialoge des Antiochus mit Cicero sind von großer Wichtigkeit und
erfüllen verschiedene Aufgaben. Sie ermöglichen den Einbezug des vorangegangenen Geschehens in die Epoche des Romans und dienen zur Dramatisierung der philosophischen Denkform, die Antiochus bei den Essäern
kennen lernte.

Drei Begegnungen sind es zwischen Cicero und Antiochus, die drei entscheidende Stadien im Leben Ciceros darstellen: in Rhodos, wo Cicero bei
Poseidonios Ermutigung und neue Kraft findet; in Thessalonike, während
Ciceros Verbannungszeit, in einer Zeit der tiefsten Niedergeschlagenheit
und Verzweiflung, in der Cicero „sein ganzes Dasein als einen Leidens-
weg"[6] empfindet, und in Rom, wo Antiochus Cicero vorerst nur als verliebten Ehemann sieht und dann Zeuge seiner Wandlung wird.

In der Schilderung der Gemeinschaft der Essäer hebt Antiochus ihre dem
Zeitgeist entgegengesetzte Einstellung hervor, die das Zweckbedingte als
die Sünde aller Sünden erfaßt. Gleichwohl ist auch das Leben der Essäer
nicht frei davon, denn wie es Antiochus scheint, diente man auch dort
„eigensüchtigen Zwecken" (AC 27). Auf der Flucht vor dem eigenen Ich,
dem Ringen seiner ethischen Kräfte mit seinen triebhaften Impulsen[7], den
selbstquälerischen Gedanken über seine sittliche Unzulänglichkeit, war
Antiochus zu dieser Sekte am Rande der Steinwüste Judäa gestoßen. Doch
auch dieses alles Triebhafte verneinende Leben ist für ihn keine Lösung; in
seinen Erinnerungen werden die Kontroversen mit Cicero, in denen das
passive Anschauen der Weltläufe dem Eingreifen in die Probleme der
Menschen entgegengesetzt wurde, immer gewichtiger. Hatte er doch bei
Cicero gelernt, man müsse die Rede aus dem Himmel herunterholen und
irdischen Dingen zuwenden, denn gerade darin liegt der Unterschied
zwischen Männlichkeitstugend, ‚virtus', und müßigem Abseitsstehen. Brod
variiert und verdichtet die in seiner Jugend erkämpfte Erkenntnis, daß das
rein Sittliche, selbst in seiner höchsten Form, ohne das Vitale unproduktiv
und lebensfeindlich ist; Antiochus erkennt, daß das Leben in Ejn-Gedi doch

nicht mehr ist als ein „Ausweichen vor der eigentlichen Schärfe der Welt" (AC 28).

Die Wandlung Ciceros, die Darstellung seiner seelischen Kämpfe und ethischen und geistigen Entwicklung ist von einer Geschlossenheit wie in keinem der vorangegangenen historischen Romane Brods. Cicero veranschaulicht die Entwicklung zur geistigen Freiheit, die Brod nach „Diesseits und Jenseits" in „Das Unzerstörbare" nochmals formulierte. Das Netz der Lügen und Halbwahrheiten, die Erinnerung an die nur von seiner Eitelkeit gesteuerten Entscheidungen, bedrücken den alternden Cicero. Durch das ausgesprochen Dionysische, das Brod durch Publilia illustriert, wird sich Cicero seiner Schwächen klarer bewußt und dies bewirkt auch die Läuterung seiner Seele. Er hatte stets das Leiden ‚zurückgeschoben', hatte sich von egoistischen Erwägungen zur Untreue gegen seine Ideale zwingen lassen; (auch den Sieg über Catilina will Brod in diesem Sinn verstanden wissen). In diesem Sieg ohne Waffen war die Kausalkette, die den Sieg des Stärkeren unvermeidlich macht, nur scheinbar durchbrochen worden; Angst ist es, was Cicero treibt, Angst vor Armut und Exil, vor dem Tod. „Der Tod ist unwürdig geworden in dieser Zeit" (AC 74). Auch die im Kampf Gefallenen sind nur aus Ehrgeiz gefallen, nicht um der Wahrheit willen, und in einer unbarmherzigen Selbsterkenntnis weiß Cicero, daß auch er zu ihnen gehören würde. Das bittere Licht der Selbstverachtung zeigt ihm sein wahres Ich, aber noch gleitet er mit einem eitlen Lächeln an der Wahrheit vorbei. Auch in den ersten Gesprächen mit Antiochus ist Cicero, der einige Jahrhunderte später die Kirchenväter Augustinus und Hieronymus so tiefgehend beeinflussen sollte, noch zu sehr in den Lehren der nur das Diesseits bejahenden Philosophie befangen; nicht nach Zwecken handeln, würde die Welt nur noch mehr verwirren, es wäre nur ein unvernünftiges Handeln und hiermit eine Annäherung an das Triebhafte – das ist die Schlußfolgerung, zu der er in dieser Phase gelangt.

Der stufenartige Aufbau der Wendung in Cicero ist systematisch durchgeführt und wird vom Dichter durch Gespräche und Erwägungen gezeigt. Noch erscheint ihm die Hinwegsetzung über das Kausalgebundene als den Gesetzen der Natur widerstrebende Bemühung, durch die die römische unerschrockene Mannestugend in Gefahr käme. Die Weite des Blickes, die ihm die Überzeugung verleiht, daß das Ziel in der wahren Ordnung der Dinge liegen müsse, dort, „wo Krieg und Selbstsucht aufhören" (AC 157), und daß die Vernunft erst dann ihre Höhe erreicht hat, wenn sie sich vom rein Kausalen freimacht, ist ihm noch nicht gegeben. Erst die Ermordung

Cäsars, des großen Gegenspielers Cicero, und die darauf folgenden Ereignisse führen zum entscheidenden Umschwung.

Cäsar, der herausgefunden hatte, daß das Zeitalter von Schwertern regiert wird und nicht vom Geist, wie Cicero sich einreden wollte, ist mit seinem umweglosen, auf ein einziges Ziel gerichteten Gedanken und Willen die Verkörperung des Brodschen Begriffes des Kausalgesetzes. Am 8. März schrieb Cicero an Atticus:

„Ich frage Dich: Kann sein (Cäsars) Auftreten anders als verrucht sein? Da steht ihm zuviel im Wege: sein ganzes Leben, sein Wesen, seine Laufbahn, sein Ziel, seine Anhänger" (49 v. Chr.).

Und doch wirkt Cäsars unwiderstehlicher Wille auch auf Cicero. Mit dem tiefen Einfühlungsvermögen, das zwischen dem Dichter und seinem Objekt besteht und das auf die gemeinsame Verehrung und Anlehnung Ciceros und Brods auf Plato zurückzuführen sein mag, wird das Schwanken Ciceros kommentiert: halb mit Bewunderung und halb mit Entsetzen erträgt Cicero die dominierende Gewalt des Cäsars und versucht, damit auszukommen.

Am 9. Dezember 45 schrieb Cicero wieder über Cäsar an Atticus; Cäsar war sein Gast in Puteoli:

„[...] er (Cäsar) war bezaubernd ... Die Sache war mir lästig, aber nicht unerträglich" (S. 262 f.).

Brod hebt in seiner Schilderung dieses Treffens das einfach Menschliche hervor:

„[...] tief unten am Strand sah man bei einbrechender Dämmerung zwei Gestalten, [...]. Die beiden alten Herren sprachen jetzt gar nichts, sie hoben Muscheln auf und zeigten sie einander" (AC 188).

Die „einbrechende Dämmerung" hat symbolische Bedeutung: sie weist auf das nahe Ende Cäsars wie Ciceros hin und auf das Düstere, das dem römischen Volk bevorsteht.

Dem dreiundsechzigjährigen Cicero, der sich in seinem Leben häufiger für das Angenehme als für das Richtige entschieden hat, werden nach der Ermordung Cäsars seine vergangenen Fehler zum Sprungbrett heldenhafter Größe. In dieser, wie er hofft, entscheidenden Stunde für Rom, muß

Cicero seine Entscheidung treffen zwischen dem sittlich Guten und den politischen Forderungen der Zeit, zwischen dem ‚honestum' und dem ‚turpe'. In dem letzten schicksalsschweren Jahr seines Lebens, in dem er noch einmal das Geschick des Vaterlandes zu lenken vermeint, kämpft er mit der Macht seiner Beredsamkeit, mit äußerster Anspannung, seinen Traum zu verwirklichen – oder für ihn zu sterben[8]. Es ist das Verhängnis seines Lebens, daß die „hochachtbare(n) und rechtschaffene(n) Querköpfigkeit Brutus" (AC 217) die Realisierung des Traumes verhindert[9] und daß er in dem Kampf gegen Mark Antonius, von dem er weiß, daß es ein Kampf auf Leben und Tod ist, in der Person, der er seine Loyalität schenkt – in dem Jüngling Octavius – irrt.

Brod, der stete Anhänger Platos, läßt Cicero resigniert sagen:

„Uns bleibt nur eines übrig: nichts in der Welt, als was man selbst verschuldet hat, für ein Unglück zu halten. Das ist mein Trost, den ich der Philosophie danke" (AC 232)[10].

Nicht als „Armer Cicero", wie ihn sein lebenskluger, gewandter Freund Atticus nennt, stirbt er, denn in Cajeta, wo er sich von seinen Freunden und Sklaven verabschiedet, hat er die Stufe erreicht, nach der Antiochus strebte: der Tod wird nicht in stoischer Ruhe, nicht in trotziger Auflehnung erlitten, sondern „liebend". „In der Liebe ausharren und liebend den Tod aushalten – etwas Stärkeres als das gibt es nicht" (AC 267)[11].

Der von Brod dargestellte Cicero hat hier die Kausalebene durchbrochen; er wird sich dessen bewußt, daß ein Teil des Ich unsterblich ist und daß der Mensch vom höchsten Wesen nicht dazu geschaffen wurde, andere Menschen zu zerstören.

Durch Einschaltung Atticus', des Freundes Cicero, schafft Brod die Basis für eine kritische Gegenüberstellung der drei unterschiedlichen Weltanschauungen. Daß Atticus, der sich nicht über das Kausalbedingte erheben kann, erst nach Ciceros Tod in das Geschehen gebracht wird, unterstreicht die Wendung in Cicero und Antiochus.

In Atticus, dem geliebten Freund Ciceros, pointiert Brod die rigorose Diesseitsbejahung, das Zweckbedingte. Atticus will seine Freundschaft und Hilfsbereitschaft nur von Interessen motiviert sehen, er betont seine Anhängerschaft an das Nützliche, Egoistische. Der letzte Dialog zwischen dem Jünger des Epikur, Atticus, und dem ‚bekehrten' Antiochus ist die Apotheose des Buches.

Dieser Freund, dem Cicero geschrieben hatte: „Alle Sorgen sind geschwunden, wenn ich Dich habe"[12], ist der gleiche Atticus, der mit Liebe und Hingabe auch der Freund Cäsars war und nun der Freund des Antonius ist. Aber Atticus glaubt nur an das Realgegebene; er hält Octavian und Antonius wichtiger für die Welt als Cicero, denn sie werden der Welt die ihr notwendige Form geben:

„Die Masse erhebt sich immer wieder gegen eine gemäßigte Herrschaft — und sie beruhigt sich erst, wenn sie durch ihre Erhebung unter eine viel grausamere Tyrannenherrschaft geraten ist als vorher" (AC 287).

Atticus' Wirklichkeitsliebe, seine Diesseitsbezogenheit, ist — wie die jedes nüchternen, das Ideal-Geistige verleugnen wollenden Menschen — tief beeinflußt von persönlicher Angst; diese Angst läßt ihn das Abweichen vom Nützlichen als gefährlich ablehnen.

Cicero und Antiochus aber haben eingesehen, daß der Weg der Gewalt, der Weg Octavians und Cäsars, mag er auch anfänglich notwendig und nützlich erscheinen, nicht zu einem wahren Frieden und zu einer wahren Ordnung führen könne[13]. Cicero war es gelungen, sich am Ende seines Lebens von persönlicher Angst frei zu machen — indem er die Kraft der Liebe erkannte. Brod faßt diese letzte Erkenntnis Ciceros symbolisch in dem Abschiedsgeschenk Ciceros an Antiochus zusammen: dem Ring, der die Inschrift trug: „Keine Angst. Keine Liebe". Cicero, die Verkörperung der Theorie Brods vom Verzicht des Menschen aus Liebe, löschte vor seinem Tode das zweite „keine": „Keine Angst. Liebe", lautet die Inschrift nun und ist die Botschaft, die Cicero hinterläßt.

Max Brod schilderte nochmals einen Kampf um die Wahrheit; das Problem, das sich dem sittlichen Menschen stellt, das er in Lauterkeit beantworten muß und das in seiner Schärfe zeitlos ist: es ist das Problem des Menschseins. Die Frage: Geist gegen Macht, die durch die Jahrtausende nie aufhörte, aktuell zu sein, ist hier noch einmal aufgerollt und in ihrer Schwere gezeigt[14]. Und doch endet das Buch mit einem tröstlichen Ton: „Das eigentlich Gute ist noch nie geschehen", denkt Antiochus (AC 298), und in diesem Satz ist auch der Hinweis gegeben auf jenes Gewaltige, das die Menschen völlig verändern und deshalb auch dem Tode standhalten würde.

Brod verdichtet Ciceros Kampf um die Freiheit des Volkes, seine Schwäche für Cäsar und seine bewundernswürdige Festigkeit im Kampf mit

Antonius und seine aufrichtige Haltung gegenüber Brutus zu großer Aktualität. Cicero, den, wie Ax findet, „die Treue zu einem überlebten Ideal das Zeichen der Zeit verkennen ließ"[15], ist bei Brod der gewandelte höhere Mensch, der nach den Geschehnissen des 15. März für seine Ideale in den Tod geht, und diese Ideale sind nicht überlebt. Sie sind das Unzerstörbare[16] in einer kausalbedingten Welt. Die Gestalten des Romans werden zu Trägern der Brodschen Lehre, die er in seinen kultur- und religionsphilosophischen Werken vertrat. Die Triade aus „Heidentum Christentum Judentum" ist hier verkörpert: die Diesseitsbejahung in Cäsar und Atticus, die Diesseitsverneinung der Essäer und das ‚Diesseitswunder', das Cicero am Ende seines Lebens erstrebte und erreichte und das Antiochus, unter seinem Einfluß, verwirklichen will.

„Cäsar war groß, der Größte unserer Zeit", läßt Brod den Cäsarmörder Brutus sagen, und Cicero antwortet mit dem Vorbehalt Brods gegen die Gewalt: „Groß, aber böse, also nicht wirklich groß" (AC 229). Cäsar ist auch eine verschärfte Wiederholung der ‚fertigen' Naturen, die, in sich geeint, unbeirrt von Zweifeln und Zögern ihren Weg gehen; wie es Kepler und Molcho in der Brodschen Interpretation sind. Auch Brutus wird von Brod als eine solche in sich geschlossene Natur konzipiert. Er ist die unbeseelte Sittlichkeit, der die Lebenskraft fehlt. In seinem reinen Ethos kennt er auch keine Angst, und die Tugendkomponenten sondern ihn ab und nehmen seinen Taten die Überzeugung. Brod zeigt in dieser Gestalt die Notwendigkeit des Vitalen; er kennt keine positive Passivität. Dieser Gedankengang wird in der Deutung entwickelt, die Brod der Erscheinung des Geistes gibt, der Brutus, ehe er Asien verläßt, erscheint[17]. Brod verlegt die Erscheinung in einen früheren Zeitpunkt und erklärt sie – in Ciceros Worten – als die Taten Brutus, die, weil sie nicht aus seinem Herzen kamen und ihm fremd waren, sich zu einem furchterregenden Dämon zusammenballten (vgl. AC 154).

Antiochus verkörpert eine weitere Variation dieses Gedankens vom passiven Ethos; er wandelt sich jedoch und erkennt, daß der Mensch nur in der Ausübung seiner Pflicht als Mensch Gutes wirken kann. Nach fünfzig Jahren wird der Indifferentismus noch einmal widerrufen.

Brods Spätwerk wird zur Zusammenfassung seiner Weltanschauung und ist in diesem Sinne von Felix Weltsch richtig als „ein Roman der Ethik" bezeichnet worden[18].

## Johannes Reuchlin und sein Kampf

Der letzte historische Roman Max Brods, „Johannes Reuchlin und sein Kampf", der in den Jahren 1962–1965 entstanden ist, schließt sich, wie schon sein Titel besagt, den Darstellungen des Kampfes an, die auch das Thema seiner vorangehenden historischen Romane gewesen waren. Das phantasiehaft Erfundene ist in diesem letzten Werk völlig ausgeschaltet; der Autor geht nicht über den Rahmen des historisch Dokumentierten hinaus. Max Brod sagt von diesem Buch: „‚Reuchlin' ist ein historischer Roman. Ich komme immer mehr darauf, daß die Wirklichkeit wichtiger ist als die Bearbeitung der Wirklichkeit. Man kann sich dem ewigen Künstler nicht an die Seite stellen; nennen Sie ihn Gott, – Natur."[3]

Die Tendenz der Monographie, die sich klar abhebt, ist vor allem der Versuch, die Arbeiten Reuchlins über die Kabbala[2] in einem neuen, schärferen Licht zu zeigen. Im Gegensatz zu den früheren Reuchlin-Interpretationen jüdischer Wissenschaftler, wie Geiger oder Grätz[3], deren rationalistischere Geistesrichtung eine Würdigung der Bedeutung Reuchlins gerade auf dem Gebiet der Kabbala nicht zuließ[4], bemüht sich Max Brod um eine Bewertung, die, weitgehend von Gershom Sholems Forschungsarbeit auf dem Gebiet der Kabbala beeinflußt[5], das Wertvolle und Bahnbrechende dieser Arbeiten Reuchlins betont und hiermit auch zum Verständnis der geschichtlichen Entwicklung dieser Zeit beiträgt.

In chronologischem Aufbau rollt Max Brod die Motive der humanistischen Bewegung und die geistige Entfaltung Reuchlins auf, die in eine Zeit des Hasses und intensiver Judenverfolgungen fällt. Ebenso wie in seinen autobiographischen Werken „Streitbares Leben" und „Der Prager Kreis" zieht das assoziative Denken Brods hier weite Kreise und stellt erhellende Querverbindungen zu dem zentralen Thema her[6].

In der Schilderung des zeitlichen Hintergrundes entwirft Max Brod ein Bild des mittelalterlichen Christentums in seiner Entfaltung des Glaubens, wie auch in seiner Entartung und Unduldsamkeit[7] – und auch ein Bild der Schrecken und Verhängnisse des jüdischen Schicksals dieser Zeit.

In dieser Zeit der „Umwälzung der Seelen" (Reuch 13), wie es Brod nennt, fällt die Jugend Reuchlins; 1455 geboren, ist der junge Reuchlin noch von den Nachwirkungen des Kampfes zwischen Nominalismus und Realismus ergriffen. Einen Nachhall der Problematik und Gesinnung Ockhams glaubt Brod in den philosophischen Werken und theologischen Schriften, besonders in den der Kabbala-Übersetzung gewidmeten Büchern Reuchlins zu entdecken. Die Gegensätzlichkeit im Charakter Reuchlins – die sich in seiner zwiespältigen Einstellung zum Judentum einerseits und zum jüdischen Wissen andererseits offenbart – hat ihre Wurzeln in dem Wendepunkt der Zeit, in dem Übergang von einem noch immer dunklen Mittelalter in das hellere, geistige Klima des Humanismus; sie ist aber auch bedingt durch die sich widersprechenden Einflüsse der Männer, mit denen Reuchlin in näheren Kontakt kam: die Milde des Grafen von Mirandola und Jacob Loans und – um nur ein Beispiel zu nennen – den fanatischen Menschenhaß des Jacob Sprenger, an den Reuchlin nichtsdestoweniger 1488 einen bewundernden Brief schrieb, in dem er Sprengers „gewinnendem Wesen und einzigartiger Rechtschaffenheit" (Reuch 65) Anerkennung zollt.

Obwohl Max Brod den Kampf Reuchlins für die humanistische Sache zum Mittelpunkt seines Buches macht, unterläßt er es doch nicht, von Reuchlin eine objektive Darstellung des von mittelalterlichen Vorstellungen befangenen Gelehrten zu geben, ohne dessen Vorurteile zu beschönigen oder zu übergehen. Die Dimension der geistigen Freiheit, die Reuchlin trotzdem erreichte, wird gegen diesen Hintergrund nur noch eindrucksvoller.

Auch wenn Reuchlin zusammen mit dem Leibarzt Kaiser Friedrich III., Jacob ben Jechiel Loans, von dem er stets mit größter Hochachtung spricht, seine hebräischen Studien vertiefte und regen Gedankenaustausch pflegte, darf daraus keineswegs geschlossen werden, daß Reuchlin ein Freund der Juden gewesen wäre. Er teilte durchaus die Meinung seiner Zeitgenossen, daß die Juden ihre Leiden als Strafe zu tragen hätten. In einer bemüht objektiven Geisteseinstellung – die sich zum Zwiespalt vertiefen mußte – hielt er die Schriften und ihre Verfasser auseinander.

Von den neun Hauptwerken Reuchlins sind sechs den jüdischen Schriften oder der hebräischen Sprache gewidmet. Brod weist in seiner Monographie auf die Unrichtigkeiten hin, die Reuchlin in seine Schriften aufnahm; aus manchen Bezeichnungen, derer sich Reuchlin bediente, geht hervor, daß er zum Zeitpunkt seines ersten Werkes „De verbo mirifico" nur eine sehr ungenaue Vorstellung vom Talmud hatte, die sich zwar intensivierte, aber niemals zu einer gründlichen Kenntnis entwickelte.

Es trat also der paradoxe Fall ein, daß der Streit zwischen den Kölnern und Reuchlin um eine Sache geführt wurde, von der beide Seiten nur unzureichende Kenntnis besaßen. Reuchlin machte aus seiner Unkenntnis, die hauptsächlich aus der Schwierigkeit der Beschaffung des Talmuds floß, keinen Hehl. Er gab zu, „er hätte den Talmud wohl zwiefach bezahlen mögen, hätte es aber bis jetzt nicht zuwege bringen können" (Gutachten 1510, fol. III[b]), und in fol. III: „dann ich hab mangel halb der bücher des Thalmud nicht gelernt" (zitiert nach Reuch 103). Die Herbeischaffung hebräischer Bücher überhaupt war mit Mühen und Widerständen verbunden, und Reuchlins Kenntnis des hebräischen Schrifttums stützte sich zu diesem Zeitpunkt wohl nur auf drei wichtige kabbalistische Bücher, die unter Papst Sixtus IV. ins Lateinische übertragen worden waren, darunter ‚Schaare Ora' von Gikatilla, welches von Reuchlin häufig benutzt und zitiert wurde. Aus der Antwort des Rabbi Jacob Margulis aus Regensburg an Reuchlin geht auch die Abneigung der jüdischen Schriftgelehrten hervor, kabbalistische Bücher überhaupt und im besonderen an Nichtjuden zu verleihen[8]. Es ist also nicht verwunderlich, wenn Reuchlin Sidonius behaupten läßt, er hätte sich einst mit der Lehre der ‚Thalmudim' beschäftigt. Die jüdischen Historiker, wie Geiger und Grätz[9], in ihrer großen Verehrung des Mannes, der es im Zeitalter des wütenden Judenhasses gewagt hatte, für die jüdische Lehre einzutreten, nahmen Abstand von dem Hinweis auf die zahlreichen Mißverständnisse und Verwirrungen der Begriffe und den daraus sich ergebenden Fehlübersetzungen Reuchlins, die Max Brod hier zum ersten Male aufzeigt. In nicht geringem Maße besteht die Wichtigkeit dieses Buches, in dem auch zum ersten Mal größere Teile von Reuchlins Lebenswerk aus dem vorlutherischen Deutsch oder dem Humanistenlatein ins Hochdeutsche übersetzt wurden, in den vielen Hinweisen auf die irrtümliche Auffassung und häufige Verkennung der richtigen Benennung und Deutung der jüdischen Schriften. Das Beispielhafte Reuchlins und seines unbeugsamen Willens, das in seinen Werken zum Ausdruck kommt, wird nicht geschmälert durch die zahlreichen Hinweise auf die mit Material- und Belehrungsmangel begründeten Fehler seiner Übersetzungen. Andererseits kann dem historischen Roman Brods bereits wissenschaftliche Bedeutung zugemessen werden, die in den erstmaligen Bemühungen um Richtigstellungen und Übersetzung ins Hochdeutsche von Textstellen liegt.

So zeigt zum Beispiel Brod die Auslegung des „wundertätigen Wortes" in der sehr freien Erklärung des Textes als Musterbeispiel der durch die Umstände bestimmten Fehlinterpretationen. Reuchlin unternimmt den Versuch, das Tetragrammaton JHWH, den Gottesnamen, der nicht ausgesprochen werden darf, der aber auch nicht ausgesprochen werden kann, da die Vokalisierung unbekannt ist, durch Einschiebung eines fünften Buchstaben ‚S' als JHSUH zu deuten. (Das hebräische ‚W' kann gleich dem lateinischen auch als ‚U' gelesen werden.) Über die Tatsache, daß Jesus hebräisch ‚Jeschua' oder ‚Jehoschua' und auf jeden Fall mit einem anderen Buchstaben am Ende des Wortes geschrieben werden muß, geht Reuchlin hinweg und findet auf diese Art das ‚wundertätige Wort'. Es drängt sich der Gedanke auf, daß diese unwissenschaftliche Art und ihr Resultat nicht zufällig sind; es mag ein Versuch des gläubigen Reuchlin gewesen sein, die Verbindung herzustellen zwischen den geliebten Schriften und seinem Glauben.

Die 1511 von Reuchlin herausgegebene hebräische Grammatik ist ein Monument der gefährdeten Lage der Juden in Deutschland. Reuchlin schrieb die Grammatik, da er vermeiden wollte, daß die Kenntnis der hebräischen Sprache erlosch – die Vertreibungen der Juden hatten Ausmaße angenommen, die diese Befürchtung rechtfertigten. Einige Jahre vorher, 1505, hatte Reuchlin in einem Sendschreiben den Rat erteilt, man möchte die Juden mit Schmeicheleien zum wahren Glauben führen; einen Rat, der, verglichen mit den üblichen Methoden dieser Zeit, jedenfalls von der humanen Einstellung Reuchlins Zeugnis ablegt und auf eine Ethik des Geistes schließen läßt, die seiner Zeit weit voraus eilte.

Zwar hat Reuchlin seine hebräischen Lehrbücher in großer und mühsamer Arbeit geschrieben, unter Benutzung von Quellen, die er sich oft unter Schwierigkeiten beschaffen mußte; trotzdem läßt die Interpretation Brods darauf schließen, daß Reuchlin, obwohl er stolz auf die hebräischen Gelehrten der vergangenen Jahrhunderte hinweist und sich auch auf seine Lehrer beruft, sich doch dieser seiner Lieblingsbeschäftigung entweder tatsächlich ein wenig schämte oder doch – vielleicht vorbeugenderweise – so tat, als schämte er sich (vgl. Reuch 177).

Brod beschäftigt sich in dem Buch eingehend mit Reuchlins Widersacher, dem Konvertiten Johannes Pfefferkorn. Wie in verschiedenen anderen seiner Bücher schildert der Autor in der Person des getauften Juden Pfefferkorn den jüdischen Selbsthaß; er prägt hier den Satz, der nur schwer mit seinen Ansichten in seinem kulturphilosophischen Schrifttum zu vereinen ist:

„Alles verstehen bedeutet nichts weiter als alles verstehen, nicht mehr, von da bis zum ‚Verzeihen' ist ein Abgrund." (Reuch 179)[10].

Wie Pfefferkorn verständlicherweise von jüdischen Historikern stets angegriffen wurde, so ist die Tatsache, daß alle Humanisten, Reuchlin, Hutten, Erasmus, Pirckheimer u. a., betonen und immer wieder darauf zurückkommen, daß Pfefferkorn glücklicherweise kein Deutscher war, beobachtenswert und charakteristisch für die ethische Geistesrichtung, die zu dieser Zeit ihren Anfang nahm; der Abtrünnige wurde von beiden Seiten als solcher verurteilt.

Die Schmähschriften gegen die Juden, die von Pfefferkorn bis 1509 veröffentlicht wurden und in seiner Bitte an den Kaiser gipfelten, die jüdischen Bücher zu konfiszieren, Reuchlins ‚Augenspiegel' – der hierzu eine klare Gegenstellung einnahm –, Pfefferkorns ‚Handspiegel' und Reuchlins Reaktion darauf[11] werden von Brod sorgfältig gegeneinander abgehoben. Brod betont die unzeitgemäße Duldsamkeit und Zurückhaltung in den Schriften Reuchlins. Auch hier werden seine irrtümlichen Auslegungen kommentiert, doch nicht in der Absicht, das Werk des großen Humanisten zu schmälern, sondern um den Stand der Wissenschaft in seiner, der Zeit gemäßen Beschränkung zu charakterisieren. In neunjährigem Kampf mit den Kölnern verteidigte Reuchlin sich selbst und den Talmud, den genau zu studieren und zu erkennen ihm unmöglich gemacht war[12].

1517 erschien das Hauptwerk Reuchlins ‚De arte Cabalistica', entstanden in der Zeit der heftigsten Angriffe gegen ihn. Der Trialog der Personen Baruch, Simon und Capnion, der schon im ‚wundertätigen Wort' zur Verfechtung der Reuchlinschen Erkenntnis herangezogen worden war, erfüllt auch hier diese Aufgabe. Es zeigt sich in diesem Werk, daß Reuchlin über die Kabbala gut unterrichtet war, aber noch immer fast keine Kenntnis des Talmud besaß. Den Einfluß des Cusanus auf Reuchlin möchte Brod geringer als den Picos auf Reuchlin sehen, obwohl dieser in seinen Werken auch ‚Coincidentia oppositorum' zitiert. Deutlich zeichnet sich in Reuchlins Werken die Auswirkung der oft unrichtigen Auslegungen des Grafen ab; so auch in der von Reuchlin in ‚De arte cabalistica' wiederholten Meinung des Grafen Pico de Mirandola, der Messias werde vom Talmud nur als körperlicher Befreier aufgefaßt und beziehe sich nur auf den Sieg des Heeres[13].

Die Absicht Picos, die Kabbala über den Talmud zu stellen, da die Kabbala auch „Grund und die Wahrheit unseres christlichen Glaubens anzeigt"[14], und Picos Einfluß auf Reuchlin mögen auch die Beweggründe für das Interesse Reuchlins an der Kabbala gewesen sein. Es wurde von Reuchlin weiter verfolgt und hatte die häufige Beeinträchtigung des Talmud zur Folge. Diese Tatsache bringt Brod zu der Hypothese, daß Reuchlin in den Kampf für den Talmud eingetreten sei, nicht um den Talmud als solchen zu schützen, „sondern um ein Bollwerk im Vorfeld zu halten"

(Reuch 284), mit dem der eventuelle Sturm gegen die von ihm geliebte Kabbala zu brechen wäre".

„Denn die Kabbala liebte er wirklich [...] nicht etwa weil die Kabbala eine jüdische Lehre, sondern obwohl sie es war" (Reuch 284).

Dennoch sah Brod eine der Hauptaufgaben seines Buches darin, Reuchlin gegen die Angriffe zu schützen, er wäre einer der Autoren, die sich im Alter im Labyrinth der Gimatria[15] verfangen[16].

Brod gestaltete auch dieses Buch zu einer Beschreibung eines Kampfes um die Freiheit des Geistes, einer Darstellung des Humanisten Reuchlin, der es wagte, gegen den Geist seiner Zeit aufzutreten, und der allein und ohne Hilfe seinen Streit führte, weil er an die Wahrheit der geistigen Erkenntnis glaubte. Der Umstand, daß er als unvermeidliches Resultat der Zeit und Umgebung auch die Ablehnung der Juden als einer am Rande der Gesellschaft lebenden Gruppe teilte, zwang ihn in einen Kampf des persönlichen Zwiespaltes; er kämpfte um die Früchte eines Baumes, der ihm gefährlich erscheinen mochte. Es kam dem Verfasser darauf an zu zeigen, daß der Kampf Reuchlins durch die Ambivalenz seiner Denkart nur noch höher zu schätzen ist.

Reuchlin blieb bis an sein Lebensende Katholik, trotz der oft schmerzhaften Verfolgung der Kirche und schwenkte nicht zu dem neuen Glauben über. Es gab für Reuchlin in seiner menschlichen Befangenheit nur eine Geisteslinie: die unbeirrbare Treue zu der Wahrheit, die er als solche erkannt hatte[17]. Der Widerhall eines Charakters, der sich selbst treu bleibt, spricht aus seinen Worten in einem Brief an Pirckheimer: „Sterben müssen wir alle einmal, Infamie ertragen aber nie" (Reuch 237), die Brod als Wahlspruch jedes Denkers sehen möchte.

Diese Monographie weist gemeinsame Züge mit Max Brods erstem historischen Roman ‚Tycho Brahes Weg zu Gott' auf: der Mensch, der irrt und sucht, der am Ende einer Epoche steht, seiner Zeit voraus und doch in ihren Fallnetzen noch zu sehr verfangen ist, um das ganze Ausmaß seines neuen Blickfeldes erfassen zu können. Ist dies in ‚Tycho' mehr durch das Romanhafte hervorgehoben, so tritt in der nüchternen Schilderung dieses Buches die Gegensätzlichkeit in Reuchlin, die Zwiespältigkeit seiner Seele, nicht minder hervor, indem Brod das Zeitmoment unterstreicht: Reuchlins Neigung zur Mystik, die wohl auch seine Liebe zur Kabbala beeinflußte, fiel in eine Epoche, in der die große Bewegung der deutschen Mystik bereits im Abklingen war.

Die Geistesverwandtschaft zwischen Reuchlin und Brod mag es gewesen sein, die Max Brod dazu geführt hatte, den Mann, der unbeirrt von persönlichen Anfechtungen und Schmähschriften den schwierigen Weg wachsender Reife von dem ‚wundertätigen Wort‘, wo er als Lernender auftritt, zu ‚De arte cabalistica‘, wo er der Lehrende ist, zum Objekt seines Buches zu machen. Brod hat in dem katholischen Humanisten der Jahrhundertwende vom 15. zum 16. Jahrhundert das Zeitlose der Problematik geschildert, das ihn, über die lange Reihe der Denker und Kämpfer um die Freiheit des Geistes, mit dem jüdischen Humanisten Brod verbindet[18], der seine Prinzipien gegen die Macht der öffentlichen Meinung fünf Jahrhunderte später verfocht. Der Satz:

„Quamquam enim Hieronymum sanctum veneror ut angelum,
et Lyram colo ut magistrum, tamen adoro veritatem ut deum“

aus den ‚Rudimenta‘ Reuchlins könnte mit einer Verschiebung der Namen ‚Hieronymus‘ und ‚Lyra‘ der Wahlspruch des Autors gewesen sein.

# ZUSAMMENFASSUNG

Wir waren bemüht, auf den vorangehenden Seiten dieser Arbeit Max Brods ‚Kampf um die Wahrheit‘ darzustellen. Die Wandlungen, die sich in diesem Kampf abheben, sind die Stufen eines suchenden Geistes im Aufstieg zur Erkenntnis des Wahren. Seit 1909, nach Überwindung der passiven Indifferentismus-Periode, stellte der Dichter in den Mittelpunkt seines Schrifttums das Erlebnis des Vollkommenen. Sein Leben und sein Wirken waren auf dieses Ziel gerichtet, auf die Aufgabe, für die der Mensch leben soll, in gestaltender und aufbauender Tat im Geiste der Liebe.

Die geistige Entfaltung Max Brods war kein ruhiges, ungestörtes Vorwärtsschreiten, es gab Rückfälle ins Dunkle, aussichtslos scheinende Zeiten der Hoffnungslosigkeit und Enttäuschung, ein Fallenlassen und Wiederaufnehmen von Ideen, ein vorsichtiges Klippen-Umsegeln und ein stürmisches Drängen[1]. Das Charakteristische für den Weg Max Brods ist die Tatsache, daß er es stets ablehnte, mit Kompromissen und Teillösungen vorlieb zu nehmen. Darin liegt auch seine Zweigleisigkeit begründet: er wollte nicht durch Zugeständnisse zur Einheit gelangen. Hatte sich eine Erkenntnis als unzulänglich erwiesen, und war dadurch eine neue Zweiheit entstanden, mußte sie geprüft und verworfen und eine ihm richtig erscheinende Lösung erkämpft werden.

Doch dieser unstete, schwere Weg hatte einen Leitstern: das Bewußtsein seines jüdischen Volkstums. Das Finden seiner religiösen, volkseigenen und damit auch geistigen Heimat wurde zum entscheidenden Moment für den Werdegang des Dichters. Die Motive, die für sein eigenes Leben von entscheidender Bedeutung waren, die Gedankenwelt, aus der seine Werke entstanden, haben ihren Ursprung in der jüdischen Weltanschauung. Das Streben nach der umfassenden Einheit, die hohen ethischen Ansprüche und Maßstäbe, die Brod für seine Person geltend machte, haben ihre Wurzeln in diesem Grundbild. Doch hinter jeder erarbeiteten und gefundenen Einheit erhebt sich sofort wieder die Frage nach dem Sinn der folgenden, höheren Einheit, und die Lebensgeschichte Max Brods stellt sich in Etappen der Steigerung, des Wachsens der ethischen Erkenntnis dar. Untrennbar sind diese Entwicklungsphasen der Persönlichkeit des Dichters von seinen kulturphilosophischen Kontemplationen, die wiederum in den Romangestalten zu Repräsentanten der Erkenntnis des Autors werden. Die starke Ich-bezogenheit all seiner Werke ist das Resultat der Verquickung des persönlich ethischen Postulats mit der Dichtung.

Die gewonnenen Bewußtseinsinhalte werden jedoch nicht allein zu philosophischen und dichterischen Motiven; sie stehen im Dienste der Tat und sind Wegweisung für seine Freunde.

Dieses Wirken und Einwirken Brods entsprach einem tiefen Verantwortungsgefühl[2], in dem auch Brods Einstellung zur ‚nützlichen Tat‘ verankert war, und die Lehren des Judentums waren dazu angetan, dieses Gefühl zu fördern und zu stärken[3]. Auch die Lehre vom edlen und unedlen Unglück wurzelt in diesem Gebot der Tat und des Handelns, in der Pflicht des Menschen, tätig das Leiden zu vermindern.

So sollen die historischen Romane Brods, die in dieser Arbeit kommentiert wurden, in denen die dichterische Gestaltung seiner philosophischen Lehren gegeben ist, mehr als Lebensmodell denn als Lebensnachahmung gesehen werden. Es ist nicht Zeitflucht, die Max Brod zum Autor historischer Romane macht, auch nicht die Erkenntnis, daß da

„alle Zeiten der Weltgeschichte von Gott gleich weit entfernt (sind) darin auch die Lockung (liegt), vergangene Zeiten so zu erleben, als wären sie Gegenwart",

wie er 1956 schrieb[4], sondern es ist die Tendenz des Lehrenwollens im jüdischen Sinne, die hier ihren Ausdruck findet. Der jüdische Lehrer der Schriften lehrte nicht durch Theorien, sondern durch Beispiele. Hatte nun Brod, der „Poeta doctus", wie ihn Johannes Urzidil nennt[5], einen philosophischen Gedanken erarbeitet – als der durch abendländisches Denken geschulte Intellektuelle – drängt ihn das unbewußt Ererbte des Judentums, diese Lehre, diesen Gedanken in der seinem Volke eigenen Art der Welt zu schenken.

Diese Annahme wird durch die Tatsache, daß alle historischen Gestalten Brods – mit Ausnahme Reubenis – im weitesten Sinne des Wortes Lehrer waren, bestätigt[6]. Dies bedingte auch den Gleichnischarakter seiner Darstellungen; das Bild der Vergangenheit sollte zur Erkenntnis der Gegenwart beitragen.

Das Religiöse, das in Brods Schrifttum als wirkende Macht oder als individuelle Vorstellung eine große Rolle spielt, prägt das zentrale Motiv seiner Romane: die Einstellung des Menschen zu Gott, die sich in der Einstellung zum Mitmenschen äußert. Und diese Gesinnung wollte Brod lehren; er wollte darlegen, daß nur im Sich-der-Wahrheit-Stellen die Wahrheit gefunden werden kann. Daher steht der suchende, nach Erkenntnis ringende Mensch bei Brod auf der höheren Stufe als derjenige, der die festgelegten Axiome widerspruchslos akzeptiert. Ein passives Nehmen oder Haben wurde von ihm nie als Positivum anerkannt; der Mensch muß stets nach einer höheren Ebene streben; er muß sich den Gefahren vertrauensvoll und mutig entgegenstellen. Eine Notiz vom Januar 1923 erläutert diesen Gedanken:

> „Im Mittelpunkt meines Denkens und Fühlens steht Vertrauen. (Aus dem Begriff entwickelt sich die Gnade). Vertrauen ist ausharrender Mut. Mut des Wartenden ist mehr als Mut des Angreifers [...]. Oft sagte ich mir in letzter Zeit: Es kommt darauf an, dem Wahnsinnsgesicht der Welt furchtlos entgegenzutreten. Man bilde sich nur nicht ein, daß die Welt kein Wahnsinnsgesicht hat. Man diskutiere das nicht weg. Aber es ist doch ein großer Unterschied, ob man sich davor fürchtet oder nicht"[7].

Das außergewöhnlich weitverzweigte und umfangreiche Werk Max Brods – 82 kulturphilosophische Werke, Romane, Novellensammlungen, Schauspiele und Gedichtbände, Hunderte von Artikeln, unzählige Kritiken und Besprechungen, Übersetzungen und Vertonungen – entsprang nicht zuletzt dem Wunsch zu lehren, zu lehren im Sinne des Gebens und Liebens. Denn Liebe ist der Wunsch zu geben, und darin lag das sich stets Gleichbleibende bei Max Brod, das Leitmotiv seines Lebens.

In den Romanen und Novellen Brods sind deutlich die Zeichen seines liebevollen Erinnerns zu sehen[8]. Erinnerungen an Menschen, Geschehnisse und an Prag, die Stadt der magischen Wirkung, die ihn nie losließ[9]. Er trug die Stadt in sich, und in seinen Novellen und Romanen leben und leiden und lieben seine Gestalten wieder in der Stadt seiner Jugend[10]. Er sagte dazu ein wenig wehmütig:

> „Es kam mir manchmal vor, [...] als lebten letzte Ausstrahlungen des literarischen Prag in Tel-Aviv auf. Die Sonne Prags geht im Mittelländischen Meer unter" (PrK 194)[11].

Vor mehr als einem halben Jahrhundert schien es seinen Zeitgenossen und Freunden, daß, so wie Prag geographisch die Mitte war zwischen Wien und Berlin, es auch literarisch die Mitte eines Wagenbalkens bildete, „von der aus die beiden oszillierenden Enden in einem Äquilibrium gehalten wurden, das durch Brod gesichert schien"[12], denn in Max Brod offenbarte sich die geistige und gefühlsmäßige Einstellung und Ideenwelt der Prager deutschen Kultur in der Zeit ihres Höhepunktes. Es gelang ihm, eine Symbiose der tschechischen und deutschen Geisteskräfte zu schaffen, eben wegen seiner frühzeitigen Bindung an das Erbe der jüdischen Geisteswelt, in dem er Kraft und Rückhalt fand. Die Neigung zum Ethischen, schon in der ersten, ganz von Schopenhauer beeinflußten Epoche fühlbar, hatte sich mit dem zusehends erstarkenden Platonismus und dem Erfassen der Liebe, in ihren beiden Gestalten, vertieft; es war ein Wissendwerden durch Gefühl, das in dem jüdischen Volkstumsbewußtsein gipfelte. Diese Komponenten bestimmten auch das Kennzeichnende und Wesenseigene seiner Werke, in denen immer wieder der Mensch vor einer Grenzsituation steht, die zur Entscheidung zwingt, und begründeten die richtunggebende Stellung, die er im Kreise seiner näheren und weiteren Freunde einnahm.

Max Brod, den René Schickele den „Vorstand der Prager Gemeinde"[13] nannte, war seinen Freunden und Bekannten, den jüdischen und den nichtjüdischen, den deutschen und den tschechischen, Wegweiser und Mentor, Inspirator und Vorbild. Die geistigen Kontroversen, die inneren Kämpfe und die Kämpfe mit den Zeitgenossen, sein ‚streitbares Leben', sind nur der Beweis der Intensität und Lebendigkeit seines Wirkens, das stets auf das Wohl der Allgemeinheit bedacht war; in der Wahl seiner Freunde und derer, die er förderte und unterstützte, wurde diese Idee konkretisiert: es waren immer Streiter für ein ‚Mehr', Verfechter eines ‚besseren' Morgen für die Menschheit.

Die geistesgeschichtliche Bedeutung Brods für den Kreis von Dichtern und Denkern in Prag und in der geistigen Peripherie Prags ergab sich aus der seelischen Lauterkeit des Menschen Max Brod, der durch Überwindung emotioneller und reflektierter Hindernisse seine Heimat in dem geistigen Klima seines Volkes fand und durch die damit gefundene Festigkeit den Andern zum Wegbereiter und zur Stütze wurde.

Dies bildete auch die Grundlage seiner geistigen Unabhängigkeit[14]. Sein geistigees Eigenleben war bedingt durch das „Unzerstörbare" in ihm, durch seinen Glauben an die alles Persönliche hinter sich lassende sittliche Aufgabe des Menschen, die er an seinen Mitmenschen zu erfüllen hat. Dieser Glaube gab seinem Charakter die Geschlossenheit, die jede Beeinflussung seines dichterischen Schaffens unmöglich machte. Max Brod wurde beeindruckt von Ideen, aber in der Verarbeitung dieser Ideen und ihrer Darstellung liegt das Originale des Dichters.

Max Brod schuf aus einer Vielfalt von Antrieben, und sein Werk umspannte Musik und dramatische Darstellung, Lyrik und Prosa, Kritik und Biographie, Geschichte und Lehre, kultur- und religionsphilosophische Schriften. Und diese breite Spanne seines Interessenfeldes, die Verschmelzung verschiedenartiger Eindrücke, verlieh seinem Werk das Lebendige und die Lebensnähe; er schilderte nicht nur das Geschehen, er interpretierte es auch. Die Probleme der Zeit, die philosophische Erkenntnis und das Suchen nach dem Sinn des menschlichen Daseins und der Aufgabe des Menschen in der Welt. Daraus entsteht die geschlossene Idee.

Diese Idee ist

*Max Brods Botschaft der Liebe.*

Es ist die tatkräftige Liebe, die in Brods literarischen und kulturphilosophischen Werken zum Hauptmotiv wird.

„Der Weg Max Brods", schreibt Schin Schalom, „ist der Weg der Liebe zu den Menschen und ihrem Schöpfer."[15]

Die Sätze des von Max Brod so sehr geliebten Dichters Flaubert:

> „Je mehr der Mensch liebt, desto gütiger wird er. Eine liebende Seele sieht Dinge, die allen anderen Geheimnis bleiben"[16].

entsprechen der Auffassung Max Brods. Die Kraft zu unermüdlichem Wirken, die Kraft, die alle Schwierigkeiten überbrücken half und ungeahnte Fähigkeiten entwickeln ließ, lag für Brod in der Liebe. Von ihr wurden auch die immense Lebensbejahung und der Glaube an das Wunder genährt, die Merkmale Brods, die er als ganz jüdisch empfand[17]. Und in dem Schaffen aus Liebe sah Max Brod das wahre Ziel und den Endzweck des Lebens.

Das Ungleichwertige seiner Werke, das jedoch nie zum Gegensätzlichen wurde, die Gesellschaftsromane und Lustspiele, die zwischen die ernsteren, geistig bedeutenderen Werke eingestreut sind, entstammen gleichfalls diesen Antrieben der Liebe und des Verantwortungsgefühls, das Erkannte möglichst oft und vielen mitteilen zu wollen. Max Brods Wirken kann nicht mit den Kriterien des reinen Künstlertums gewertet werden; er war vor allem Anreger – mit Worten und Beispielen –, der seine Aufgabe in einem aufrüttelnden, entzündenden Aufruf zu ,nützlichen Taten' sah. Paul Raabe bringt dies zum Ausdruck, wenn er sagt:

> „Brod ist nicht nur ein eindrucksvolles Beispiel für die Selbsttreue eines immense

schaffenden Schriftstellers, sondern ein Vorbild in der unablässigen Bemühung, die Brücken der Verständigung in der Welt zu bauen"[18].

Folglich muß in einer Deutung Max Brods vor allem der Mensch gesehen werden, der von der Liebe zu den Menschen, „die man lieben muß, damit sie es nicht gar so schwer haben" (RoKo 212), zu der Liebe seines Volkes schritt, die ihn zur Liebe zur Menschheit als höchstem Gebot führte.

„Die Liebe zu den Lebendigen ist die Liebe zu Gott und sie ist höher als irgend ein Dienst", sagte der Ba'al Shem Tov[19] und darin lag auch das Credo Max Brods.

Er glaubte an das Auserwähltsein seines Volkes, und er sah in dieser von Gott auferlegten Sonderstellung eine Pflicht, die nach dem in der jüdischen Religion eignenden Individualismus vor allem die persönliche Aufgabe des Einzelnen ist. Es ist nicht nur das Postulat, Gutes zu tun, sondern auch das Gebot, das Böse zu verringern. Der Ethiker Brod war der Mentor des Künstlers Brod, der, so gelenkt, danach strebte, die Mitmenschen in unermüdlich schaffender Liebe zum Werk an der Menschheit anzuspornen, denn: „Größer ist der, der die Tat veranlaßt, als der, der sie ausübt."[20]

# ANMERKUNGEN

## EINLEITUNG

[1] Franz Grillparzer, Libussa, München 1950, 5. Aufzug, S. 133
[2] Vgl. Eduard Goldstücker, in: Weltfreunde, Prag 1967, S. 30
[3] Dagmar Eisnerova, Der Weg aus der Einsamkeit, in: Weltfreunde, Prag 1967, S. 178
[4] Alois Hofmann, Das Heimaterlebnis René Maria Rilkes, in: Weltfreunde, Prag 1967, S. 203
[5] Walter Mehring, Die verlorene Bibliothek, Hamburg 1952, S. 198
[6] Gustav Meyrink, Des deutschen Spießers Wunderhorn III, München 1913, S. 22, gibt folgende Schilderung: „Die Stadt (Prag) steht nämlich bekanntermaßen auf einem Netz unterirdischer Gänge, und ein solcher geheimer Gang verbindet diesen Mittelpunkt Prager deutschen Lebens mit dem fernen. aber stammverwandten Jerusalem. Wenn es nun wirklich einmal schief gehen sollte oder die deutsche Burschenschaft Markomania, woran, Gott soll hüten, allerdings kaum gedacht werden darf – versagen sollte, so genügt ein einfacher Druck auf ä elektrischen Knopp, und im Handumdrehen sind ein paar hundert frische Makkabaer zur Stelle."
[7] Eduard Goldstücker, Die Prager deutsche Literatur als historisches Phänomen, in: Weltfreunde, Prag 1967, S. 27
[8] a. a. O., S. 26
[9] Eduard Goldstücker, Die Prager deutsche Literatur als historisches Phänomen, in: Weltfreunde, Prag 1967, S. 30
[10] Kurt Krolop, Zur Geschichte und Vorgeschichte der Prager deutschen Literatur des „expressionistischen Jahrzehnts" in: Weltfreunde, Prag 1967, S. 53, beobachtet, daß die Zeitschrift „Wir", die nur in zwei Nummern erschien, im April und Mai 1906 in Prag, der letzte Selbstbehauptungsversuch dieser Generation gewesen sei. Der Abwanderungsprozeß, der mit Rilkes Übersiedlung nach München 1896 eingesetzt hatte, war zu diesem Zeitpunkt bereits abgeschlossen. In der Zeitschrift „Wir" verbindet sich die Verabschiedung dieser Generation mit der Vorstellung der nächsten. Die Hefte enthalten nebst Beiträgen von Hadwiger, Hoffmann, Rilke, Leppin und Wiener bereits Gedichte von Max Brod und eine Besprechung seines ersten Buches „Tod den Toten".
[11] Johannes Urzidil, Der lebendige Anteil des jüdischen Prag an der neueren deutschen Literatur, in: Bulletin des Leo Baeck Instituts, 40, 10. Jg., Tel-Aviv 1967, S. 281

## BIOGRAPHIE MAX BRODS

[1] Viele Jahre seiner Kindheit hindurch war Max Brod gezwungen, ein eisernes Korsett mit Halsschiene und Kopfapparat zu tragen. Kennzeichnend für seinen Lebensmut und Optimismus ist es, daß die fortdauernden Schmerzen ihn nicht unglücklich machten und daß er sich der auffallenden Erscheinung, die er darbot, nicht schämte. „Ich war noch stolz auf meinen Kopfapparat und ebensosehr auf den stoischen Gleichmut, mit dem ich die aufrecht gespannte Haltung meines Leibes, den immerwährenden Schmerz ertrug", erzählt er über diese Zeit StL 174).
Im Spätwerk „Der Sommer, den man zurückwünscht", der viel Autobiographisches enthält, gibt Max Brod eine genaue Schilderung dieser Ereignisse.
[2] In persönlichen Gesprächen kam Max Brod häufig auf diese Freundschaft zurück. Der 1908 verstorbene Freund wirkte als Verkörperung liebenden Verstehens auch noch auf das Spätwerk des Dichters ein.
[3] In einem Brief vom 4. 6. 1916 an Martin Buber schreibt Max Brod: „Schmitz verkennt ganz den dunklen Zuständigkeits- und Rasseninstinkt, aus dem heraus auch die „Unentschiedenen" der Taufe für sich und ihre Kinder widerstreben. Er verkennt auch das

Heilsame und für die Juden Unentbehrliche dieses Instinktes, ohne den es längst kein jüdisches Volk mehr gäbe. Auch Herzl stammt ja aus solch einer „unentschiedenen" Familie. Und wieviel Jüdisches erbt sich noch in solchen fort, sei es auch in schlechtester Form! Im Besitze Max Brods, Tel-Aviv.

4  Von 1907 bis 1924 war Max Brod bei der Postdirektion in Prag beamtet. 1924 nahm er seine Tätigkeit als Kunstkritiker im Pressedepartment der C.S.R. auf. Seine Artikel erschienen im „Prager Abendblatt", wo er unter der liberalen Leitung des Blattes unbegrenzte Schreibfreiheit hatte. 1929 schied er aus dem Staatsdienst mit dem Rang eines Sektionschefs aus und gehörte bis 1939 als Literatur- und Musikkritiker zum Stab des „Prager Tagblatts".

5  Stefan Zweig, im Vorwort zu „Tycho Brahes Weg zu Gott", Salzburg 1927, Die Schilderung, die B. W. Wessling, Bayreuth, mon amour, Bremen 1968, S. 102, von einer Begegnung 65 Jahre später gibt, schließt den Kreis, in dem die äußere Erscheinung von den Stürmen des Geistes und der Zeit geprägt wurde: „Er kam aus dem Fahrstuhl auf mich zu, die unverkennbare Gestalt mit dem mächtigen levantinischen Kopf, dem auch böhmische Züge nicht fehlen, reichlich vorgeschoben, wie man es bei Schwerhörigen kennt: er lauscht seinem Gesprächspartner entgegen. [...] Er, der standhafte, zinnerne Greis, hatte seinen Faden recht eingefädelt. Kein Gedankengefüge würde reißen. Wozu da Bücher oder Aufzeichnungen als Gedächtnisstütze?"

6  Felix Weltsch und Max Brod, Anschauung und Begriff, München 1913.

7  Felix Weltsch war bis zum Jahre 1938 Bibliothekar der deutschen Universität Prags, und von 1940 bis zu seinem Tode Bibliothekar der Jewish National und University Library, Jerusalem. Dank der räumlich geringen Entfernung war es den beiden Freunden möglich, die intensive Freundschaftsbeziehung bis zum Tode Weltschs aufrecht zu erhalten.

8  Brief von Max Brod an Martin Buber vom 8. 12. 1926, im Besitz von Max Brod, Tel-Aviv.

9  1931 noch lehnte es Gerhart Hauptmann ab, einen Aufruf zu unterschreiben, der der Veröffentlichung der drei großen Romane aus dem Nachlaß Kafkas vorangehen sollte; denselben Aufruf war Heinrich Mann nur dann bereit zu unterschreiben, wenn einige ihm zu rühmend erscheinende Satzwendungen geändert würden (StL 289 f.).
   In einem Brief an Martin Buber vom 4. 2. 1931 (im Besitz Max Brods, Tel-Aviv) bittet Brod auch um dessen Unterschrift und fügt hinzu: „ob die weiteren Bände, die meist Bekanntes neu drucken und ergänzen sollen, erscheinen können, hängt davon ab, ob der Verlag mit den zwei ersten Bänden wenigstens einen einigermaßen zufriedenstellenden Erfolg erzielt".

10  Franz Kafka, Briefe an Felice, Frankfurt/M. 1967.

11  In einem Brief vom 13. 2. 1917 schrieb Max Brod an Martin Buber: „[...] mein Freund Kafka (mit dem ich nicht diskutiere, und auf den zu meiner Freude das Judentum langsam, unvermerkt übergeht". Im Besitz von Max Brod, Tel-Aviv.
   Das bewußte Jüdische, das Volksbewußtsein, das für Brod zum entscheidenden Faktor wurde, und um dessen Erweckung er auch bei dem Freund warb, fand Brod stark ausgeprägt in dem „Fremdsein" in Kafkas Dichtung, das er als typisch jüdisches Gefühl in einer ablehnenden Umgebung wertet (vgl. UFK 164). Die Ansicht mancher Kritiker, besonders in der C.S.S.R., daß an Kafka nichts als jüdisch zu deuten sei, während bei Werfel ein ähnliches „Fremdsein" als spezifisch jüdisch empfunden wird, ist nicht überzeugend.

12  In persönlichen Gesprächen betonte Max Brod wiederholt die Eigenschaft Kafkas, stets für die Anderen guten Rat zu wissen und zur Mäßigkeit zu ermahnen. Brod sprach von „Unterlassungssünden gegen sich selbst", gegen die er in Kafka anzukämpfen versuchte und von seinen Bemühungen, den Freund davon zu überzeugen, daß Leiden keine Tugend sei. Bezüglich der Unentschlossenheit Kafkas, findet sich ein Hinweis, der die Verschiedenartigkeit der Einstellung hierzu hervorhebt: „Ich bin eben noch ein Neuling der Unentschlossenheit. Ich habe auch gar nicht die Fähigkeit, so in ihr zu leben, wie du es tust, sie gleichsam als Hausrat in mein Leben einzustellen". In Brods Brief an Kafka vom 24. 9. 1917 (DvF 110).

¹³ Franz Kafka, Zwei Briefe, in: Dichter Denker Helfer, Prag 1934, S. 65. Auch eine
Tagebuchstelle vom 30. 10. 1911 beleuchtet diese Beziehung Kafkas zu Brod: „Als ich
dann aber allein war und nicht nur die Störung meiner Trauer durch das Gespräch,
sondern auch (der fast immer wirkende) Trost von Maxens Gegenwart entfallen war,
entwickelte sich meine Hoffnungslosigkeit so, daß sie mein Denken aufzulösen begann".
Franz Kafka, Tagebücher 1910–1923, New York 1948, S. 130.
¹⁴ Hermann Grab, Die Schönheit häßlicher Bilder, in: Dichter Denker Helfer, Prag 1934,
S. 30
¹⁵ Dagmar Eisnerova, Der Weg aus der Einsamkeit, in: Weltfreunde, Prag 1967, S. 177,
hebt die Verschiedenheit der Vision hervor, indem sie die gegensätzliche Auffassung
des Volkes in der Schilderung des Dorfes in Kafkas „Schloß" mit der in dem Gedicht
Brods „Zu versinken" vergleicht: Wir geben dazu die erste und die letzte Strophe des
Gedichtes:

> O zu versinken in einem slawischen Dorfe,
> Gänzlich verschollen sein,
> Man hört nicht, man ist allein ...
> Nur dieser Gesang aus dem Torfe.
> Und wie ich von diesen fremden Gerüchen bezaubert bin,
> Vom Pelzwerk und beizendem Rauch ...
> Und man liebt mich auch
> Und läßt mich nie mehr weiterziehn (BdL 45).

Es kommt hier in scharfen Umrissen die grundlegend verschiedene Einstellung zu den
Menschen bei Brod und Kafka zum Ausdruck: Brod in vertrauensvoller Liebe, gebend
und unbewußt dasselbe von der Umwelt erwartend: „und man liebt mich auch"; Kafka
hingegen zögernd, der Ablehnung gewiß. Dagmar Eisnerova irrt hier, wenn sie den
Grund der Verschiedenheit der Auffassung mit nationalen Gefühlen motiviert.
Robert Blauhut, Österreichische Novellistik des 20. Jahrhunderts, Wien-Stuttgart 1966,
S. 139, weist darauf hin, daß die Gedankenmasse, die bei Brod mit Kafka verbindet, in
der Novelle Brods „Ein Junge vom Land" in dem Kafka-Gedanken des Gesetzes und
Gesetzgebers hervortritt. Doch übersieht Robert Blauhut, daß gerade in der Behand-
lung des Themas der Gegensatz der gedanklichen Ausrichtung liegt: Brod verlagert die
Entscheidung in den Bereich des menschlichen Willens.
Auch die Hinweise auf eine Verbindung des dichterischen Schaffens und persönlichen
Lebens Max Brods, die anschließend gegeben werden, entsprechen nicht den Tatsachen.
¹⁶ Willy Haas, Auslegung eines Aktes der Freundschaft, in: Dichter Denker Helfer,
Prag 1934, S. 71 f.
¹⁷ In einem persönlichen Gespräch mit Schalom Ben-Chorin in Jerusalem, am 19. 9. 1968.
¹⁸ Ludwig Rubiner schrieb am 12. 11. 1916 an Max Brod? „Ich liebe Sie als Dichter, ich
liebe Ihre Gedichte, die der erste Anfang der neuen Lyrik waren und deren Sohn erst
Werfel war". Im Besitz Max Brods, Tel-Aviv.
Heinrich Eduard Jacob, in: Expressionismus, hrsg. v. Paul Raabe, München 1965,
S. 200, beobachtet: „Der Adlatus Brods wurde der frühe Werfel. Der Brodschen Auf-
lockerungsarbeit verdankt Werfel das Sprachmaterial zum Weltfreund".
¹⁹ Franz Werfel, dem Freunde, in: Dichter Denker Helfer, Prag 1934, S. 60 f. In einem
Brief aus dem Jahre 1920 (ohne genaues Datum) würdigt Werfel Brods Freundschaft:
„Ich habe heute daran gedacht, daß wir uns nun schon elf Jahre lang kennen, und daß
das ein riesiges Stück Leben ist. Du bist immer sehr, sehr gut und selbstlos zu mir
gewesen, und ich fühle das jedesmal ganz, wenn Du mir einen Abzug oder ein Buch
usw. schickst". Im Besitz Max Brods, Tel-Aviv.
²⁰ In den Zeitschriften „Der Jude" 1916/17 und „Die neue Rundschau" — vgl. [S. 146 ff.] in
seiner Arbeit.
²¹ Aus einem Brief von Franz Werfel an Max Brod vom 2. 12. 1934, im Besitz Max
Brods, Tel-Aviv.
²² Brod notiert hierzu eine mündliche Äußerung Kafkas über Karl Kraus: „In der Hölle
des deutsch-jüdischen Schrifttums ist Karl Kraus der große Aufpasser und Zuchtmeister,
und das ist sein Verdienst. Nur vergißt er dabei, daß er selbst in diese Hölle, unter die

zu Züchtigenden mithineingehört" (UFK 275).
Die Gestalten in den Romanen Brods, die den jüdischen Selbsthaß porträtieren, kommen immer auf Kraus zurück. Zu beobachten ist, daß sie auch bei Brod stets gute Dialektiker sind.

[23] Bis zum Ausbruch des Ersten Weltkrieges hatte Karl Kraus in Prag sieben Vorlesungen gehalten; in seiner letzten Rede am 4. 4. 1914 griff Kraus Werfel an, und der literarische Streit Kraus-Werfel, der seinen Höhepunkt in Werfels „Spiegelmensch" finden sollte, hatte begonnen.

[24] Aus einem Brief Werfels an Max Brod, ohne Datum. Auf Grund eines Hinweises auf eine Veröffentlichung Brods konnte das Datum fixiert werden. Im Besitz von Max Brod, Tel-Aviv.

[25] In einem Brief von Max Brod an Margarita Pazi vom 23. Juli 1968.

[26] Gustav Janouch, Prager Begegnungen, Leipzig 1959, S. 26, weist Max Brod die entscheidende Rolle für die Entdeckung des „Schwejk" auch innerhalb des Landes zu: „Das große Neue, den Wert und die Bedeutung des „Schwejk" hat aber erst Max Brod richtig erkannt und begriffen. Brod sah, daß es sich in dem scheinbar nur lustigen Buch um eine sehr ernste Konfrontation zwischen politischer Phrase und Menschentum handelt. Er hat diese Meinung nie verborgen, obwohl er mit ihr zuerst ganz allein und verlassen dastand." Und zitiert weiter seinen Gesprächspartner Kudej: „Er (Brod) schrieb über den „Schwejk" einen so schönen und klugen Aufsatz, daß die gesamte deutschsprechende Öffentlichkeit aufhorchte. „Schwejk" war nicht mehr nur eine Prager Wirtshausangelegenheit. Max Brod entdeckte „Schwejk" für die Welt. [...] Ohne Brod wäre „Schwejk" bei uns ewig nur ein ordinärer Fremdenlegionär geblieben. Er wäre bei uns nie heimisch geworden."
Leoš Houska, Max Brod, in: kulturné politicky kalendář 1964, S. 150 f., und in: Časopis pro moderni filologii Nr. 1/1967, S. 56 f., würdigt Max Brod als Interpreten tschechischer Kunst.

[27] In einem Brief von Max Brod an Martin Buber vom 4. 10. 1933, im Besitz von Max Brod, Tel-Aviv.

[28] Max Brod, Das Krumme wird gerade, in: Die neue Rundschau, 1918, S. 1365. Brod schrieb „Das jüdische Volk von heute ist ein kleines Volk. Kleine Literaturen haben einen kleinen Himmel über sich. Aber manchmal geschieht das Wunder: das Geistige sprengt alle Proportionen der Physik und stellt an den Himmel eines kleinen Volkes Sonnen. (...) Man kann die Literatur eines kleinen Volkes unter der Kategorie des kleinen nationalen Himmels werten, oder im Aspekt des Unendlichen."

[29] Johann Wolfgang Goethe, Jubiläumsausgabe, Stuttgart/Berlin, 1902, I., S. 365.

[30] Die Nachwirkung dieses mißglückten Friedensversuches war, daß Max Brod in einen politischen Kriminalprozeß verwickelt wurde. In dem Prozeßverfahren gegen die tschechischen Parteiführer Kramař, Staněk u. a. (in Wien 1916) diente ein Notizbuch Masaryks, das er in Prag vergessen hatte, als Beweismaterial. In dem Notizbuch fand man die Eintragung: „Heute Unterredung mit Dr. Max Brod wegen des Friedens." Der Prozeß verlief im Sande (StL 147 ff.). Auf eine weitere Folge dieser Audienz kommen wir noch an anderer Stelle.

[31] „connational", Franz Werfel in der Vorrede zu den „Schlesischen Liedern des Petr Bezruč", Leipzig 1916.
„Metapolitisch", Paul Kornfeld, in: Anbruch, Ein Jahrbuch neuer Jugend, München 1920.

[32] Moses Wiesenfeld, Begegnung mit Ostjuden, in: Dichter Denker Helfer, Prag 1934, S. 57, spricht Max Brod zu: „sehr viel zur Entwicklung eines großen Teiles der heutigen zionistisch-tätigen Generation in Galizien beigetragen" zu haben. Dahingehend schreibt auch Siegmund Kaznelson (a. a. O., S. 49).

[33] Korespondence Leoše Janačka, s Maxem Brodem, Praha 1953, in: Weltfreunde, Prag 1967, S. 69.

[34] Friedrich Thieberger, Die Stimme, in: Dichter Denker Helfer, Prag 1934, S. 101.

[35] Franz Werfel schreibt 1916 (kein genaues Datum vermerkt) an Max Brod: „Ich stehe durchaus auf der Seite des Zionismus, es ist die einzige jüdische Form, an die ich glaube und in einigen Menschen verehre, wenn mich auch noch ein großer Seelen-Chaos davon

abhält, meine Stellung anders zu dokumentieren, als durch Veröffentlichungen von Gedichten im „Juden", was aber doch ein wenig als Bekenntnis gemeint ist." Felix Braun schreibt am 18. 2. 1917 in optimistischer Verkennung der wahren Sachlage: „Ich stehe der jüdischen Frage mit meinem Herzen gegenüber, solange es sich um Menschen handelt, um Heimatlose, denen eine Heimat gegeben werden soll. Wogegen ich mich nun wehre ist, daß diese Frage zu meiner gemacht werden soll. [...] Zwar finde ich, daß Sie ein rechter Fanatiker sind, aber vielleicht muß man es sein, wenn man etwas ernstlich will."
Beide Briefe befinden sich im Privatarchiv von Max Brod, Tel-Aviv.

³⁶ Diese Ausführungen stützen sich auf ein persönliches Gespräch mit Max Brod am 7. Juni 1968. In diesem Gespräch wies auch Max Brod auf ein ihm als Mahler-Verehrer symbolisch erscheinendes Detail hin: Die historische Sitzung, in der sich der tschechische Nationalrat als Staat konstituierte, war begleitet von den Klängen einer Mahler-Symphonie, die in einem nebenanliegenden Gebäude geprobt wurde. Bahnbrechend, in die Zukunft weisend wie die Musik, sollte der Staat werden, fühlte Brod in diesem Zusammentreffen.

³⁷ Von diesem Zeitpunkt an betrachtete Max Brod sein Leben „als reines Geschenk. Es kann mir nichts geschehen. Denn eigentlich lebe ich von rechtswegen nicht mehr. [...] Und was mir allenfalls seit 1939 zugestoßen und gelungen ist, habe ich als Zusatz, als unverdiente Gabe, als Überschuß anzusehen" (StL 455).

³⁸ Im Privatbesitz Max Brods, Tel-Aviv.

³⁹ Die Gegenseitigkeit der Beziehung zu Stefan Zweig ist aus einem Brief Stefan Zweigs an Max Brod vom 30. Juli 1926 ersichtlich: „Wir sind beide Gefährten einer Jugend, jener vom Krieg zerspaltenen, die mit wissenden Sinnen das Chaos erlebt. Sie sind mir, Ihre zärtliche, stille Stimme, Ihr gütiges Wesen, so deutlich im Erinnern von jenen wenigen Malen, die wir eigentlich in zwanzig Jahren uns begegneten, daß Ihr Name, das Denken an Sie irgend eine Art geistiges Heimweh, eine verwandtschaftliche Liebe erweckt." Im Besitz von Max Brod, Tel-Aviv.

## DER INDIFFERENTISMUS

¹ Paul Raabe, Der junge Max Brod und der Indifferentismus, in: Weltfreunde, Prag 1967, S. 256, sieht darin „den Beitrag eines Autors zu der passiven Grundhaltung einer ästhetizistisch überzüchteten Zeit". Für die Entwicklung Brods kann in dieser Gedankenrichtung aber auch ein Gärungs- und Klärungsprozeß gesehen werden, der für seine weitere dichterische Entwicklung die Grundlage schuf.

² Der Großteil dieser Novellen, die Franz Blei als „einem Menschen der neuen Generation" gehörend bezeichnet (in den im Anhang des Novellenbandes der Originalausgabe erschienenen Kritiken), sind durch Ort und Zeit genau lokalisiert: Prag und die Jahrhundertwende.

³ Walter Sokel, The Writer in Extremis, Expressionism in Twentieth-Century German Literature, Stanford 1959, S. 136, sieht in der Novelle ein dadaistisches Manifest.

⁴ Der Vergleich mit der Lyrik William Blakes „Songs of Experience" drängt sich hier auf. Auf die dahingehend gestellte Frage bestätigte Max Brod, daß er zu diesem Zeitpunkt von Blake beeindruckt und mutmaßlich auch beeinflußt war.

⁵ Max Brod setzt sich hier über die abendländische Konzeption des „heilig werdens" hinweg, indem er die bekehrende Wirkung ausschließt. Die Fortsetzung dieses Gedankenganges ist die Ablehnung der „Selbsterlösung". Dieser Begriff, der in der Korrespondenz Brods mit Werfel häufig Gegenstand des Gedankenaustausches wurde, ist hier bereits angedeutet.

⁶ Paul Leppin, in: Deutsche Arbeit, 1907, zitiert nach dem Auszug der im Anhang des Novellenbandes erschienenen Kritiken.

⁷ Arthur Schopenhauer, Die Welt als Wille und Vorstellung, II, Leipzig 1924, 4. Buch, Kapitel 44, Vgl. S. 1353.

⁸ Die Novelle ist als Vorläufer der zwei Jahre später erschienenen Novelle „Ein tschechisches Dienstmädchen" zu sehen, mit der wir uns nachstehend beschäftigen werden.

[9] Zitiert nach StL 14.

[10] Max Brod in: Ciba Symposium, Band 16, Heft 3, Basel 1968, nimmt zu seiner Scheu vor dem Kranken und seiner Verehrung des Gesunden Stellung.

[11] Kurt Hiller, Die Weisheit der Langenweile, I. Band, Leipzig 1913, S. 144

[12] Felix Weltsch, in: Die literarische Welt, 1926

[13] Walter H. Sokel, The Writer in Extremis, Stanford 1959, S. 87, glaubt in Walder den Vorläufer von Musils „Mann ohne Eigenschaften" zu sehen. Bei diesem Vergleich müßte jedoch berücksichtigt werden, daß Brod sich bereits in diesem Stadium seiner Entwicklung von der extremen Form des Weltbildes in Walder distanziert; er erreicht nicht die Tiefe des Musilschen Romans, aber ohne Berücksichtigung der Frage, ob dies innerhalb seiner Möglichkeiten gelegen hätte, kann festgestellt werden, daß dies nicht seine Absicht war. Brod gibt die Symptome einer Weltanschauung, die noch die seine ist, aber nur weil er sich von ihr noch nicht befreien konnte, nicht weil er sie für die richtige hielt. Diese Annahme wird im folgenden Kapitel belegt werden.

[14] Arthur Schopenhauer, Die Welt als Wille und Vorstellung, I., Leipzig 1924, vgl. S. 414

[15] Es liegt nahe, in der Rückbuchstabierung des Namens eine symbolische Anspielung an die Rückkehr in die Welt der Taten und des Tätigen zu sehen.

[16] Brief von Max Brod an Martin Buber vom 5. 8. 1913, in der Jewish National and University Library, Jerusalem, Kopie im Besitz von Max Brod, Tel-Aviv.

[17] In persönlichen Gesprächen betonte Max Brod die für seine Entwicklung entscheidende Rolle dieser Novelle. Er sah in ihr den Durchbruch des jüdischen Gefühlsreichtums, der den wesensfremden Pessimismus besiegt.

[18] In einem Brief von Felix Braun an Max Brod vom 10. 4. 1909, im Besitz Max Brods, Tel-Aviv.

[19] Walter H. Sokel, The Writer in Extremis, Stanford 1959, S. 88, empfindet William als eine noch extremere Gestalt als Walder Nornepygge. Diese Ansicht scheint insoweit gerechtfertigt, als William – die gleichlautenden Anfangsbuchstaben der beiden Namen Walder und William sind bedeutsam – in seinem Schattendasein versinkt, ohne, wie Walder es tut, durch Veränderung der Lebensform seinem Leben Inhalt zu geben. Jedoch William ist eines Gefühls fähig, er liebt; dagegen liegt die Tragik Walders eben in dem Mangel an Empfindungsfähigkeit. Zweifellos war dies der Kardinalpunkt für Max Brod, und daher kann in William bereits eine Auflockerung der Weltanschauung des Indifferentismus gesehen werden.

[20] Die Anlehnung an Hofmannsthal: „Der Geruch nasser Steine in einem Hausflur" (UFK 46) ist hier unverkennbar.

[21] Stefan Zweig schrieb am 2. 5. 1909 an Max Brod: „Ich habe in diesem Buch mich wiedergefunden. Bei keinem Dichter habe ich das je geschildert gefunden, was Sie da so geben, und ich so kenne, diese merkwürdige Feinhörigkeit für andere Dinge in einer Liebesstunde; [. . .] daß gewissermaßen der ganze horchende Sinn dem Äußeren und Belanglosen zugekehrt ist." Im Besitz von Max Brod, Tel-Aviv.

[22] Otto Pick, Rezension im „März", 3. Jg., 3. Bd., 1909, zitiert nach Weltfreunde, Prag 1967, S. 155

[23] Im Prager Tagblatt vom 31. 3. 1909, S. 167

[24] Im Prager Tagblatt vom 1. 4. 1909, S. 159

[25] Ludwig Rubiner in einem Brief an Max Brod vom 22. 2. 1911, im Besitz von Max Brod, Tel-Aviv.
Ludwig Rubiner, Rezension in „Gegenwart" (8. 4. 1911) betont, daß Brod sich in diesen Gedichten der „Kunsttradition" der „Unwissenheit um die Welt" entzogen habe. „In diesen Gedichten spricht – mit scheinbarer Harmlosigkeit – einer der weiß."

[26] Die Ablehnung Brods, die er dem Frühwerk gegenüber im an den Tag legte, erstreckte sich nicht auf die Partien, die sich auf die Musik Berlioz beziehen.

[27] „udoli" ist der tschechische Ausdruck für Tal.

[28] Heinrich Eduard Jacob, in: Expressionismus, hrsg. v. Paul Raabe, München 1965, S. 200

[29] Ursprünglich erschienen in: Die Höhe des Gefühls, Berlin 1913.

[30] Kurt Hiller, Die Weisheit der Langenweile, Bd. I., Leipzig 1912/13. S. 161

# DER EXPRESSIONISMUS

[1] Paul Raabe, Expressionismus, München 1965.
[2] Walter H. Sokel, The Writer in Extremis, Stanford 1959, S. 141. Max Brod schildert dieses Ereignis in seiner Autobiographie: „Als ich zu meiner zweiten Lesung einige Monate später nach Berlin kam, überreichte mir Axel Juncker die Korrekturbogen des „Weltfreund". Beglückt nahm ich die Bogen zur Vorlesung mit. Während des Lesens meiner eigenen Werke [...] kam mir plötzlich der Einfall, den Abend mit einem improvisierten ausführlichen Potpurri aus Werfels Buch zu beschließen. Ich sprach den Hörern von dem genialen jungen Dichter [...]. Dann las ich eine Anzahl seiner Gedichte. Das Ganze machte mir ein ungeheures Vergnügen. [...] Ich war selig. „Ich habe eine gute Tat getan", frohlockte es in mir mit Werfels Worten. „Nun bin ich nicht mehr einsam." Der Beifall erhob sich zum Sturm. Von diesem Berliner Abend an war Werfel in seiner Größe erkannt und durchgesetzt" (StL 49 f.).
[3] Kurt Krolop, Zur Geschichte und Vorgeschichte der Prager deutschen Literatur des „expressionistischen Jahrzehnts", in: Weltfreunde, Prag 1967, S. 47
[4] Kurt Hiller, Die Weisheit der Langenweile, Bd. 1, Leipzig 1913, S. 235
[5] a. a. O., S. 237
[6] Stefan Zweig in seinem Vorwort zu der Neuauflage von „Tycho Brahes Weg zu Gott", Salzburg 1927, S. 7, findet den Roman „voll von bezaubernden Impressionen, ein erster deutscher Pointilismus der Psychologie".
[7] Kurt Hiller, Die Weisheit der Langenweile, Bd. I. Leipzig 1913, S. 237
[8] Kurt Hiller, Die Weisheit der Langenweile, Bd. I., Leipzig 1913, S. 156
[9] a. a. O., S. 149
[10] In Brods Stellungnahme zu der Hillerschen Auslegung, die in ihm „Muster und Vorbild" des Aktivismus zu sehen glaubte, erklärt er die „Inkonsequenz" Hillers damit, daß „Hillers Aktivismus gar nichts von Aktivität an sich hatte, sondern vorwiegend als literarischer Stil gemeint war" (PrK 179).
[11] Max Brod, in der Nachschrift zu „Jüdinnen", in „Neue jüdische Monatshefte, 2, Prag 1918, S. 481
[12] 10 Jahre später, 1918, konnte Brod in dem Selbstmord Walders nicht mehr die Lösung des Lebensproblems erkennen. „Selbstmord war Selbstwiderlegung" (in der unter Fußnote 11) angeführten Nachschrift). Diese Entwicklung Brods hatte Felix Braun in einem Brief vom 28. 8. 1908 vorausgesehen: „Nornepygge . . . es ist für mich so schwer über Ihren Roman etwas zu sagen; er ist meinem Gefühl und meinem Geschmack fremd, aber ich bin mir dessen klar bewußt, daß hier ein bedeutendes Problem mit großer Kraft und außerordentlichem Können aufgezeigt wird; daß man einen faustischen Stoff mit Ernst und Ehrlichkeit zu gestalten versucht hat. (. . .) Ich glaube – als Historiker –, daß „Schloß Nornepygge" ein Sturm und Drangbuch ist. Sie werden es einmal verleugnen." Aus einem Brief an Max Brod; im Besitz von Max Brod, Tel-Aviv.
[13] Stefan Zweig, in dem Vorwort zu einer Neuauflage von „Tycho Brahes Weg zu Gott", Salzburg 1927, S. 7
[14] Zeitschriften und Sammlungen des literarischen Expressionismus, 1910–23, hrsg. von Paul Raabe, Stuttgart 1960.
[15] Hebraeisch für „Söhne eines Bundes"; die jüdische Welt-Logenorganisation für gegenseitige Hilfe.
[16] Elemir Terray, Einige Bemerkungen zu den „Herder-Blättern" und der Prager Avantgarde, in: Weltfreunde, Prag 1967, S. 152, zählt Brod zu den „produktivsten Mitarbeitern" der Herder-Blätter.
[17] a. a. O., S. 149 f.
[18] Brods Ansicht, daß „außer Werfel, der zeitweilig der Mode des „schreienden" Expressionismus zum Opfer fiel, „nur noch Paul Kornfeld sich für „diese Ästhetik der Saison" anfällig gezeigt hätte, scheint in ihrer subjektiven Ablehnung zu einschränkend und voreingenommen zu sein. (vgl. PrK 179).
[19] Friedrich Markus Hübner, Der Expressionismus in Deutschland, zitiert nach: Weltfreunde, Prag 1967, S. 155. Hübner führt das Spezifische der Prager Dichter auf

slawische Einflüsse zurück. In dieser Arbeit soll jedoch das Entscheidende des jüdischen Einflusses gezeigt werden.

[20] Walter H. Sokel, The Writer in Extremis, Stanford 1959, S. 218

[21] Hermann Friedmann und Otto Mann, Expressionismus, Gestalten einer literarischen Bewegung, Heidelberg 1956, S. 16, sehen im Expressionismus den letzten radikalen Versuch, das Verhängnis der modernen säkularisierten Kultur durch den metaphysischen Bezug des Menschen auf eine wieder als metaphysisch begriffene Wirklichkeit zu bannen.

[22] Hans Mayer, Zur deutschen Literatur der Zeit, Expressionismus als Kampf der Generationen, Reinbek 1967, S. 43

[23] Wenn Walter H. Sokel hierzu bemerkt, daß in Frankreich das nicht weniger autoritäre Schulsystem als „vorübergehendes Übel" ertragen wurde, muß ergänzend hinzugefügt werden, daß in Frankreich – oder in England – dieses System mit der Beendigung der Schule sein Ende fand, während es in Deutschland nur von dem nicht weniger drückenden Zwang der Familie abgelöst wurde.

[24] Hierin könnte einer der Gründe zu sehen sein, warum der Expressionismus in Österreich nicht zur Blüte kam.

[25] Hans Mayer, Zur deutschen Literatur der Zeit, Expressionismus als Kampf der Generationen, Reinbek 1967, S. 44

[26] In dieser Arbeit S. 20

[27] Johannes Urzidil, Der lebendige Anteil des jüdischen Prag an der neueren deutschen Literatur, in: Bulletin des Leo Baeck Instituts, 10. Jg., 40, Tel-Aviv 1967, S. 281

[28] Zu einer ähnlichen Ansicht kommt allerdings etwas später auch einer der Söhne. Vgl. Paul Kornfeld, Der beseelte und der psychologische Mensch, in: Das junge Deutschland, I., 1918, S. 9 f.

[29] Gustav Janouch, Gespräche mit Kafka, Frankfurt 1961, S. 24, berichtet gleichfalls über eine dahingehende Äußerung Kafkas.

[30] Vgl. Eduard Goldstücker in: Weltfreunde, Prag 1967, S. 39

[31] Franz Werfel, Gedichte, Berlin 1927, S. 115

[32] Herman Kester betont in seinem Vorwort zu „Der Augenzeuge", München 1963, die Ähnlichkeit mit Kafkas „Verwandlung".

[33] Vgl. S. 43 in dieser Arbeit.

[34] Ludwig Winder stammt aus Schaffa, Mähren, einer Gemeinde, die im ersten Jahrzehnt dieses Jahrhunderts auf einen Bruchteil zusammenschmolz. Der Ort und die deprimierenden Umstände sind der Verfasserin persönlich bekannt.

[35] Hermann Friedmann und Otto Mann, Expressionismus, Gestalten einer literarischen Bewegung, Heidelberg 1956, S. 25
Kurt Pinthus, Menschheitsdämmerung, Berlin 1920, S. 14, formuliert dies: „Die Humanitäts-Melodie kann als das messianische Hauptmotiv des Expressionismus bezeichnet werden."

[36] Rainer Maria Rilke, Sämtliche Werke, Frankfurt 1962, S. 328

[37] Paul Leppin, in: Im Jüdischen Prag, Sammelschrift, Prag 1913, S. 34

[38] Hans Tramer, Die Dreivölkerstadt Prag, Tel-Aviv 1961, S. 174 f.

[39] Felix Braun in einem Brief an Max Brod vom 14. 7. 1911, im Besitz von Max Brod, Tel-Aviv. Die ihm erforderlich scheinende Distanz zwischen Autor und Thema war nicht eingehalten.

[40] Kurt Hiller, Die Weisheit der Langenweile, Bd. I., Leipzig 1913, S. 154.

[41] a. a. O., S. 152. Bereits hatte Stefan Zweig die Anfänge dieses Stils, der Kurt Hiller so enttäuschen sollte, kommentiert. In einem Brief an Max Brod vom 2. 7. 1907 hebt er „das zärtlich-minutiöse" der Betrachtung in dem Novellenband „Experimente" hervor. Hier muß auch des 1913 von Max Brod herausgegebenen Jahrbuchs „Arkadia", Prag, Erwähnung getan werden, das in gewissem Ausmaß die Sonderstellung der Prager Dichtergruppe dokumentiert. Es war als Beispiel reiner, nicht engagierter Kunst gedacht und sollte vollständig unaktuell sein. In dem Vorwort sprach Brod von einer „inneren Gemeinschaft, einer unsichtbaren Kirche der beteiligten Autoren", S. 2. In einem Brief an Richard Dehmel schrieb Brod: Heute sende ich nun das Jahrbuch „Arkadia" an Sie

ab, in dem ich einige weniger bekannte und einige ganz junge Dichter, die mir [...] durch Reinheit ihrer Werke ausgezeichnet schienen, als Einheit zeigen wollte. Allen ist wohl eine gewisse Sehnsucht nach der idyllisch-monumentalen Form eigen, und so soll „Arkadia" gegen die mit lasterhaftem Stolz betonte Zerrissenheit, Verzweiflung unserer Jugend Front machen, gegen eine gewisse öde Konvention des Radikalismus." Zitiert nach Richard Dehmel, Dichtungen, Briefe, Dokumente, hrsg. von Johannes Schindler, Hamburg 1963, S. 244 f.

[42] Vgl. S. 19–22 in dieser Arbeit.

[43] Franz Werfel in einem Brief vom 2. 7. 1966 an Max Brod. Im Besitz von Max Brod, Tel-Aviv.

[44] In diesem Sinne ist die 1916 erschienene Novelle „Die erste Stunde nach dem Tode" gemeint, die Max Brod als sein „expressionistischstes Werk empfand. Hugo Rhoener in: Hochland, 15. Jg., April 1918, S. 432, nennt die Novelle „eigentlich eine Streitschrift, in der Max Brod in phantastischer Form sich mit Max Scheler auseinandersetzt". Der Angriff Brods auf Max Schelers „materielle Wertethik" und seine Aufsätze über „Genius des Krieges und der deutsche Krieg", 1915, werden in der Antwort des Ministers formuliert, die er der Erscheinung aus einer anderen Sphäre gibt, die in diese Welt „hineingestorben ist ob ihrer Sünden, die [...] Akzeptierung der scheinbaren Selbstverständlichkeit und Insichgeschlossenheit, der handgreiflichen Massivität und Sicherheit der Dinge". Aus der Antwort spricht die Angst, die Sinnlosigkeit des eigenen Wirkens und Lebens einzugestehen. „Wenn es nur ein Recht und eine Wahrheit gäbe, wo bliebe dann die immanente Mißlungenheit, die Sinnlosigkeit alles Irdischen, die doch gerade darin besteht, daß alle [...]zugleich im Rechte sind, wo bliebe das Christentum, die Religion des Leidens, wo bliebe die ganze metaphysische Tragik des Erdenwallens?". Zitiert nach: Ahnung und Aufbruch, expressionistische Prosa, Neuwied 1957, S. 270 ff. hrsg. v. Karl Otten. Der Einfluß Meyrinks wird auch in der Novelle fühlbar; das Phantastische kontrastiert eindrucksvoll mit der Aktualität des Geschehens und der Sachlichkeit der Thematik. Ideen und Gedankengänge, die in „Das große Wagnis" und in späteren Werken vertieft werden, sind hier bereits angedeutet.

[45] Hier muß Brod „das Grundverhältnis, als ob der Mensch in der Freiheit seiner sittlichen Entscheidung beinahe gottebenbürtig sei" nochmals überprüfen; er hat hier „den Irrtum abzubüßen" (StL 356).

[46] Die Problemnähe des Buches ist deutlich fühlbar. Die Zustände der Zeit, der „Salonkommunismus" besonders in Zentraleuropa, findet hier karikaturistischen Ausdruck.

[47] In der Schilderung der „Fußschleife", die an den Fußsohlen der Arbeiter angebracht wird, „um den regelmäßigen Ablauf ihrer Gedanken zu reglementieren" (DgW 113 f.), können Vorboten der Literatur der fünfziger Jahre gesehen werden: Orwells „1984", Köstlers „Darkness at Noon" verfolgen diese Gedankenrichtung.

[48] In Shoshana, der Ziehschwester Jesu, gestaltet Brod eine ähnliche Erscheinung. Vgl. [S. 109 ff.] in dieser Arbeit.

[49] Brod stützt sich hier zum ersten Mal in seinem Schrifttum auf den Talmud; er zitiert eine Stelle des Talmuds, in der diese Möglichkeit angeführt wird (DgW 291 f.).

[50] In „Stefan Rott", einem beinahe zwanzig Jahre später entstandenen Werk, ist dieser Gedanke weiter verfolgt.

[51] In: Der Meister, vgl. [S. 106 ff.] dieser Arbeit.

[52] „Wer ist dieser Askonas?" fragt sich E. St., „Ein Erlöser, der sich seinem Traum zum Opfer bringt, der seine Muskeln im Ringkampf mit sich selbst langsam aufzehrt? Oder ein Fallensteller, eine Verbrechernatur, der ihre dunklen Instinkte unter dem Deckmantel der Messianität austobt?" (DgW 180). Hier kann eine gewisse Ähnlichkeit mit Franz Werfels „Thamal" gesehen werden; der Unterschied liegt in der Fixierung der Motive: bei Brod ist es die Unterdrückung der Vitalität, bei Werfel die zur Selbsttäuschung führende Vermengung von Vitalität und Aktivität. In beiden ist die Unfähigkeit zu lieben als entscheidend betont.

[53] Auch in seinem nächsten Werk „Eine Königin Esther" versucht Max Brod, diese Frage zu beantworten.

[54] In der Fortsetzung dieses Gedankens lehnt Brod auch die angestrebte Sachlichkeit des Expressionismus ab. Der „Kommunionismus" ist macht- und kraftlos, weil er der Aufrichtigkeit einer vitalen Wirklichkeit des Lebens und der Naturmächte nicht ehrlich genug gegenüber steht.

[55] Als Symbol der Unterjochung gibt es in Liberia eine „horizontale Bühne", die den Mangel an Freiheit kraß hervorhebt: der liegende Mensch hat fast keine Gestikulationsmöglichkeit, auch diese Art der Willensäußerung ist ihm genommen (DgW 201).

[56] Walter H. Sokel, The Writer in Extremis, Stanford 1959, S. 209, sieht in der Konkretisierung des National-Religiösen einen entscheidenden Faktor des Spätexpressionismus. Auch Werfel zeigt in „Nicht der Mörder [...]" die Flucht aus Europa als letzte Möglichkeit für eine bessere Zukunft. Der Unterschied muß hier abgehoben werden: Brod empfand Palästina zu keinem Zeitpunkt als „Flucht"; dafür spricht die Tatsache, daß er in Europa blieb. Es war für ihn das Land der Zukunft, das vorzubereiten ihm als seine Pflicht erschien.

[57] Der historische Haman (Das Buch Esther 3/10) ist Nicht-Jude, ein Agagiter. Es ist Brods erste Gestaltung des jüdischen Selbsthasses. Am 24. 5. 1917 schrieb Martin Buber hierzu an Brod: „[...] größten Eindruck macht mir die Figur des Haman, deren Paradoxie zugleich aus der Tiefe geschöpft und wirklich gestaltet ist."

Brods Intention geht aus seinem Antwortbrief hervor: „Die tiefe Tragik der menschlichen Natur enthüllt sich nirgends besser als in diesen Haman-Naturen. Ich mußte mich von diesem Albdruck irgendwie befreien. Ich stellte dieses Prinzip, das an allem zweifelt und nie ruhen darf, aus mir heraus. Ich bin ja von ihm durchtränkt, so wahr ich selbst Jude bin!! Die Ewigkeit dieses Prinzips, welches sich im Laufe der jüdischen Geschichte immer neu verkörpert, gibt wohl der Figur meines Haman den dämonischen Ewigkeitszug. Die einmalige Situation, in der sich dieses Prinzip offenbart, schränkt ihn auf das Menschliche ein." Aus einem Brief vom 8. 7. 1917. Beide Briefe befinden sich in der Jewish National und University Library, Jerusalem.

[58] Die Unzulänglichkeit des Menschen, seine Unfähigkeit, die Naturtriebe nicht zu bekämpfen, sondern durch Liebe und geistige Erhebung in sittliche Wertungen einzureihen, kann in diesem Stadium von Brod noch nicht überbrückt werden. Eros als befreiende Möglichkeit kommt erst in einem wesentlich späteren Stadium als Eventualität eines Ausweges in das dichterische Schaffen Brods.

[59] Günther Erken in: Handbuch der deutschen Gegenwartsliteratur, Der Expressionismus-Anreger, Herausgeber, Verleger, hrsg. Hermann Kunisch, München 1965, S. 676

[60] Dies ist die Ansicht Paul Raabes, in: Weltfreunde, Prag 1967, S. 267, die aus der Distanz eines halben Jahrhunderts gesehen, wohl berechtigt erscheint.

[61] Hermann Kunisch, Die deutsche Gegenwartsdichtung, Hamburg 1965, S. 25, gibt eine Erklärung für die Gefahr der Dichtung, „schreiend" aber „taub" zu sein.

[62] Das genaue Datum der ersten Veröffentlichung dieses Gedichtes war nicht feststellbar.

[63] Hermann Grab, Über die Schönheit häßlicher Bilder, in: Dichter Denker Helfer, Prag 1934, S. 29

## DIE WENDUNG ZUM JUDENTUM UND ZUR ETHIK

[1] In dieser Arbeit [S. 7].

[2] Je wohlhabender desto assimilierter und weniger religiös war die Familie. Dies beleuchtet Brod in seiner Schilderung der Familie Hermann Grabs: „Sie war so reich, daß sie sogar getauft war — was in Prag in gewissen jüdischen Kreisen als die höchste soziale Stufe galt, [...] im übrigen aber am Bekanntenkreis und am Habitus [...] nichts oder nur wenig änderte" (PrK 204).

[3] Diesen Darlegungen und Deutungen hingegen waren und sind die aus dem Osten Europas stammenden Juden durch ihre Erziehung in einer durch die Jahrhunderte liebevoll gepflegten Tradition, durch ihr Studium des Gesetzes und ihre Kenntnis der heiligen Bücher verschlossen; sie bedurften ihrer auch nicht.

Wenn nun Schalom Ben-Chorin in „Das brüderliche Gespräch", Trier 1967, S. 20, dagegen protestiert, daß die Realität Israels heute dadurch demonstriert würde, daß eine

„Entmythologisierung" Bubers von jüdischer Seite anläßlich des „brüderlichen Gesprächs" 1966 versucht wurde, ist diese Haltung Israels gleichfalls im Sinne des eben Erläuterten zu verstehen.

[4] Martin Buber, Drei Reden über das Judentum, Frankfurt 1920, S. 15

[5] Martin Buber, Drei Reden über das Judentum, Frankfurt 1920, S. 31, erzählt, er hätte als Kind eine alte jüdische Sage gehört: Vor den Toren Roms sitzt ein aussätziger Bettler und wartet. Buber fragte den Erzähler, einen alten Juden: „Wer ist der Bettler, und auf wen wartet er?" Und der alte Jude antwortete: „Es ist der Messias, und er wartet auf Dich."

[6] Die Idee der Entscheidung wird von Brod in „Das große Wagnis" dichterisch verarbeitet. In dieser Arbeit [S. 53 ff.].

[7] Galuth ist der hebraeische Ausdruck für „Diaspora". Das Wort „Galuthjude" hat einen pejorativen Beiklang; es bezeichnet jemanden, der sich, dem wahren Judentum entfremdet, mit geistigen Lebensgütern abgefunden hat. Der Ausdruck wird nie von der Orthodoxie benutzt, die in der Religion die Heimat sieht.

[8] Martin Buber, Vom Geist des Judentums, München 1916, S. 50, definiert den Unterschied zwischen Religiosität und Religion dahingehend, daß Religion die Summe der Gebräuche und Lehren ist, in denen sich die Religiosität einer bestimmten Epoche eines Volkstums ausgesprochen und geformt hat. Religiosität ist das schaffende, Religion das organisierende Prinzip.

[9] Schalom Ben-Chorin, Das brüderliche Gespräch, Trier 1967, S. 10, unterstreicht diesen wesentlichen Unterschied: „Israel kann nur durch sein Leben Gottes Wahrheit bezeugen, während die Kirche sich zur Predigt des Evangeliums berufen weiß."

[10] Aus einem Brief von Franz Werfel an Max Brod vom 28. 1. 1917, im Besitz von Max Brod, Tel-Aviv.

[11] Kopie eines Briefes von Max Brod an Franz Werfel vom 2. 2. 1917, im Besitz von Max Brod, Tel-Aviv.

[12] In dieser Arbeit [S. 62].

[13] Achad Haam = hebraeisch für einer des Volkes; (der bürgerliche Name war Asher Ginzburg) ging davon aus, daß aus Mangel an staatlicher und territorialer Konzentration der Glaube es gewesen war, der das jüdische Volk zusammenhielt. Das historisch-religiöse Element, das das Judentum vereint hatte, war durch die historische Entwicklung geschwächt worden, und es bestand die Gefahr, daß die geographische Zerstreuung auch zu einer geistigen und kulturellen Zerstreuung führen könnte. Es bedurfte deshalb eines neuen Zentrums. Das geographische Zentrum im Lande der Väter sollte — nach Achad Haams Ansicht — pragmatisch die Aufgabe übernehmen, die die Religion bisher erfüllt hatte und dadurch für die Fortsetzung des Geistesgutes Gewähr bieten.

[14] Hebraeisch für „Heiligung des Namens". „Namen" steht hier anstelle des Wortes „Gott", das nur beim Gottesdienst ausgesprochen werden darf.

Hugo Bergmann, gleichaltrig mit Brod, Schulkollege von Kafka und Kisch, war führendes Mitglied des Studentenvereins „Bar-Kochba" Prag, und sein Einfluß wurde für Brods Leben und Schaffen bestimmend.

[15] Hugo Bergmann, Die Heiligung des Namens, Berlin 1913, S. 32. Weitere Erläuterung findet das Postulat in der ergänzenden Ausführung Bergmanns in: Der Jude, 6. Jg., 1921/22, S. 69:
„Ich habe in meinem Aufsatz über die Heiligung des Namens wohl davon gesprochen, daß die Verwirklichung Gottes von dem Menschen abhängt, aber ich habe betont, daß neben diesem Werdensprozeß der Gottheit — im Menschen — die Realität Gottes festgehalten werden muß. Wenn also mit Recht der Menschheitsprozeß als metaphysisch-kosmisch bedeutungsvoll angesehen wird, wenn von einer Erlösung Gottes gesprochen wird, so muß doch — wollen wir nicht in Atheismus verfallen — hinzugefügt werden, das im Menschheitsprozeß Gott erlöst wird für den Menschen, nicht an und für sich. Der Kampf der Menschheit auf ihrem Wege ist ein Kampf um die Gotterfülltheit ihres Lebens, um die Offenbarung Gottes in ihr. Das Endliche kämpft um seinen Sinn, um

seine Erfüllung mit dem an sich Seienden Unendlichen. Die Freiheit ist entweder Nichts oder sie hat Substanz; um Gott kämpfend, kämpft sie um sich selbst, um ihren Sinn."
[16] Aus einem Brief von Max Brod an Martin Buber vom 26. 11. 1913.
[17] Aus einem Brief von Martin Buber an Max Brod vom 6. 12. 1913. Beide Briefe befinden sich in der Jewish National and University Library.
[18] In dieser Arbeit S. 87 ff.
[19] Dieses Weltbild wird bald von Zweifeln erschüttert; vgl. in dieser Arbeit [S. 51 ff.].
[20] Max Brod, in: Die weißen Blätter, 1913–14, Heft 8, S. 747 ff.
[21] Aus einem Brief von Franz Werfel an Max Brod vom 26. 4. 1913. Werfel verwahrt sich gegen einen Vorwurf Brods, der ihm nach der Veröffentlichung des Gedichtbandes „Wir sind" das egoistische Ethos der Gedichte vorgehalten hatte. „[...] die Gedichte sind ja fast alle gegen mich gerichtet, darum scheint mir auch der Vorwurf eines egoistischen Ethos nicht zu stimmen."
[22] Max Brod, in: Die weißen Blätter, 1913–14, Heft 8, S. 749
[23] Max Brod, in: Die weißen Blätter, 1913–14, Heft 8, S. 749
[24] Max Brod, Organisation der Organisationen, Ein Entwurf, in: Das Ziel, Aufruf zum tätigen Geist, München–Berlin 1916.
[25] a. a. O., S. 73
[26] a. a. O., S. 78
[27] a. a. O., S. 79
[28] Die Gedankenrichtung, die in „Heidentum Christentum Judentum" zum Ausdruck kommen sollte, kündet sich hier bereits an.
[29] Nachstehend einige Auszüge aus den von Max Brod (und Franz Werfel) veröffentlichten Artikeln, die die Problematik der Zeit und ihre Beweggründe akzentuieren. Im ersten Jahrgang der Zeitschrift „Der Jude" 1916/17, S. 457 ff., in: „Unsere Literaten und die Gemeinschaft" schreibt Brod:
„Die nationalen und sonstigen Bindungen haben gezeigt, wohin sie die Menschheit führen; seien wir also lieber ehrlich Vereinsamte, Verzweifelnde, Einzelne, aber doch zumindest Menschen. Diese Stimme erhebt sich allenthalben.
Es läßt sich nicht verleugnen, daß diese Argumentation und mehr noch ein ihr ahnungsvoll zugrunde liegendes, trauervoll einschmeichelndes Gefühl, das letzten Endes zur Bildung einer neuen Gnosis, eines Neuchristentums im Judentum führen muß, viel Bezauberndes an sich hat. Tatsächlich sind auch die meisten unserer Literaten, und zwar gerade die bedeutendsten, auf dem Wege dahin. Man kann also füglich von einer Krise des jüdischen Geistes sprechen [...]. Die jüdische Seele, 2000 Jahre lang auf der Suche nach einer neuen Gemeinschaft, nach der „Heiligung des Namens auf Erden", scheint gerade in unseren Tagen dieses Suchens müde zu werden und sich resigniert auf einen schlaffen Egozentrismus zurückzuziehen. Unfähig die neue Gemeinschaft mitaufzubauen, wendet sie sich dazu, zu verzweifeln und jede Möglichkeit einer Gemeinschaft zu negieren ..."
Direkt an Werfel gerichtet ist das Folgende:
[...] „Sitzen und sein und schrein [...], das ist der westjüdische Literat von heute [...]. Der schreiende Mensch, nicht der in Leben und Dichtung gestaltende Mensch. Deutlich verbirgt sich bei den meisten gerade hinter starker Ausdrucksfähigkeit (Expressionismus) ein Mangel an Ausdruckswürdigem."
Brod fährt fort, den Egozentrismus dieser Dichtung zu geißeln, die eine Stimmung ausdrückt, „die kein Weltschmerz, sondern ein Ich-Schmerz ist, also negativer Egozentrismus."
In den Dichtern Albert Ehrenstein und Paul Adler beklagt Brod „den Verfall des jüdischen Geistes" und „Angst vor der handgreiflichen Tat und leiblichen Gemeinschaft".
Auch das Motiv des „Fremdseins" in der Dichtung seiner Freunde Kafka und Werfel behandelt Brod in diesem Essay. „Eine Sonderstellung scheint mir Franz Kafka einzunehmen. Auch sein Hauptthema, ja sein einziges Thema ist der isolierte Mensch [...]. Während bei Werfel und Ehrenstein dieses Einsamsein immerhin schon ein Schmerz, aber auch Notwendigkeit, Unentrinnbares ist, bekommt es bei Franz Kafka (und hier

nähert er sich der erhabendsten religiösen Konzeption des Judentums) die Bedeutung einer Sünde. Alleinsein, außerhalb der Menschheit stehen, das ist unsere eigene tiefste Verschuldung, das ist in Kafkas Erzählung der Gegenstand ewiger, stets erneuerter Reue."
Brod schließt den Artikel mit Worten, aus denen die selbstauferlegte Pflicht, diesem Kreis ein Wegführer zu sein, spricht: „gehen wir an unsere Arbeit, helfen wir, jeder seinen Teil, in Redlichkeit eine neue jüdische und menschliche Gemeinschaft aufbauen."
Franz Werfel, in seinem offenen Brief an Kurt Hiller „Die christliche Sendung", in der „Neuen Rundschau" 1917, I, S. 99, vertieft sich in die religiöse Frage: „Von allen Lehren, die der Welt gesendet waren, ist die christliche vielleicht die einzige, die das Ich bis ins letzte bejaht, denn sie erhebt es zum höchsten Schauplatz des höchsten Kampfes. Sie ist die einzige Lehre, die auf die Wirklichkeit gegründet ist, denn ihre Richtung ist von unten nach oben und nicht von oben nach unten."
Gegen die Aufforderung Brods zum Aktivismus und zur Verankerung des sittlichen Gebotes der Tat in der jüdischen Religion schirmt sich Werfel mit Erkenntnissen der christlichen Lehre ab; auf S. 103 des Essays schreibt er: „Die Tat steht selbstverständlich auch in der christlichen Lehre an erster Stelle, aber sie ist keine Forderung, kein Gesetz, sondern natürlicher Ausfluß der Erkenntnis, selbstverständliche Gestaltung des Bewußtseins, unabstrakt, unpolitisch."
Brod antwortet darauf wieder in: „Der Jude", 1916/17, mit dem Aufsatz „Franz Werfels christliche Sendung". S. 717 ff.
„Der innere Widerspruch in Werfels Aufstellung ist es gerade: daß er die Abstraktion, die Zerteilung der Welt in Leib und Seele, die Auseinanderschneidung der Realitäten mit angespannter Energie bekämpft, die ich als das durchaus Jüdische in ihm empfinde [...]. Sein Gedankengang ist dabei: Niemand kann mehr tun, als sein Individuum auf die ihm erreichbare höchste Stufe der Vervollkommnung bringen. Es ist Lüge, Heuchelei, Abstraktion, von seinem Individuum absehen zu wollen. Es ist Weltfeindschaft. Bejahen wir unser Ich, gestehen wir uns diese Wahrheit, diese Realität ein – so haben wir den ersten Schritt zu einem wesenhaften Leben gemacht.
Sehr richtig, lieber Franz Werfel, aber ist gerade die Einordnung in die wirkliche, nicht bloß in eine abstrakt-spirituale Gemeinschaft jene höchste Vervollkommnung, deren unser Ich fähig ist?"
Aber Brod ist sich auch des Mangels an seelischer Unterstützung, den der zu diesem Zeitpunkt existierende Rahmen der jüdischen Gemeinschaft bietet, bewußt: „Hätten wir eine solche lebendige menschlich-zionistische Gemeinschaft, hätten wir zumindest allenthalben scharf umrissene Willensansätze (nicht geschriebene und gedruckte, sondern gelebte) zu ihr, so wäre es unmöglich, daß unsere Besten (und Werfel gehört zu ihnen) von uns gingen, um heimatlos ein erträumtes, unwirkliches, unrichtig gesehenes Christentum als Nomadenzelt über sich aufzurichten. Nicht Werfels ist die Schuld, sondern unser, unser ist sie."
Wieder in: „Der Jude", 2. Jg. 1917/18, S. 209, in dem Essay „Christlich und Christlich, Jüdisch und Jüdisch" weist Brod die Vorwürfe Gustav Landauers zurück, er hätte in dem vorstehend zitierten Essay „Judentum und Christentum unter ungleichen Bedingungen einander entgegengestellt. Nämlich ein Judentum nicht wie es ist, sondern wie es sein soll, gegen ein „zur Scholastik gewordenes Kirchentum". So kann ich nur versichern [...], daß ich, soweit der Stand meiner Kenntnis es zuläßt, das optimale Judentum nicht gegen ein Zerrbild des Christentums, sondern gerade gegen das seiner immanenten Norm allergetreuest optimale Christentum stelle. [...] Daß ich allerdings auch dieses optimale Christentum nicht mit Landauer als einen „Weg jüdischen Geistes durch die Völker der Erde" sondern als Abirrung von diesem Wege ansehe, verträgt sich sehr wohl mit meiner starken Wertschätzung des Christlichen als einer sehr hohen wenn auch nicht letzten und höchsten Anspannung der Menschenseele."

³⁰ In einem Brief vom 18. 9. 1968 an Margarita Pazi schreibt Max Brod, daß sein neuerworbenes Volksbewußtsein ihm reichlich Kompensation für den Verlust einiger „wertloser Freunde" war.
³¹ In dem Festgruß Thomas Manns zu Max Brods 50. Geburtstag schreibt Mann über die

Theorie Brods: „Mit seiner Unterscheidung zwischen „edlem und unedlem Unglück"
[...] die die Rechtfertigung sozialer Entschlossenheit zugleich mit der religiösen Anerkennung aller Lebenstragik bedeutet, hat er etwas Gutes und Großes zur Diskussion
des humanen Problems beigetragen." In: Dichter, Denker, Helfer, Prag 1934, S. 8.

[32] Unedles Unglück erweckt Entrüstung, während edles Unglück zur Demut mahnt. Diese
Idee findet Brod im Talmud bestätigt, und zwar an den Stellen, an denen die „Züchtigungen der Liebe" von anderen Leiden unterschieden werden: Wo der Kausalnexus
zwischen der menschlichen Verfehlung und dem Leiden hergestellt werden kann, ist es
ein „unedles Unglück", andernfalls muß es als „Züchtigung der Liebe", als zum Weltplan gehörend hingenommen werden; denn es heißt: „Wen Gott liebt, den züchtigt er."
Traktat Brachoth 5/1, (HChJ I. 38).

[33] Max Brod, Das Unzerstörbare, Stuttgart 1968, S. 113 f.

[34] Die Verschiebbarkeit der Grenzen, die Parallelität von Ethik und Ästhetik, menschliche
Auflehnung und göttliche Hilfe, alle Elemente seiner Lehre vom edlen und unedlen
Unglück findet Brod in einer Erzählung des Traktats Brachot, die zur Pointierung des
Gedankenganges kurz wiedergegeben wird:
Rabbi Jochanan besuchte den kranken Rabbi Elieser, der sehr schön war. Da sah Rabbi
Jochanan, daß Rabbi Elieser weinte. Ob er etwa wegen seiner Vergehen gegen das
Studium weine, oder über Armut, oder über Kinderlosigkeit, wollte Rabbi Jochanan
wissen. Rabbi Elieser jedoch weinte wegen der Schönheit seines Körpers, der in der
Erde verwesen sollte. Und Rabbi Jochanan verstand ihn und weinte mit ihm. Nach
einer Weile fragte der Rabbi Elieser: Sind dir diese Züchtigungen lieb? Rabbi Elieser
antwortete: Nein, weder sie selbst noch ihr Lohn! Da reichte ihm Rabbi Jochanan die
Hand, richtete ihn auf, und er war geheilt.
Es ist die Zeit der Anfänge von Brods Talmudstudium, und er bezieht sich häufig auf
Talmudstellen, in denen er Bestärkung seiner Gedankengänge findet. Aus diesem
Grunde stützen auch wir uns in manchen Fällen auf Talmudzitate, die zur Ergänzung
erforderlich sind.

[35] Die gegensätzliche Auffassung und Stellungnahme, das andersgeartete Weltbild im
Schrifttum Brods, Kafkas und Werfels, spiegeln sich in der Unterscheidung zwischen
edlem und unedlem Unglück. Kafkas Werke enthalten vieles, das sich der Pantragistischen Auffassung anschließt und desgleichen die Werfels, besonders in seiner
frühen Epoche.

[36] So wie die Bezeichnung „Heidentum" in diesem Buche nicht das Ziel hat, alle Richtungen zu erfassen, kann es auch nicht anstreben, alle Richtungen des Christentums auf-
zuweisen. Brod stützt sich auf Schriften von Luther, Calvin und Augustinus, und deren
Auslegung des Gnadenbegriffes. Wohl führt er auch Thomas von Aquin und die
katholische Kirche an, „die sich von solch radikaler Verachtung des Diesseits und der
natürlichen Fähigkeiten des Menschen fernzuhalten gewußt hat" (DW 31), doch
müssen alle Definitionen als Illustration einer Idee gesehen werden, die die Vergleichs-
möglichkeiten der Begriffe schaffen soll. Ein umfassendes Bild der vergleichenden
Religionsforschung wurde nicht erreicht; wurde aber auch nicht angestrebt.
Hans Joachim Schoeps, in: Die christliche Welt, Gotha, 43. Jg., 16. 2. 1929, S. 182,
kommt nichtsdestoweniger zu der Ansicht, daß das Buch eventuell dazu beitragen
könnte, daß „eine deutlichere Herausarbeitung der allgemeinen ethischen Postulate,
ihre Gültigkeit und Verpflichtung für das Leben jedes Einzelnen" in Angriff genommen werde. Schoeps sieht in Max Brod den Typus des unermüdlichen Wahrheitssuchers,
der nach Formulierung des Geschauten und begrifflicher Klarheit sucht und der „im
besonderen Maße das Interesse der christlichen Kreise" verdient, „weil er derjenige im
ganzen heutigen Judentum ist, der in seinem Erleben christlichen Grunderfahrungen
relativ am nächsten kommt."

[37] Max Brod kam in zahlreichen Artikeln und Schriften auf diese Legende zurück, die er
symbolisch für die Struktur des Judentums fand.

[38] Traktat Shabbath 33/2; Max Brod zitiert die Legende in: HChJ, I., S. 220 ff.
Über die Legende und den Platz, den ihr Brod zuweist, schreibt Theodor Lessing am
28. 5. 1922 an Max Brod: „Als ihren Mittelpunkt ergriff ich das Bedürfnis, Schicksal

und Freiheit zu vereinen. Fromm sein, gläubig sein, im Sinn der Gnade (chesid) und dabei doch nicht zu verzichten auf die selbstbestimmende Arbeit. Die Formel, die Sie dem Judentum geben, die Einheit von Mythos und Ethos in der Geschichte des Shimon bar Jochai, welche Sie sehr glücklich zum Angelpunkt des ganzen Werkes gemacht haben – diese Formel ist zweifellos erlebt und wesentlich und schützt das Judentum davor, daß man die Legisierung und Ethisierung der Welt (wie es fast immer geschieht) gerade auf sein Verdienst – (oder vielleicht auch Schuld) Konto setzt." Im Besitz von Max Brod, Tel-Aviv.

[39] Dahinweisend versteht Brod auch die Worte Jesu – „zu leben wie die Schlangen und ohne Falsch wie die Tauben."

[40] Im Talmud erschließt sich Brod die Bestätigung seiner Erfassung der Wahlfreiheit: Rabbi Chanina sagt: Alles liegt in den Händen Gottes, nur die Gottesfurcht nicht (aus „Sprüche der Väter", HChJ I. 86 ff.). Daraus ist zweierlei zu folgern: daß der Mensch, als endliches Wesen, trotzdem frei bleibt zu wählen; und daß die Würde des Menschen, der nicht fürchten muß, gewahrt bleibt.
Wir finden die Auslegung des fünften Buches Moses 20/5–10 aufschlußreiche zur Ergänzung dieser Idee: Vor jeder Schlacht ist an das Heer die Aufforderung zu richten, jedermann möge heimkehren, der ein neues Haus gebaut und noch nicht eingeweiht, der einen Weinberg gepflanzt und noch nicht zu nützen angefangen, der sich ein Weib verlobt und noch nicht heimgeführt habe, – und jeder, der furchtsam und mutlos sei. Hierzu erläutert Rabbi Jochanan ben Sakai: Warum mehrere Gründe? Das Gesetz nimmt Rücksicht auf die Ehre des Menschen. Wenn einer sich aus Mutlosigkeit entfernt, so mag man sprechen: Wahrscheinlich hat er ein Haus gebaut, einen Weinberg gepflanzt usw. Midrash, Sifre Shoftim.

[41] Martin Buber, Vom Geist des Judentums, München 1916, S. 16 und 26.

[42] Zur näheren Erklärung dieser Auffassung müssen hier zwei Einflüsse erwähnt werden: Felix Weltsch, Gnade und Freiheit, München 1920, ein Buch, das Max Brod gewidmet ist und von Brod in seinem Bekenntnisbuch öfters zitiert wird; auf S. 72 unterscheidet Weltsch zwischen einem kleinen, rationellen Wollen – die zweite Ebene Brods – und einem großen, schicksalsmäßigen und schöpferischen Wollen – die dritte Ebene bei Brod. Als typisch jüdische Form des großen Wollens sieht Weltsch die „Tschuwa" (hebräisch für Umkehr, im religiösen Sinne als Rückkehr zum Glauben gebraucht). Martin Buber, Vom Geist des Judentums, München 1916, S. 29 erklärt: „Tschuwa heißt der Akt der Entscheidung in seiner letzten Steigerung: wenn die Cäsur eines Menschenlebens den erneuernden Umschwung mitten im Verlauf einer Existenz bedeutet ... wenn mitten in der „Sünde", in der „Entscheidungslosigkeit, der Wille zur Entscheidung erwacht, birst die Decke des gewohnten Lebens, die Urkraft bricht durch und stürmt zum Himmel empor. An dem Umkehrenden geschieht die Schöpfung aufs neue; an seiner Erneuerung erneuert sich der Bestand der Welt. Ehe die Welt erschaffen war, heißt es, war da nichts als Gott allein und sein Name; da geriet es in seinen Sinn, die Welt zu erschaffen, und er zeichnete sie vor sich hin; aber er sah, daß die Welt nicht bestehen konnte, weil sie keine Grundfeste hatte; da schuf er die Umkehr."
Brod wendet gegen Bubers Auffassung der „Weltfreiheit" ein, daß der ausdrückliche Hinweis, diese „Unbedingtheit" sei nicht mehr „Menschenwerk, nicht mehr freie Willkür des sittlich aufgewühlten Gemütes [...], sondern ein Neues, ein göttlicher Gnadenbeistand [...] ohne den kein Heil zu erhoffen ist", bei Buber nicht gegeben ist. Infolgedessen kann die Auffassung nicht als ausreichend angesehen werden (HChJ I. 82).

[43] In dem letzten Brief Max Brods an Franz Werfel, vom 16. 2. 1945, kommt Brod auf diese Anschauung zurück und erörtert sie. In dieser Arbeit [S. 153].
Allerdings tritt bald eine Änderung in der Auffassung Brods in bezug auf die „Pflicht" des Menschen ein. Die veränderte Weltanschauung wird im nächsten Kapitel untersucht.

[44] Ein chassidischer Begriff, der an anderer Stelle erläutert wird (S. 110 f.).

[45] Der hebräische Ausdruck für Jenseits weist auf die „kommende" Welt – Olam Haba – im Gegensatz zu „diese" Welt – Olam Hase. Ein Gerechter des Chassidismus sagte hierzu: „Auch die Völker der Erde glauben, daß zwei Welten sind; „in jener Welt"

sagen sie [...] sie meinen, die zwei seien voneinander abgehoben und abgeschnitten, Israel aber bekennt, daß beide Welten in ihrem Grunde eine sind und daß sie in ihrer Wirklichkeit eine werden sollen." Martin Buber, in: Der Chassidismus, in: Juden, Christen, Deutsche, Stuttgart 1961, S. 91.

[46] Moshe Zilberg, Chok we Musar bemishpath haivri (Gesetz und Moral im jüdischen Recht), Jerusalem 1952, S. 5 f. Übersetzung der zitierten Stelle von Margarita Pazi.

[47] Albert Sörgel, Dichtung und Dichter der Zeit, Leipzig 1924, II., S. 807.

[48] Martin Buber, Vom Geist des Judentums, München 1916, S. 64 f. In späteren Jahren kam auch Buber zu der erweiterten Auffassung Brods, wie aus dem nachfolgenden Zitat hervorgeht: „Man schreibt dem Judentum gern einen religiösen „Aktivismus" zu, der die Wirklichkeit der Gnade nicht kenne und eitel Selbstheiligung oder gar Selbsterlösung betreibe. In Wahrheit wird im Judentum, wie das Verhältnis zwischen menschlicher Freiheit und göttlichem Allwissen, so auch das zwischen Menschentat und Gottesgnade als Mysterium gehütet, das letztlich mit dem Geheimnis des Verhältnisses zwischen Gott und Mensch gleichzusetzen ist." Martin Buber, in: Der Chassidismus, in: Juden, Christen, Deutsche, Stuttgart 1961, S. 87 f.
In dem Briefwechsel Buber-Brod wird die Frage des Gnadenbegriffes wiederholt erörtert. Hier, wie auch in seinen Büchern, ist Brod manchmal von seiner Subjektivität geleitet, die über die erschlossenen und belegten Begriffe hinaus nach Konkreterem verlangt.

[49] Dies war auch die beabsichtigte Wirkung des Buches. Die vielen Abschweifungen vom eigentlichen Thema, die Bezogenheit auf Politik und aktuelle Fragen, die in den zwei Bänden sehr häufig auftreten, sind das Resultat der Bemühung, die Dringlichkeit einer geänderten Lebensanschauung zu betonen.

[50] Hugo Bergmann, in: Dichter Denker Helfer, Prag 1934, S. 34

[51] Vgl. [S. 51 ff.].

[52] Dies ist das Thema der Dramen: Die Fälscher, München 1920; Die Erlöserin, Reinbek 1921; Klarissas halbes Herz, München 1923; Prozeß Bunterbart, München 1924, und der Romane: Franzi oder eine Liebe zweiten Ranges, München 1922, Leben mit einer Göttin, München 1923.
Die chassidische Lehre legt fest, daß alles natürliche Leben geheiligt werden kann, wenn es mit heiligen Intentionen erfüllt ist, und erläutert dies mit dem kabbalistischen Mythos von den heiligen Funken, die beim Zerbrechen der Weltgefäße, die dem schöpferischen Überfluß nicht standzuhalten vermochten, in alle Dinge fielen und solange gebannt sind, bis ein Mensch in Heiligkeit mit einem Ding umgeht und so den Funken, den es birgt, befreit.
Martin Buber, Der Chassidismus, in: Juden, Christen, Deutsche, Stuttgart 1961, S. 89

[53] In dieser Arbeit [S. 93 ff.].

### DIE GANZHEIT DER AUFFASSUNG PLATOS

[1] Vgl. [S. 12] in dieser Arbeit.

[2] Brod nannte diese Auffassung die „Ganzheit Platos", in der außer dem „Ewig Seienden" auch die andere Seite der Welt: „das flüchtig Vorbeieilende, Schillernde, unendlich Mannigfache, das ruhelose Werden, das individuell Einzelne und völlig Konkrete" erfaßt wird (DuJ Anm. 6, 251).

[3] Platos „Wiedererinnern der Seelen" klingt in der Philosophie „der schönen Stellen" an, wie auch an anderen Stellen die Erkenntnisse und Anschauungen auf Plato zurückführen.

[4] In persönlichen Gesprächen wies Max Brod wiederholt auf die Ichbezogenheit der philosophischen Gedankengänge, auf die Identifizierung des Autors mit der Gestalt Stefans hin. Auch eine Zitatstelle in einem viele Jahre später erschienenen Buch weist darauf hin: „Die Idee ist, wie ich im „Stefan Rott" zu zeigen suchte, das in erhöhtem Zustand der Seele erfühlte und bis in alle Tiefe des Weltzusammenhangs hinein erlebte Einzelwesen, die in der Richtung auf das Vollkommene hin erlebte, konkrete Lebenssituation" (DuJ I., Anm. 6, 253).

In „Phaidros" fand Brod die Bestätigung seiner Auffassung: so wie Plato die Seele mit der zusammengewachsenen Kraft eines gefiederten Gespanns und seines Wagenlenkers vergleicht (Phaidros 246 A), so müssen auch die verschiedenen Elemente zu einer zusammenwirkenden Kraft werden. Alfred Edward Taylor, Plato, The Man and his Work, New York 1959, S. 307, sieht in dieser Dreiteilung der Seele: Lenker = Urteilskraft, das Gespann = Verehrung und Lust, eine Parabel; es sind die drei Teile der Seele, die aber doch auch eine Einheit bilden.

[5] Als diesen Menschentyp deutet Brod den „Platoniker"; eine handschriftliche Notiz aus der Zeit 1930/31 zu dem Werk, im Besitz von Max Brod, Tel-Aviv, macht die Gedankenverbindung klar: „Platos göttliche Gabe des Wahnsinns, die Begeisterung eben, die göttliche Zustimmung zum menschlichen Tun."

[6] Theodor Lessing schrieb am 28. 10. 1931 an Brod über dieses Buch: „Wenn ich der liebe Gott wäre, einen Erzengel mit der Tabula pratulatoria: Bene scripsisti! ... In keinem Ihrer Bücher sind alle Ihre wesentlichen Kräfte und Gaben so beisammen und einheitlich Ausdruck geworden. Da ist der Schauplatz: Prag und seine Landschaft, da ist die große Brodsche Liebesgeschichte mit den ewigen Stelldicheins und Spaziergängen und kleinen Cafes und alten Straßen und den Gesprächen und den zarten feinen Seelenwundern dieser Gelegenheiten, da ist Ihre theologische Ader, dann Ihre philosophische Ader − De te fabula, narrator." Im Besitz von Max Brod, Tel-Aviv.

[7] „Hrbone" ist tschechische Umgangssprache für „Buckliger", das hier als Titel benutzt wird.

[8] In einem Gespräch am 9. 2. 1968 sagte Max Brod: „Dr. Urban, das wäre ich − wenn ich ins Böse gegangen wäre." Wir glauben sicher zu sein, daß die Gestalt keine Katharsis, sondern tatsächlich nur die „möglich gewesene" Beeinflussung des Menschen durch Krankheit darstellt.

[9] Robert Blauhut, Österreichische Novellistik des 20. Jahrhunderts, Wien 1966, S. 112

## DISTANZLIEBE UND NATIONALHUMANISMUS

[1] Johannes Urzidil, Da geht Kafka, München 1965, S. 7

[2] Aus einem Brief von Max Brod an Martin Buber vom 7. 4. 1916, in der Jewish National and University Library.

[3] Martin Buber hatte als Herausgeber der Zeitschrift „Der Jude" eine für diese Probleme äußerst wichtige Stellung inne; er vertrat die Ansicht, daß die Literatur eines Volkes in der Sprache dieses Volkes geschrieben sein müsse, um als Volksliteratur gewertet zu werden. Hierzu nimmt Brod in seinem Brief vom 1. 9. 1916 Stellung: „In der prinzipiellen Frage der jüdischen Dichtung [...] nur soviel möchte ich sagen: daß ich nicht glauben kann, daß die äußere Sprachform entscheidet. Nur der innere Geist kann die Zugehörigkeit zu einer bestimmten menschlichen Entwicklungsreihe festlegen. Eben nur in diesem Sinne gibt es auch eine jüdische Musik, Skulptur, Malerei, wo doch die Sprache nicht in Betracht kommt."
Auch in seinem Brief vom 10. 1. 1917 versucht er, Buber für seine Auffassung zu gewinnen: „Nicht Sprache, Staat u. s. f. macht uns zu Juden [...]. Ich begreife nur nicht, wie Sie aus diesem Standpunkt meinen Gedankengang, daß es auch in deutscher Sprache eine jüdische Literatur (d. h. eine Literatur im jüdischen Geiste) gibt, ablehnen können. Die hebräische Sprache macht nicht das einzige Kriterium sein. Sie kann allerdings (und nur sie) dem jüdisch Gefühlten die letzte Weihe, die entsprechende Dynamik geben. Gibt es einen spezifisch jüdischen Geist, so muß dieser aber auch ohne die Flügel der hebräischen Sprache lautwerden; freilich mangelhaft. Gerade in der Betonung und Herausarbeitung des jüdisch Lebendigen im Golus (Ausdruck für Diaspora) möchte ich meine Aufgabe bei der Mitarbeit im Kulturausschuß sehen."
Um ein geistiges „Heim" der jüdischen Dichter wirbt Brod in seinem Brief an Martin Buber vom 9. 5. 1916: „Wenn Sie im „Juden" der westjüdischen Dichtung ein Heim, eine „rechtlich-gesicherte Heimstätte" schaffen, dann wirken Sie schon durch diese bloße Tatsache umformend auf die westjüdische Dichtung, schaffen eine Konzentration, wo bisher ein tolles Herumvagabundieren war. Die westjüdischen Dichter (man mag sie

nun als Gruppe in der deutschen Literatur oder, wie ich es lieber tue, als Sondergruppe in der jüdischen Literatur auffassen) werden zum erstenmal eine Einheit fühlen, weil sie als Einheit von Ihnen aus gesehen sind, sie werden dadurch ein ganz neues Verantwortungsgefühl in sich erwachen fühlen." Die drei Briefe befinden sich in der Jewish National and University Library, Jerusalem.

4 Stefan Zweig schrieb in einem Brief vom 27. 12. 1933 an Brod über dieses Buch: „Die Art, wie Sie das Deutschtum-Judentum behandeln, ist geradezu vorbildlich in ihrer Sachlichkeit", (im Besitz von Max Brod, Tel-Aviv) eine Ansicht, die scharf hervorhebt, wie unrealistisch die Betrachtungsweise der beiden Dichter war.

5 In dieser Arbeit [S. 145]. Die geistige Verankerung in Palästina sollte die Distanz ermöglichen und der Assimilation vorbeugen.

6 Felix Weltsch, in „Die Selbstwehr", Prag, 5. 1. 1934, in einer Besprechung des Romans.

7 Brod erhebt in dieser Schrift die Forderung nach einer „Erziehung der Menschheit zur Menschlichkeit"; Wahrheit und Sittlichkeit, die in der Souveränität des Geistes wurzeln, stehen über allem rassen- oder klassenmäßig Bedingten. Jedem Menschen ist das gleiche Ziel in Sittlichkeit, Wahrheit, Bezogenheit auf den religiösen Urgrund der Welt gegeben, aber der Weg ist für jeden ein anderer, und für diesen Weg ist das Volkstum des Einzelnen mitentscheidend (RJ 43 f.). Der Nationalhumanismus Weltschs sieht in der Liebe zur Menschheit die Grenze der Liebe zum eigenen Volk; der Wert des Volkes liegt in den Werten, die von ihm geschaffen werden (N 55 ff.).

8 Achad Haam, „Achduth betoch Cheruth" in der Wochenschrift „Hameliz", Petersburg 1891. Vgl. in dieser Arbeit [S. 79 und 145].

9 Den geistigen Habitus einer Rachel Varnhagen oder Henriette Herz glaubte Brod in der Gruppe ostjüdischer Mädchen, die er während des ersten Weltkrieges in Prag unterrichtet hatte, wiedergefunden zu haben. (Brod urteilt, daß sich diese „vielgerühmten, vielbewunderten Frauen" der Berliner jüdischen Salons – um 1800 – dem Judentum gegenüber doch nur „wie dumme Gänse benommen" hätten.) (H 147 f.) Die Assimilationswelle, die 1800 ihren Anfang nahm, erreichte den Osten Europas etwa hundert Jahre später, doch schon nicht mehr „mit dem vollen zerstörerischen Erfolg, denn inzwischen hatte das Judentum eine neue widerstandsfähige [...] Gemeinschaftsform, die zionistische, erreicht" (H 147 f.). In seinem regen Verkehr mit den ostjüdischen Flüchtlingen in Prag hatte Brod die Situation der sich assimilierenden Jüdinnen aus der Nähe beobachtet.

10 Bereits in einem Essay „Jüdische Volksmelodien" in: Der Jude, 1. Jg. 1916, S. 344, betont Brod, daß das Zuwiderlaufende, Fremde in den Werken jüdischer Künstler – er wies auf die Marschmelodien in Mahlers Symphonien hin – harmonisch und verständlich wird, wenn man es als im Volkstum des Künstlers begründet erfaßt.

11 Bei Werfel erscheint diese drückende Isoliertheit in ähnlicher Form. Das Fremdsein fließt aus seiner Erfassung des Judentums und erscheint ihm Grundbedingung der jüdischen Existenz; ähnlich dürfte Heine gefühlt haben. In seiner Essaysammlung „Zwischen oben und unten" schreibt Werfel: „Mein Leben! Immer komme ich in eine unbekannte Stadt und bin fremd. Auch im Jenseits werde ich nur ein Zugereister oder Refugie sein." S. 309

12 Heine hatte die ungeheure Tragik der Diaspora in dem „Rabbi von Bacharach" dichterisch gestaltet. Wie tief er darunter litt, geht aus den ersten Zeilen des Gedichtes „An Edom" hervor:

> Ein Jahrtausend schon und länger
> Dulden wir uns brüderlich,
> Du, du duldest, daß ich atme,
> Daß du rasest, dulde ich.

## DIESSEITS UND JENSEITS, 1947/8

1 Zwanzig Jahre später, in seinem letzten Werk, in dem Max Brod an „das Unzerstörbare" im Menschen appellierte, ergänzte und erhellte er die in „Diesseits und Jenseits" niedergelegten Gedankengänge. „Das Unzerstörbare", 1968 erschienen, hat eine ähnliche Aufgabe zu erfüllen wie das 1939 erschienene Buch „Das Diesseitswunder". (Vgl.

[S. 67 ff.] in dieser Arbeit). Auch hier hatte der Dichter nach einem lange Jahre während Gärungsprozeß das Verlangen, seine Ansichten in kristallisierter Form nochmals zum Ausdruck zu bringen.
Der zweite Teil des Buches „Das Unzerstörbare" war bis auf die Korrekturen der letzten Seiten beendet, als Max Brod am 20 .Dezember 1968 in Tel-Aviv starb.

[2] Am klarsten findet Brod dieses Erlebnis in Platos Ideen ausgedrückt, wie denn auch die gesamte geistige Welt Brods immer wieder auf Plato zurückführt (DuJ I. 67). Charakteristisch ist, daß das Erlebnis des Vollkommenen mit dem Erlebnis der Liebe und des Schönen nahe verwandt ist.

[3] In diesem Sinne zitiert Brod die Worte Werfels: „Die Welt fängt im Menschen an." (DuJ I. 21).

[4] Brod bezeichnet dieses Geschehen – das Erlebnis des Vollkommenen – mit der Abkürzung DSC = diruptio structurae causarum.

[5] Hierzu sind zwei Einschränkungen zu bemerken: die sittliche Entscheidung, der Verzicht, bringt wohl den Menschen häufig in Konflikte, aber nicht die Schwere des Konfliktes ist es, die eine Tat zur sittlichen macht. Bei der freien Tat bilden „das Große und Schöne" die Grundelemente; sie genügen jedoch nicht, wenn „das Gute" sich nicht zu ihnen fügt. Dies ist auch der Einwand, der gegen Henri Bergson erhoben wird, bei dem der Verzicht auf das kausalbedingte Ausnützen des Vorteils der Stärkeren im freien Handeln nicht hervorgehoben wird (DuJ I. 106 und Unz 222).

[6] Vgl. [S. 69 ff.] in dieser Arbeit.

[7] Augustinus sieht das, was Brod als DSC bezeichnet, als zwar vorhanden, aber außerhalb des menschlichen Vermögens liegend; Thomas von Aquin – gratia naturam non tollit, set perficit – läßt es, wenn auch in beschränktem Maße, zu.

[8] Max Brods letzter Brief an Franz Werfel, der aus der Zeit der Vorarbeiten für dieses Buch stammt, spiegelt diese Gedankenfolge Brods wider: „Mit allem, was Du gegen den Materialismus und für das einzige Heil sagst, das aus der Zuwendung der Seele gegen das Transzendente hin kommen kann, stimme ich überein. Wenn die Fesseln der Körperwelt nicht zerbrochen werden, gibt es keine Rettung [. . .]. Zu Deiner Bewertung des Christentums. Ich gebe Dir durchaus zu, daß die Erlösung nur auf dem Wege der Gegenläufigkeit gegen die naturalen Weltordnungen des Lebens kommt. Aber daß diese Durchbrechung der Kausalstruktur nur gerade einmal, in Jesus, geschehen sein soll, das kann ich nicht annehmen. Immer wieder ereignen sich solche Blicke in den Himmel, Erlebnisse des Transzendenten und man kann sie nicht aus einem Punkt ableiten, daraus, daß einmal Gottes eigener Sohn auf Erden gewandelt ist [. . .]. Für das Judentum folgt aus Obrigem: daß wohl Jesus einer seiner Kulminationspunkte ist, aber nur einer – und nicht bedeutsamer als Amos oder Hillel oder Maimonides oder der Baalshem. [. . .] aber unser Weg ist zu Gott direkt und ohne die Fiktion einer Mittlerschaft, einer versäumten Gelegenheit. Dies der Unterschied – der mir überdies nicht so wichtig ist wie der Zusammenhang, den ich im Allgemein-religiösen, von Jesus abgesehen, der mir kein Christus ist, für Deiner heute unendlich wichtigen Weltschau fühle, mit Deinem „Nuum necessarium", das auch das meine ist. Auf eine Formel gebracht scheint mir mein Gegensatz zu Dir derselbe zu sein wie gegenüber Kierkegaard. Ich erkenne das Paradox, das übernatürliche Wunder an, das darin liegt, daß zuweilen das Ewige in die Zeitlichkeit hereinbricht. Aber für das weitere Paradox, daß dieser Vorfall sich wesentlich nur einmal ereignet haben soll (mit Folgewirkung für alle Zeit, alle Menschen, ja vielleicht alle Sterne), dieses Wunder zum Quadrat anzunehmen, dazu sehe ich keinen Grund."
Zitiert nach der Kopie des Briefes von Max Brod an Franz Werfel vom 16. 2. 1945. Im Besitz von Max Brod, Tel-Aviv.

[9] Brod zieht hier Vergleiche aus der „exaktesten aller Wissenschaften, der Mathematik" (DuJ II. 131) zur Veranschaulichung heran: die Gleichungen der Ellipse und der Hyperbel, die sich nur dadurch unterscheiden, daß die zweite ein Minus hat, wo bei der ersten ein Plus gesetzt ist. Zwei Gebilde, die einander wohl ähnlich, aber auch entgegengesetzt sind, wären zu erwarten. Die geometrischen Figuren, die sich aber ergeben, könnte sich ein Nicht-Mathematiker keinesfalls vorstellen (DuJ II. 131 f.).

[10] Auf dieser Ansicht beharrte Max Brod bis zu seinem Tode. Er kommt darauf in dem bisher unveröffentlichten zweiten Teil des Buches „Das Unzerstörbare" zurück.

[11] Dieser Bereitschaft entspringt auch die freie Entscheidung, sich mit dem ganzen Willen einzufügen in das Geschehen, mitzuwirken.

[12] Auf Seite 49 wurden dieser Ausspruch und seine Auslegung erwähnt. Hier übersetzt Brod „Jirath Shamajim" (nicht wie vorher mit „Furcht") mit „Ehrfurcht", seiner revidierten Gottesauffassung entsprechend. In der „Ehrfurcht" ist die innere Einheit von „Erlebnis" und „Glaube" begründet.

[13] In einem Brief vom 2. 9. 1968 schrieb Max Brod an Margarita Pazi, diese Hypothese verdeutlichend: „Der Versuch meiner Lösung, mit der ich die Herrschaft des Bösen auf Erden verständlich zu machen wage [...] ist die Lehre, daß Gott in der *Werdens*welt, im Geschehen, das auch immer den Tod enthält, *leiden will*. In der Welt des *Seins* gibt es kein Leid, nichts Böses, keine Ungerechtigkeit. Gott aber ist, eben um seiner Vollkommenheit willen, daran gelegen, auch am Negativen der Welt einen Anteil zu haben. Dieser mir selbst absurd erscheinende Gedanke drängt sich mir immer mehr auf. Es sind mir, seit ich das Buch „Diesseits u. J." 2. Band schrieb, immer mehr Stützen für diese meine Ansicht zugeflogen. Die Lehre vom „verborgenen Gott" bei unseren Propheten, die Lehre vom „Zimzum" Gottes in der Kabbala, [...] scheint ähnliches zusammenzutragen. Den Anfang habe ich übrigens in meinem Tycho Brahe gemacht, in der Szene zwischen Tycho und dem Rabbi Löw, wo Gott vom Menschen verlangt: „Segne mich." Ähnlich auch das Schicksal Wotans, des Dionysos; *nicht* ähnlich das des leidenden Sohnes in christlicher Auffassung [...]."
Die Lehre vom „Zimzum", die Max Brod in dem Brief erwähnt, ist hier sehr relevant. „Zimzum" (hebräisch für Einschränkung) ist nach der Kabbala die Selbstbeschränkung des Schöpfers, um Platz zu machen für die Schöpfung. In der Beschränkung seiner unendlichen Herrlichkeit und Macht verleiht er der Schöpfung Wesen und Existenz. Harry Austyn Wolfson, Philosophy of Spinoza, New York 1958, S. 194 f. schreibt darüber: „Die Theorie des Zimzum hat eine lange Geschichte, ist verschiedenen philosophischen Rationalisierungen zugänglich; wir wollen hier eine kurze Darstellung der ursprünglichen und unveränderten Bedeutung in Herreras „Puerta del Cielo" bringen. Beginnend bei der Auslegung, daß ‚von einer unendlichen Macht notwendigerweise eine unendliche Wirkung folgen müßte' geht Herrera dazu über, mit den Kabbalisten zu sagen, daß ‚in einer bestimmten Art Gott seine aktive Kraft und Macht eingeschränkt hat, um endliche Wirkungen hervorzubringen." (Übersetzt von Margarita Pazi.)

[11] Raw Kook, 1866—1935, Oberrabbiner von Eretz Israel, war der Verfasser religiöser und philosophischer Schriften.

[15] Die üblichen Übersetzungen dieser Stelle lauten „ein sanftes Säuseln", „ein stilles sanftes Sausen". Brod übersetzte den Urtext „Kol dmama daka" beinahe wörtlich mit „Stimme zarten Schweigens". Das Wort „daka" bedeutet wörtlich übersetzt „dünn, klein".

[16] Die geistige Verbindung mit Kafka findet besonderen Ausdruck in einem Kapitel „Kierkegaard, Heidegger, Kafka", S. 144 ff., das auf die in der Anmerkung gleichen Titels in „Diesseits und Jenseits", I. S. 230 ff., erschienenen Gedankengänge zurückkommt. Zusammenhänge, Ähnlichkeiten und Verschiedenheiten in der Philosophie Kierkegaards und den dichterischen Schöpfungen Kafkas werden hier erwogen.

## TYCHO BRAHES WEG ZU GOTT, 1915

[1] Max Brod lehnte die Auffassung von verschiedenen, individuellen, Wahrheiten entschieden ab. Diese Hypothesen wies er in einem persönlichen Gespräch am 8. 11. 1968 zurück: „Es gibt nur *eine* Wahrheit — für alle."

[2] Briefe von Max Brod an Martin Buber vom 26. 11. 1913 und 21. 1. 1914. Im Besitz von Max Brod, Tel-Aviv.

[3] Der zitierten Seitenzahl liegt die Ausgabe von 1917, bei Kurt Wolff, Leipzig, zu Grunde.

[4] In diesem Brief, der nach einem Artikel von Jan Wenig: Tycho de Brahe, Brod a... Kafka, in: Lidová demokracié vom 11. 4. 1965, S. 5, zitiert und stellenweise übersetzt

ist, erwähnt Max Brod die eigenartige Tatsache, daß, obwohl der Charakter und das Leben Tychos nach seiner dichterischen Intuition und Einfühlung gestaltet wurden, es sich bei ergänzendem Studium der historischen Quellen herausgestellt hatte, daß „eigentlich alles, bis ins überraschende Detail", mit dem Gedankenbild übereinstimmte.

5 Albert Sörgel, Dichtung und Dichter der Zeit, Neue Folge, Leipzig 1926, S. 807, kommentiert, daß Max Brod nie „mehr Stimme der Sehnsucht der Zeit [war] als in diesem Werke von dem leidgepeinigten, durch eigene Himmel und Höllen gejagten erlösungshungrigen Gottsucher, dessen letzte Erkenntnis die Erkenntnis dieser Opferzeit ist". Hingegen findet Werner Mahrholz, Deutsche Dichtung der Gegenwart, Berlin 1926, S. 228, daß das Bedeutendste an dem Werk „die tiefe Notwendigkeit des seelischen Geschehens [sei], welche das besondere Schicksal Tycho Brahes unmerklich zu einem allgemeinen Fall des Menschenwesens erhebt".
Beide Interpretationen übersehen das Hoffnungsvolle in Brods religionsphilosophischer Blickrichtung. Das Dichterische verschmilzt hier mit dem Weltanschaulichen. Es ist eine optimistische Phase in der Entwicklung Brods, in der er Tycho die sittliche Unabhängigkeit erkennen und die scheinbar unüberwindlichen Gegensätze zwischen Hirn und Herz in einem ekstatischen Erlebnis überbrücken läßt.

6 Franz Rosenzweig – Briefe, Schocken Verlag, Berlin 1935. In Brief 96 an die Eltern vom 29. 9. 1916 schrieb Franz Rosenzweig „[...] dabei war er, wie alle großen Juden, kein schlechthin reiner Mensch, sondern einer, der aktiv und berechnend zugleich, das zweite um des ersten willen war, wie es zum ersten Mal Brod in der Figur des Tycho dargestellt hat (deswegen nannte ich Tycho Brahe einen jüdischen Roman)."
Und in Brief 186 an Gertrud Oppenheim, vom 1. 10. 1917 „[...] daß Brod unter der Maske Tycho bewußt den Juden hat zeichnen wollen, ist mir fast sicher; schon Tychos äußere Situation ist ja jüdisch: der Däne unter Deutschen, der ganz auf seiner eigenen Arbeit steht, ohne Hintergrund als den, den er sich selbst geschaffen hat."

7 Über seine Weltanschauung in diesem Zusammenhang äußerte sich Max Brod in einem Gespräch am 1. 2. 1968: „Unter Gnade verstehe ich das Zusammenfallen von Pflicht und Liebe. Es ist selten, aber es ist möglich. Zum Beispiel in „Tycho", wenn er dem Kaiser Kepler lobt."

8 Wie offensichtlich die Verkörperung des persönlichen Konfliktes für die nahen Freunde Brods war, geht aus einer Briefstelle Kafkas hervor: „Tycho Brahe, eines seiner (Brods) persönlichsten Bücher, eine peinigende, selbstquälerische Geschichte geradezu." Franz Kafka, Briefe an Felice, Frankfurt 1967, S. 559
Die Identifizierung Tycho-Brod, Kepler-Werfel ging bei Brod so weit, daß er selbst in den Vokalen der Namen hierfür Unterlagen zu sehen glaubte (StL 316 f.).
Die Ansicht Otto Picks, in: Die neue Rundschau, XXIX, 1916/2, S. 863, „Kepler wird das Opfer, seiner Natur gemäß, gar nicht als Opfer empfinden", illuminiert auch teilweise das Ungemach der Beziehung Brod-Werfel. Pick irrt jedoch, wenn er meint, Kepler wäre für Brod „der reine Tor". Brod sah in Kepler – und in Werfel – den ohne sein Zutun Bevorzugten, Privilegierten, der sich der Gunst der Mächte nicht bewußt wird, weil er sie für selbstverständlich hält.

9 Im Besitz von Max Brod, Tel-Aviv. Die Idee wird von Brod in dem nächsten historischen Roman „Reubeni, Fürst der Juden", fortgesetzt. Vgl. in dieser Arbeit [S. 93 ff.].

10 Masechet Brachot, Rabbi Awahu, S. 34/D. „wo" bezeichnet den zu Gott näheren Ort.

## REUBENI, FÜRST DER JUDEN, 1925

1 Vgl. S. 55 ff. in dieser Arbeit. Hier übertreibt Brod, von persönlichen Momenten geleitet, wie er später auch andeutete. Siehe [S. 96] in dieser Arbeit.

2 Das erste Buch Mose: Am zweiten Tag fehlt: ‚und Gott sah, daß es gut war'. Hingegen steht am sechsten Tag: ‚und siehe, es war sehr gut'. Dazu Midrasch: „Dieses ‚Sehr' meint den bösen Trieb."
Zum Problem der Sünde in Max Brods Schrifttum vgl. [S. 72 ff.] in dieser Arbeit.

3 Der Dichter veranschaulicht an Hand zweier Beispiele das überspitzte Zurückweichen vor der Sünde: an dem „Heffker" Rufen und an den mit Wachs versiegelten Ohren.

„Heffker" ist hebräisch für „herrenlos"; dadurch, daß der Besitzer eine Sache mit „heffker" bezeichnet, ist ihr Diebstahl kein Vergehen.
Die Juden wurden an bestimmten Tagen zum Anhören einer Bekehrungspredigt in die Kirche geführt. Um allein durch das Anhören der Predigt nicht sündig zu werden, versiegelten sie sich die Ohren mit Wachs.

4 Felix Weltsch, in: Ein Kampf um Wahrheit, Tel-Aviv 1949, S. 10, schreibt hierzu: „Brod schrieb diesen Roman aus seiner Erfahrung als zionistischer Politiker in den zwanziger Jahren. Die Entwicklung hat das Problem, das er hier aufstellt, für das Judentum noch viel brennender und aktueller gemacht; er hat es sicherlich kaum ahnen können."

5 Franz Werfel schreibt in einem Brief vom 18. 8. 1925 an Max Brod: „Die Ratsitzung ist ein großes Meisterstück epischer Kunst. Ich gratuliere Dir von ganzem Herzen." Im Besitz von Max Brod, Tel-Aviv.

6 Die historischen Quellen sind vage in ihren Angaben über Reubeni, der sich „Fürst der Juden" nannte.
Heinrich Grätz, in: Geschichte der Juden, 9. Band, Leipzig 1907, S. 261, führt an: „David Reubeni, der Abstammung nach wohl ein Morgenländer, in Arabien hat er sich tatsächlich aufgehalten."
The Jewish Encyclopedia: „David Reubeni, geboren 1490 in Khaibar, das er 1522 verließ, um nach Nubia, Egypten zu gehen." (Übersetzung von mir.)
Cecil Roth, in: A short History of the Jewish People, Oxford 1943, S. 261, nennt ihn einen romantischen Abenteurer.
Daß Reubeni 1524 in Rom erschien und dort großes Aufsehen erregte, ist übereinstimmend in den historischen Quellen belegt.
Das Tagebuch Reubenis, in einfachem, manchmal grammatisch nicht einwandfreiem Hebräisch geführt, berichtet über seine Reise aus Chaibor bis zu seiner Einkerkerung in Muca 1527. Auf Befehl des Kaisers wurde er freigelassen, jedoch das Tagebuch wird nunmehr von Salomo Kohen, anscheinend seinem Sekretär, fortgeführt.
(David Reubenis Tagebuch; handschriftlicher Kodex, der zur Michaelschen Sammlung gehört, in der Bodleiana in Oxford.)

7 Die Angaben über Salomo Molcho sind weit exakter und reichhaltiger, und die Ausstrahlung und Wirkung Molchos war — nach diesen Quellen — wesentlich wichtiger und nachhaltiger als die Reubenis. Die nachstehende Lebensbeschreibung Molchos stützt sich auf Heinrich Grätz: Geschichte der Juden, 9. Band, Leipzig 1907, S. 232 f.
Diogo Pires, ein portugiesischer Marane, kehrte zum Judentum zurück und nahm den Namen Salomo Molcho an. 1525 gelang es ihm, Portugal zu verlassen; er gelangte in die Türkei, wo er Josef Karo traf. Dieses Treffen ist ein wichtiges Moment in der kabbalistischen Entwicklungsgeschichte des Judentums. Die kabbalistischen Visionen Molchos sind in dem mystischen Werk Karos „Der Maggid" verzeichnet. Auch Molcho selbst druckte kabbalistische Werke, seine Sendschreiben sprechen von seinen Prophetien über die Überschwemmung Roms und des ‚Nordlands' (Flandern), das Erscheinen des Kometen, das Erdbeben in Portugal und die Zerstörung Lissabons, die, wie Grätz, der sich auf Herculano stützt, sagt, „mit überraschender Genauigkeit eintrafen". Dies mag auch die Ursache seines großen Einflusses auf Clemens V. gewesen sein, der in der Folge die Inquisition in Portugal verhinderte. (Nach einem Schreiben des portugiesischen Gesandten in Rom, Bras Neto, an König Joao III. vom Juni 1531.)
Grätz sagt über das Treffen Reubenis mit Molcho, S. 233: „Im Laufe des Jahres 1530 kam Molcho wieder mit David Reubeni zusammen und hatte die richtige Einsicht von dessen Charlatanerie. Reubeni und Molcho sahen einander erstaunt an und erwarteten voneinander Wunderdinge. Es zeigte sich, daß Molcho ein betrogener Schwärmer, Reubeni dagegen ein Abenteurer war, der es auf Blendwerk abgesehen hatte."
Molcho wurde von Mantin, einem vornehmen römischen Juden, als falscher Messias verfolgt, seine Predigten als aufrührerisch angezeigt, und im März 1532 wurde er in Mantua als Ketzer verbrannt. Johann Albert Widmannstadt gibt als Grund seines Todesurteils „propter seditionis Hebraicae" an.

8 Die Begegnung Reubenis und Molchos mit Kaiser Karl V. in Regensburg ist historisch

belegt, doch weichen die Quellen etwas voneinander ab über den Zweck, den die Begegnung haben sollte.

[9] Brief von Franz Werfel an Max Brod vom 18. 8. 1925.

[10] Brief von Stefan Zweig an Max Brod vom 1. 10. 1925, beide Briefe befinden sich im Besitz von Max Brod, Tel-Aviv.

[11] Dies entspricht auch der von Brod vertretenen Idee des Angeborenen, Volkseigenen, auf das bereits hingewiesen wurde. Dadurch ist auch seine Ablehnung der Assimilation begründet.

[12] Auch Reubeni hat seinen Augenblick der Gnade, in dem Pflicht und Liebe zusammenfallen und in dem er für Molcho bittet. Aber Gott nimmt sein Opfer nicht an und läßt ihn den Bittgang zu Mantin vergeblich gehen.

[13] Aus einer handschriftlichen Notiz unter den Briefschaften Max Brods erbringt hierfür folgender Satz, der wahrscheinlich aus dem Jahr 1922 stammt, den Beweis für diese Ansicht: „Es ist nicht so, daß der Mensch zwischen Teufel und Gott ist. Sondern der Teufel ist die letzte Station vor Gott."

[14] Heinrich Grätz, in: Die Geschichte der Juden, 9. Band, Leipzig 1907, S. 243, erschließt, daß Reubeni mit Molcho nach Mantua gebracht und dort in den Kerker geworfen wurde. Er wurde zum Tode des Verbrennens verurteilt, doch gibt es darüber keine historisch genauen Angaben.

[15] Brief von Max Brod an Martin Buber, vom 5. 6. 1913, im Besitz von Max Brod, Tel-Aviv.

[16] Hiermit entgegengesetzt der Konzeption Werfels in „Spiegelmensch", wo die Rolle des Messias Thamal nur zur Rationalisierung seiner Überhebung dient und nicht mehr als eine Maske ist, hinter der sich „Selbst- und Geltungsgenuß" verbirgt. Vgl. Adolf D. Klarmann: Franz Werfel's Eschatology and Cosmogony, in: Modern Language Quarterly, VII/4, 1946.

[17] Tosefta Sanhedrin 13, 2 sagt: Die Gerechten aller Völker haben Anteil an der kommenden Welt, d. h. an der ewigen Seligkeit, die Idee des Messias ist also immer eine Welterlösende. Ganz klar bringt dies Maimonides in seinem Talmudkommentar: „Daher hatte auch ganz Israel, hatten seine Propheten wie seine Weisen, immer eine Sehnsucht nach den Tagen des Messias, damit sie Ruhe haben möchten vor der Fremdherrschaft, die ihnen nicht gestattet, mit Thora und Gebeten sich gehörig zu beschäftigen: damit sie dann rasten könnten, und die Zahl der Weisen sich mehren möchte, und sie so zum ewigen Leben gelangten. – Denn zu jener Zeit wird die Gottkenntnis, die Weisheit und die Wahrheit groß sein [...]. Denn jener König, der da aus den Nachkommen Davids für uns entsteht, wird noch weiser sein als Salomo und als Prophet beinahe so groß wie unser Lehrer Moses, daher er auch das ganze Volk unterrichten, und ihm die Wege Gottes zeigen wird, so daß alle Völker kommen werden ihn zu hören."
Aus: ‚Hilchoth Tschuwa', Pej/Sain, 373, und:
„[...] in den Tagen des Messias hingegen wird auf dieser Welt die jetzige Ordnung der Dinge fortdauern, mit dem alleinigen Unterschiede, daß die Herrschaft wieder zu Israel zurückkehrt, wie auch schon die ersten Weisen dies ausgesprochen haben: Es ist zwischen der jetzigen Zeit und den Tagen des Messias kein anderer Unterschied, als die Botmäßigkeit unter der Fremdherrschaft (die dann für alle Völker aufhören wird)."
Aus: ‚Hilchoth Tschuwa', Pej/Tet, 389.
Zitiert nach: Auszüge aus dem Buche Jad-Haghasakkah (die starke Hand). Nach dem Talmud zusammengestellt von Rabbi Moscheh-ben-Maimon, gen. Moses Maimonides aus Spanien. St. Petersburg 1850.

[18] Nach „Hilchot Melachim" Jod/Beth, Rambam.

## GALILEI IN GEFANGENSCHAFT, 1948

[1] Martin Buber: Der Galilei Roman, in: Ein Kampf um Wahrheit, Tel-Aviv 1949, S. 5

[2] Die Entstehung des „Galilei" folgte zeitlich auf die Arbeiten des Buches „Diesseits und Jenseits", in dem Brod die Idee der Kausalbedingtheit ausführlich darstellt.

[3] Werner Welzig: Der deutsche Roman im 20. Jahrhundert, Stuttgart 1967, S. 317, Marcel Reich-Ranicki in einem Vortrag in Tel-Aviv, März 1969.

[4] Hierauf weist auch Brecht in der zweiten Szene, bei der feierlichen Übergabe von Galileis ,Erfindung', des Teleskops: „Groß ist nicht alles, was ein großer Mann tut, und Galilei aß gern gut." Bertold Brecht; Gesammelte Werke 3, Frankfurt/M 1967, S. 1246

[5] Der Gedanke, der in diesen Worten Ausdruck findet, kehrt in vielen Werken Brods in einer Person verkörpert wieder. Wir finden ihn in Tycho, Reubeni, Galilei, Cicero und Reuchlin und in manchen der nicht historischen Gestalten.

[6] Dieser Gegensatz wird auf [S. 103] näher erläutert.

[7] Vgl. S. 69 f. in dieser Arbeit. Aber auch die These Brods von absoluter Diesseitsbejahung (heidnisch) und Diesseitsverneinung (christlich) wird hier demonstriert.

[8] Galilei hatte dem ,Simplico' seiner Discorsi, der lächerlichen Figur des Hohlkopfs, der sein Unwissen unter dem steten Argument von der Allmacht Gottes verbirgt, einige Züge Urbans gegeben. Brod und Brecht leiten die Zustimmung Urbans zu dem Prozeß gegen Galilei zum Teil von diesem persönlichen Motiv Urbans ab.

[9] Bertold Brecht: Das Leben des Galilei, Gesammelte Werke, Frankfurt/M. 1967, S. 1289

[10] Die „Stilfloskel" ist eine Anspielung auf die Auslegung der Nürnberger Gesetze der NS-Zeit.

[11] Brod bringt die Differenz zwischen der entsagenden Haltung des Paters, die aus einer sich auferzwungenen Unterdrückung des eigenen Willens entspringt, und der Suor Maria Celestes, die sich aus Liebe und mit Gnadenbeistand vollzieht, deutlich zum Ausdruck.

[12] In den Wandlungen Max Brods haben sich die großen Linien vertieft; wir werden hier an „Liberia, den Lichtstaat" in „Das große Wagnis" (in dieser Arbeit [S. 51 ff.]) erinnert. Hier schildert Brod bereits das Positive dieses Staates, das in dessen sozialen Aufbau verlagert, von den Kibbutzim Israels mit ihrem Gemeinschaftsleben und dem Aufgehen des Individuums im Wohl der Gemeinschaft beeinflußt.

[13] In dem Buch „Heidentum Christentum Judentum" warnt Brod vor diesem Amalgam. Vgl. S. 71 ff.

[14] In „Johannes Reuchlin und sein Kampf" kommt Brod auf diesen Gedankengang zurück.

[15] Bertold Brecht: Gesammelte Werke 3, Frankfurt/M. 1967, S. 1260

[16] a. a. O., S. 1256 und 1297

[17] Bertold Brecht: Gesammelte Werke 3, Frankfurt/M. 1967, S. 1337

[18] Brod schreibt in „Diesseits und Jenseits", die höchste Stufe der geistigen Freiheit sei dann erreicht, wenn auch die Tatsache, daß die gefundene Wahrheit unerkannt untergehen könnte, die Kraft und Seligkeit des geistigen Lebens in nichts schmälert (DuJ II. 149 f.).

[19] Felix Weltsch: „Und sie dreht sich doch", in: Die Neue Rundschau, 1949, S. 595, nennt dies „die große Erkenntnis des humanistischen Zeitalters [...] das aber vor dem Ansturm des neuen Kollektivgeists verstummt."

[20] Max Brod in einem persönlichen Gespräch am 8. 11. 1968.

[21] In dem Fall, in dem Götzendienst, Unzucht oder Sünde am Nächsten verlangt wird. (Zur Sünde am Nächsten gehören Verrat oder „Leben gegen Leben".)

[22] Rambam: Kiddush Hashem (Die Heiligung des Namens).

## DER MEISTER, 1951

[1] Chaim H. Cohn: Reflections on the Trial and Death of Jesus, The Israel Law Review Association, 1967, S. 5

[2] Hier ist zu beobachten, daß Max Brod in der Schilderung Jasons selbst in den Stil der starken plastischen Vergleiche der Epoche des Indifferentismus zurückfällt: „die Luft um ihn verletzte, als zerfiele sie bei seinen Reden in spitze Eissplitter" (Mei 20). „Kann man jemanden mehr beschimpfen, als wenn man feststellt, daß er ein Mensch ist?" (Mei 22).

[3] Auch hier ist der Anklang an die Zeit des Indifferentismus; Jasons Grundsatz ist: „Immer die schärfste Meinung haben, – die aber unverbindlich" (Mei 44).

[4] Josef Klausner: Jesus von Nazareth, Jerusalem 1952, widmet diesem Punkt besondere Aufmerksamkeit: Jesu Gleichnisse verfolgten zwei Ziele: erstens wollte er dadurch die Masse seiner einfachen Zuhörer an sich fesseln [...]. Zweitens wollte er durch diese poetischen Bilder, die er zur Höhe ethischer Symbole erhob, oft seine eigentliche Absicht verdecken, für deren Enthüllung ihm die Zeit nicht reif schien: die Masse konnte sie noch nicht verstehen, und nur die Eingeweihten sollten sie erfahren [...]. Jesus lehrte also in Gleichnissen, weil er fürchtete, daß das Volk noch nicht reif sei, den inneren Sinn seiner neuen Botschaft zu verstehen. S. 361 ff.

[5] Vgl. S. 53 f. in dieser Arbeit.

[6] Max Brod geht von der Stelle in Markus, 3/31–34 aus; er läßt jedoch Shoshana die Tochter von Marias Schwester sein, die als Waisenkind in das Haus Josefs gekommen war. Unsere Interpretation der Gestalt stützt sich auf ein Gespräch mit Max Brod am 12. 6. 1968.

[7] Josef Klausner: Jesus von Nazareth, Jerusalem 1952, betont, daß Jesus ein Pharisäer war, der nur den Schwerpunkt der pharisäischen Lehre verschob, d. h. er hielt die Halacha (hier für die Zeremonialgesetze) für weniger wichtig als die ethischen Gebote und die Lehre vom Kommen des Messias. Dies führte – nach Klausners Deutung – zum Bruch zwischen Jesus und den Pharisäern. Doch führt Klausner Stellen an, die beweisen, daß Jesus bis zum letzten Tage ein durchaus pharisäischer Jude blieb (S. 381 und S. 438 ff).

[8] a. a. O. sagt Klausner: „Gewiß dachte auch Jesus, der Galiläer, der im Ursprungslande des revolutionären Zelotentums aufgewachsen war, anfangs an diesen Weg wie jeder jüdische Messias. Doch verwarf er ihn schließlich, als für seine träumerische und geistige Natur nicht geeignet und als den Verhältnissen nicht angepaßt: hatte er doch das Ende Johannes des Täufers miterleben müssen." S. 345

[9] Die Assimilation der Hohepriester, die bis zur Unkenntnis der Sprache der heiligen Schrift ging, geht aus folgendem Talmudzitat hervor: „Wenn er (der Hohepriester) ein Weiser war, erläuterte er die Schrift, und wenn nicht, erläuterte sie einer der Schüler der Weisen vor ihm." Traktat Joma, A/1.

[10] In „Heidentum Christentum Judentum" schrieb Brod über „Jesus der Nazaräer": „Doch daneben regte sich [...] die Stimmung, daß aller politischer Widerstand nutzlos sei dieser furchtbaren römischen Übermacht gegenüber [...]. Nur im Geiste (so glaubte Jesus nicht allein) sei noch das Judentum zu retten." S. 222 f. Brod kam hier der Auffassung, die er dreißig Jahre später in dem Jesus-Roman gestaltet, nahe: „Wie fest sein Glauben an sich und seine Messiassendung war, das sieht man aus der geradezu bestürzenden Geradlinigkeit, ja auf den ersten Anschein fast konfliktlosen Sicherheit seines kurzes Lebens [...]. Nie ergibt sich ein Aufklaffen zwischen seiner Mission und seinem Wollen, zwischen Trieb und Pflicht [...]. Die Gnade hat hier die denkbar höchste Intensität erreicht" (S. 217 f.).

[11] Es scheint uns von Interesse, hier die Untersuchungen über diese Sitzung, vom juristischen Gesichtskreis aus gesehen, anzuführen. Entnommen sind nachstehende Ausführungen dem Artikel Haim H. Cohns, Richter des obersten Gerichtshofes in Israel: Reflections on the Trial and Death of Jesus, in: The Israel Law Review Association, 1967. Übersetzung von Margarita Pazi.
Die Theorie des jüdischen Prozesses, derzufolge der Hohepriester das Sanhedrin in seinem Hause in der Nacht einberief, die Verhandlung nach jüdischem Gesetz an Ort und Stelle geführt und Jesus nach seinem eigenen Geständnis der Gotteslästerung schuldig gefunden und zu Tode verurteilt wurde, ist, trotz eindrucksvoller Widerlegungen von hervorragenden Quellen, noch immer die historisch und theologisch verbreiteste. Folgende Punkte lassen diese Theorie höchst unwahrscheinlich erscheinen, da sie das Unvereinbare mit all den Überlieferungen des Gesetzes und Verfahrens dieser Zeit zeigen (S. 16):
1) Sanhedrin konnte nicht – und tat es auch nie – Rechtstätigkeit im Hause des Hohepriesters oder irgendwo anders, außerhalb des Gerichtshauses im Tempelhof, ausüben. (Mishna Middot 5, 4. B. Sanhedrin 86 b)
2) Strafprozesse mußten während des Tages geführt und beendet werden; eine Sitzung des Gerichtshofes war in der Nacht nicht erlaubt. (B. Sanhedrin 32 a)

3) Ein Strafprozeß durfte weder am Vorabend eines Feiertages, noch an dem Feiertage
selbst stattfinden.                                                    (B. Sanhedrin 32 a)
4) Niemand durfte auf Grund seiner eigenen Aussage schuldig befunden werden.
                                                                       (Tossefta Shavuot 3, 8)
5) Eine Verurteilung mußte sich auf die Aussage von wenigstens zwei glaubwürdigen
und unabhängigen Zeugen stützen, daß das Vergehen in ihrer Gegenwart begangen
wurde und daß der Angeklagte Kenntnis von der Strafbarkeit der Tat hatte.
                                                                       (Tossefta Sanhedrin 11, 1)
6) Das Vergehen der Gotteslästerung ist nur dann begangen worden, wenn die Zeugen
aussagen, daß der Angeklagte in ihrer Gegenwart den Namen Gottes, der nur einmal im Jahre, am Versöhnungstag, von dem Hohepriester im innersten Heiligtum
des Tempels ausgesprochen werden darf, aussprach.         (Mishna Sanhedrin 7, 5) S. 17

Der Ansicht, daß Jesus in das Haus des Hohepriesters nicht zu einer Gerichtsverhand-
lung, sondern zu einem anderen Zweck gebracht worden war, die z. B. Lietzmann,
Brand, Baer und Bieneret vertreten, schließt sich auch Haim Cohn an; es gibt keine
andere Möglichkeit, als anzunehmen, daß der Hohepriester wußte, daß Jesus in der
frühen Morgenstunde des nächsten Tages vor Pilatus kommen sollte. Wenn nun irgend
etwas von den jüdischen führenden Stellen in der Angelegenheit des Prozesses unternommen werden sollte, mußte es sofort geschehen, noch in der Nacht. Es kann, wie
Haim Cohn annimmt, nur eine Sache gegeben haben, an der die jüdischen Führer der
Zeit wirklich und lebenswichtig interessiert waren: die Tötung eines Pharisäers durch
die Römer, der die Liebe und Zuneigung des Volkes genoß, zu verhindern. Ihre
Motive hierfür waren realistisch und politisch: die Verurteilung Jesus durch die Römer
zu vereiteln, könnte sie in den Augen des Volkes in ihrer Position als die natürlichen
und gesetzlichen Führer stärken. S. 23 f.

Der bewaffnete oder unbewaffnete Aufstand, inhärent in dem Anspruch, König zu
sein − ohne vom Kaiser als solcher bestimmt oder anerkannt zu sein −, war ein Vergehen gegen die Lex Julia Majestatis. Das Vergehen war mit dem Tode bestrafbar.
Gerichtsbarkeit hierzu hatten in den Kolonien die Procuratoren, und zu diesem Zwecke
war den Procuratoren das Jus Gladii, das Recht, die Todesstrafe zu verhängen und
auszuführen zu lassen, verliehen. S. 11.

Um den Freispruch Jesu zu sichern, mußte Jesus überredet werden, sich nicht schuldig
zu bekennen. Es scheint, daß die Antwort Jesu auf die Frage des Hohepriesters der
Grund war, weshalb der Hohepriester und die Ältesten und Schriftgelehrten die Hoffnung aufgaben, dies zu erreichen. Die Tatsache, daß nur der Hohepriester seine Kleider
zerriß − und nicht alle Anwesenden, wie es − hätte Gotteslästerung vorgelegen − der
Fall hätte sein müssen, scheint besonders beachtenswert. Nicht weil Jesus den heiligen
Namen Gottes ausgesprochen hatte, zerriß der Hohepriester sein Kleid, sondern in der
Verzweiflung, seine Bemühungen, Jesus zu überzeugen − und vor der Verurteilung
zum Tode zu retten − vereitelt zu sehen. Und vielleicht auch im Vorgefühl der ent-
setzlichen Folgen, die kommen sollten. S. 24, 26, 31.

Haim Cohn untersucht die Frage des Hohepriesters und Jesu Antwort und belegt, daß
in der Antwort: „Ich bin es" − und − „Ihr werdet sehen des Menschen Sohn sitzen zur
rechten Hand der Kraft und kommen mit des Himmels Wolken" (Markus 14, 62,
Matthäus 26, 64) keinerlei Gotteslästerung lag. Jesus behauptete nicht, ein göttliches
Wesen zu sein; die Beschreibung ‚des Menschen Sohn' ist die wörtliche Übersetzung aus
dem hebräischen ‚Ben Adam', der übliche Ausdruck für Mensch. Aber auch in dem
Sinne von ‚Gottes Sohn' ist die Bedeutung: ‚der von Gott gewählte ihm zu dienen'.
Die messianischen Ansprüche, die Jesus stellte, überschritten nicht die Grenzen des
Gesetzlichen; diese Hypothese wird durch den Prozeß Peters vor dem Sanhedrin, ein
Jahrzehnt später, bestätigt. S. 27 und 29.

Als Jesus von Pilatus gefragt wurde, ob er der König der Juden sei, antwortete er −
wie einstimmig in den Evangelien zitiert −: „Du sagst es" und machte sich hiermit der
Auflehnung gegen den römischen Kaiser und dem von ihm anerkannten König schuldig.
Jesus Geständnis bezieht sich nur auf seinen Anspruch als König der Juden. Es kann
kein Zweifel bestehen, daß ein solches Geständnis zur Verurteilung ausreichend war. Es

kann auch kein Zweifel darüber sein, daß der Anspruch Jesu, König der Juden zu sein, die Beschuldigung war, die den Grund für die Verurteilung und das Urteil bildete. Beweis hierfür ist die übereinstimmend zitierte Inschrift des Kreuzes ‚Rex Judaeorum‘; die Anführung des Vergehens am Kreuz war nach dem römischen Gesetz vorgeschrieben. S. 10.

[12] In seiner Zeit des Sturm und Dranges, in seinem ‚Tycho Brahe‘, hatte Max Brod sich bereits mit den Worten und der Gestalt Jesu beschäftigt. Er war damals, in den Jahren 1914/15 zu einer Interpretation gelangt, die als symptomatisch für die Zeit, in der sie entstand, wie auch für die geistige Entwicklung Brods zu werten wäre: „Nein, nein! Es ist nicht vollbracht, so soll es heißen. Es ist ein Fehler in der Überlieferung, das fühle ich ganz deutlich. Als der Herr seine Kraft erlöschen fühlte, da rief er aus: Gott, mein Gott, warum hast du mich verlassen? Und damit soll gesagt sein, daß er wohl wußte, ein unvollendetes Werk, eine unerlöste Welt voll von bösen Menschen und Missetaten zurückzulassen. [...] Und deshalb waren seine letzten Worte keine Hymne, sie waren auch kein Abschluß, diese letzten Worte, kein Siegel ... Nein, diese letzten Worte waren ganz weich und zerbrochen, waren ohne jeden Stolz gesagt und des wahrsten Unglücks voll, ja schmerzhaft, unglücklich und ins Lehre verhaucht. .... Welch ein Born von Unglück, Mitleid, von Unzufriedenheit und trostloser nackter Verzweiflung liegt in diesen Worten [...]“ (TYB 317 f.).

[13] Kurt Ihlenfeld: Zeitgesicht, Erlebnisse eines Lesers, Witten und Berlin 1959, S. 90 f.: „Im Evangelium wird Jesus nie und nirgends zum Objekt von Betrachtungen, wie sie ein Dichter wohl anstellen könnte – immer bleibt er Subjekt, Mitte, unzugänglich jeder Spekulation vom Rande her. Und weil wir es so kennen – und als das einzig Angemessene kennen –, darum hat wohl jede dichterische ‚Aufhellung‘ dieser Gestalt für uns wenig Überzeugendes.“ Ihlenfeld weist aber auch auf „die hohe Ehrfurcht, die merkwürdige Liebe, die den Verfasser beseelt im Umgang mit seinem einzigartigen Stoff“, hin.

[14] Shalom Ben-Chorin: Jüdische Fragen um Jesus Christus, in: Juden, Christen, Deutsche, Stuttgart 1961, schreibt, vom gleichen Gesichtspunkt ausgehend: „Und seit ich aus dem christlichen Europa in das jüdische Israel übergesiedelt bin, ist er mir noch viel näher gekommen; denn ich lebe in seinem Lande und unter seinem Volke, und seine Aussprüche und Gleichnisse sind mir so nahe und so lebenswarm, als wäre dies alles heute hier gesagt“ (S. 148).

[15] Kurt Ihlenfeld: Zeitgesicht, Erlebnisse eines Lesers, Witten und Berlin 1959, S. 90 f.

[16] In einem Brief an Franz Werfel vom 16. 2. 1945; vgl. S. 153 f. in dieser Arbeit.
Josef Klausner: Jesus von Nazareth, Jerusalem 1952, S. 573, sagt hierzu: „Doch er (Jesus) ist für das jüdische Volk kein Gesetzgeber oder Religionsstifter. Doch ist Jesus für das jüdische Volk ein Lehrer hoher Sittlichkeit und ein Gleichnisredner ersten Ranges. Er ist gerade *der* Lehrer der Sittlichkeit, die *für ihn* im religiösen Bereich alles bedeutete.“

[17] Zu Haman vgl. S. 55 f. in dieser Arbeit. In dem 1912 veröffentlichten Schauspiel „Die Höhe des Gefühls“ gestaltet Brod zum ersten Mal dieses Symptom in Sh'chem, der zu Noah sagt: „Hast du es übernommen, das Leben zu retten, so übernehme ich es, uns und jeden Hauch auszulöschen“ (S. 116).

[18] Das Demütigende und Paradoxe liegt für Judas darin, daß „die römische Maschine schon begonnen (hat) zu arbeiten. Ich werde zu Judas, dem großen Verräter [...] (Mei 452). „Nichts bleibt von mir. Weniger als nichts, – eine Lüge. Eine vielgeglaubte Verleumdung, die möglicherweise einmal platzen wird –“ (Mei 456).

[19] Leonid Nikolajewitsch Andrejev: Judas Ischariot (1907) Hamburg 1957, S. 106. Die Flucht der Jünger, die Brod nur andeutet, benutzt Andrejev zur Verteidigung Judas‘, der fragt: „Verbot er euch zu sterben? Warum also lebt ihr, wenn er tot ist. Wie können deine Wangen, Johannes, erglühen, wenn seine Wangen bleich sind? Wie wagst du zu reden, Petrus, wenn er schweigt?“ S. 106 ff.

[20] a. a. O., S. 150

[21] The Interpreters Dictionary of the Bible, New York 1962, stellt die Hypothese auf, daß Judas versuchte, Jesus durch seinen Verrat zu zwingen, seine Macht zu zeigen

und hiermit die religiösen und politischen Mächte von seinem Messianismus zu überzeugen.
Ähnlich auch Romano Guardini: (Judas) faßte den Entschluß, ihn in Todesgefahr zu
bringen: dann würde er handeln, seine überirdische Macht gebrauchen müssen und die
ersehnte Herrlichkeit aufrichten." In: Der Herr, Würzburg 1937, S. 472.
Josef Klausner: Jesus von Nazareth, Jerusalem 1952, S. 448, kommt zu der Ansicht,
daß die psychologische Ursache der Tat Judas' die Verzweiflung war, die ihn über die
menschlichen Schwächen seines Herrn ergriff. Die Kenntnis dieser Fehler machte ihn
schließlich blind gegen die vielen Vorzüge Jesu.
Eine völlig andere Betrachtungsweise hat die griechisch-orthodoxe Kirche, die Judas zu
einem Heiligen machte. Durch seine Opfertat wurde die Passion ausgelöst, die die
Erlösung der Welt herbeiführen sollte. Shalom Ben-Chorin in seiner Besprechung „Der
Meister", in: Neueste Nachrichten, Tel-Aviv, 5. 10. 1951.

## ARMER CICERO, 1955

[1] Wilhelm Ax: Cicero; Mensch und Politiker, Stuttgart 1953, S. XXI
[2] Plutarch: Römische Heldenleben, übertragen und herausgegeben von Wilhelm Ax,
   Stuttgart 1953, Absatz 41: „Cicero [...] bald ein junges Mädchen heiratete, in ihre
   jugendliche Schönheit verliebt, wie Terentia in der Stadt verbreitete, wegen ihres
   Geldes, um seine Schulden zu bezahlen, wie sein Freigelassener Tiro berichtete." S. 319
[3] Brod gestaltet hier noch einmal den tragischen Zwiespalt, der dann entsteht, wenn der
   sittlich gelenkte Mann mit der nur dem Gesetz der Natur und Vitalität gehorchenden
   Frau zusammentrifft. Es ist das Problem der Polarität, das auch in „Annerl" und in
   „Zauberreich der Liebe" das zentrale Thema ist.
[4] Plutarch, Ende Absatz 41: Der Tod seiner Tochter hatte ihn tief getroffen, so daß er
   sich sogar von seiner jungen Frau wieder trennte, weil er glaubte, sie freue sich über
   den Tod seiner Tochter. S. 320
[5] Plutarch erwähnt Antiochus von Askalon, dessen Vorlesungen Cicero in Athen besuchte: „Die Leichtigkeit und Schönheit seiner Rede bezauberte Cicero, doch konnte
   er sich mit seinen neuen Gedanken in der Philosophie nicht befreunden." Absatz 4.
   S. 280
[6] In einem Brief Ciceros an seine Familie aus Brundisium, 30. April 58. S. 51
[7] Es ist eine analoge Situation zu der Galileis, doch in wesentlich gelockerter Form. Das
   Ringen der geistigen Triebe beschränkt sich auf das rein Ethische. Antiochus steht
   zwischen zwei Frauen, seiner Gattin und einer Tänzerin; durch sein Zögern verliert er
   beide.
[8] Cicero betont in der 13. Philippika, daß es sein Schicksal wäre, mit der Freiheit des
   Staates zu stehen oder zu fallen.
[9] Am 18. April 44 schrieb Cicero an Atticus: „Die Männer des 15. März, unsere Heroen,
   haben die Tat mit dem Mute von Männern, aber mit der Einsicht von Schulknaben
   durchgeführt. Den Tyrannen sind wir los, die Tyrannei ist uns erhalten geblieben."
   (AC 219)
[10] Dies war auch eine der persönlichen Maximen Max Brods.
[11] Brod läßt allerdings Cicero diese letzte Erkenntnis nicht leicht werden: Cicero unternimmt einen Versuch, den Mördern zu entfliehen; erst die allerletzte Nähe des Todes
   fand ihn in ihrer Unentrinnbarkeit gefaßt und groß.
[12] Brief Ciceros an Atticus vom 25. Juli 59. S. 48
[13] Cowell: Cicero and the Roman Republic, New York 1948, S. 281 f., kommt zu der
   Ansicht, daß es zwischen dem Cäsarismus einerseits – wie attraktiv er auch immer sein
   mag als kürzester Weg zur größtmöglichen Ausnutzung aller vorhandenen Kräfte –
   und der Herrschaft des Gesetzes andererseits, auch wenn sie nur mit knapper Not
   gelingt, nur eine Wahl gibt. Cicero hat das sehr klar erkannt.
[14] Der Brief Ciceros an Atticus vom 12. März 49 enthält eine Frage, die im Laufe von
   2000 Jahren nichts an Aktualität eingebüßt hat und noch immer ihrer Antwort harrt:
   ob man im Vaterland bleiben müsse, wenn es von einem Tyrannen überwältigt wird?
   S. 184

[15] Wilhelm Ax: Cicero, Mensch und Politiker, Stuttgart 1953, S. XXIII. Die vorstehend angeführten Briefe Ciceros sind nach diesem Buch zitiert.

[16] In „Diesseits und Jenseits" erweitert Brod den Gedanken der Größe ohne Ideale, in Verbindung mit Gewalt und Macht, und zitiert als Prototyp Cäsar.

[17] Bei Plutarch ist die Erscheinung in Absatz 36 erwähnt.

[18] Felix Weltsch in einem Brief an Max Brod vom 3. 12. 1955, im Besitz von Max Brod, Tel-Aviv.

### JOHANNES REUCHLIN UND SEIN KAMPF, 1966

[1] In einem persönlichen Gespräch am 9. 2. 1968. Von Reportern des ‚Mitteilungsblatt', Tel-Aviv, interviewt, äußerte sich Max Brod: „Zuerst dachte ich daran, das Leben Reuchlins und damit seine Bedeutung in romanhafter Form zu schildern, dann aber hat mich der Stoff so gepackt, daß ich mich dazu entschlossen habe, ein geschichtliches Werk zu schreiben, das sich um ein möglichst hohes Maß von Objektivität der Darstellung bemüht." In: Mitteilungsblatt, Tel-Aviv, 22. Mai 1964.

[2] „De verbo mirifico", 1494, „De arte cabalistica", 1517

[3] Geiger, Ludwig: Johann Reuchlin. Sein Leben und seine Werke, Nienkopp 1964; Grätz, Heinrich: Geschichte der Juden, Leipzig 1907.

[4] Die Ablehnung der Kabbala in wissenschaftlichen jüdischen Kreisen war bis zum 20. Jahrhundert die übliche Einstellung.

[5] Gershom Sholem, Professor für jüdische Philosophie an der Hebräischen Universität Jerusalem, veröffentlichte eine Reihe von wichtigen Werken zur Deutung der Kabbala.

[6] So zitiert Brod eine Geschichtsbetrachtung von Andreas: „Deutschland vor der Reformation", der an den deutschen Fürsten „die unheimliche Mischung von Verbrechen und Raffinement vermißt", die die Borgias „so anziehend macht"; ein Urteil, von dem sich Brod entschieden distanziert (Reuch 15).

[7] Brod führt an, daß Dante in seinem 4. Gesang der „Hölle" den von ihm so verehrten Klassikern in der Hölle begegnen muß, „perch'e non ebber battesmo".

[8] Es erscheint erforderlich, eine kurze Erläuterung der Begriffe und Bezeichnungen der jüdischen Schriften zu geben, um die der Streit ging und mit deren Studium sich Reuchlin später ausführlicher beschäftigte:

T'nach,  die Abkürzung für ‚Thora, Newiim, Ktuwim': Thora = die fünf Bücher Moses; Newiim = die Propheten, die Richter, die Könige, das Buch Samuel; Ktuwim = die restlichen Schriften und der Prophet Daniel.

Mishna,  von dem hebräischen Wort ‚shano' = lernen, ist eine Sammlung von Gesetzen und Bestimmungen der Weisen (Tana'im), geordnet von Rabbi Jehuda Hanassi im 2. Jahrhundert.

Gemarrah, von dem aramäischen Wort ‚gemar' = lernen, ist die Erläuterung der Mishna durch die Weisen (Amora'im) vom 3. bis 5. Jahrhundert, die Weisen (Sawora'im) gaben der Gemarrah im 5. bis 8. Jahrhundert die endgültige Fassung.

Midrash,  von dem hebräischen Wort ‚d'arosh' = erklären, ist eine Sammlung von Regeln, Legenden und Gleichnissen.

Talmud,  von dem hebräischen Wort ‚lamod' = lernen, ist der Sammelname für die mündliche Lehre = Mishna, Gemarrah und Midrash.

Kabbala,  hebräisch für Empfang und Überlieferung, ist die ‚Weisheit des Verborgenen', die jüdische Mystik; sie entstand im 13. Jahrhundert. Die Grundlage ist das Buch ‚Sohar' (hebräisch für Glanz), das einem Schüler des Rabbi Akkiba, Rabbi Shimon Bar Jochai, eines Tana aus dem 2. Jahrhundert, zugeschrieben wird. Es ist in aramäischer Sprache verfaßt. Ein wichtiges Werk über die jüdische Mystik ist das Buch ‚Jezira' (hebräisch für Schöpfung), dessen Verfasser unbekannt ist. Es entstand im 8. oder 9. Jahrhundert und enthält die mystische Weltanschauung und verschiedene Deutungen über die Schöpfung der Welt.

[9] Siehe S. 121 in dieser Arbeit.

[10] Daß ein Jude, ob gläubig oder emanzipiert, getauft oder orthodox, sich abfällig über Juden oder ihre Religion ausdrücken könnte, war für Brod ein unverzeihliches Vergehen. Der Anlaß zu dieser Einstellung läßt sich unschwer auf Karl Kraus zurückverfolgen. Vgl. S. 16 f. in dieser Arbeit.

[11] Brod beobachtet in seinem Hinweis auf die ‚Dunkelmännerbriefe‘, daß die Humanisten, die bis dahin eine aristokratische Sippschaft, eine ‚Gelehrtenrepublik‘ dargestellt hatten, sich mit diesen Briefen an die plebejischen Instinkte wandten und den Übergang zu dem ‚breitströmenden‘ Erregtsein der später einsetzenden Reformation schufen (Reuch 244).

[12] Mit der unbeeinflußbaren Ironie der Weltgeschichte endete die Verfolgung des Talmud mit der ersten vollständigen Drucklegung des babylonischen Talmud (12 Foliobände, gedruckt von Daniel Bomberg in Venedig) im Jahre 1520 mit der Erlaubnis desselben Papstes, Leo X., der den ‚Augenspiegel‘ wegen seiner günstigen Beurteilung des Talmud verdammt hatte.

[13] Vgl. S. 157 f. in dieser Arbeit.

[14] Reuchlin: Augenspiegel, zitiert nach Reuch 218.

[15] Reuchlin widmete der Zahlenmystik großes Interesse, die er dem Buch ‚Jezira‘ entnommen hatte. Mit diesem sehr komplizierten Thema muß Reuchlin häufig in die gefährliche Nähe der Magie gekommen sein. ‚Gimatria‘ ist der Name dieser Lehre vom Zahlenwert der hebräischen Buchstaben, die häufig mystisch ausgelegt wird.

[16] Reuchlin gibt auf Grund der unvollständigen Quellen, die ihm zugänglich waren, von der Kabbala die Darstellung einer Vermengung einander widersprechender, doch zur gleichen Zeit entstandener Systeme der jüdischen Mystik. Gershom Sholem hat bei Klärung dieser zwei Bereiche die Bezeichnungen ‚ekstatische‘ und ‚theosophische‘ Kabbala eingeführt. Obwohl beide Wege heute durch den Weg der möglichst genauen Beobachtung und des Experiments verdrängt sind, wie Brod in diesem Zusammenhang bemerkt, ist er, der Autor kulturphilosophischer Werke mit religionsphilosophischer Tendenz, der Ansicht, daß die irrationale Methode nichtsdestoweniger ihre Rechtfertigung hat.
Max Brod zitiert in diesem Buch häufig und ausführlich die Forschungen und Erläuterungen Gershom Sholems, mit dem ihn auch persönliche Freundschaftsbeziehungen verbanden.

[17] Wenn auch Reuchlins Aufklärungsarbeit über die geistigen Werte der jüdischen Schriften den so kurz nach seinem Tode veröffentlichten Aufruf Luthers gegen die Juden nicht verhindern konnte, so verringert dies nicht das Verdienst Reuchlins, es zeigt nur die Kurzsichtigkeit der Umwelt.

[18] Berndt Wessling, in: Bayreuth, Mon amour, Bremen 1966, S. 103, kommt anläßlich einer Schilderung seiner letzten Begegnung mit Max Brod auf dieses Buch zurück: „Die Steine Reuchlins. Brod hat sie für uns lesbar gemacht. Reuchlin und sein Kampf gegen Johann Pfefferkorn; Reuchlin der deutsche Verteidiger der Synagoge, ein Sohn der Deborah, der paukt und trummt, um eine Idee offenbar werden zu lassen; die Summe der Gedanken Gerbels, Huttens und des Rubianus. Reuchlin, der Grenzfall, der philosophische Gladiator am Eingang einer anderen Zeit, der Raffael mit dem erhobenen Schwert des Geistes, der den Ruf aus Sohar verteidigt.“

## ZUSAMMENFASSUNG

[1] Dagmar Eisnerova: Der Weg aus der Einsamkeit. In: Weltfreunde, Prag 1967, schreibt hierzu: „Die Entwicklung mancher der führenden Gestalten, insbesondere die Max Brods, bezeugt in ihren Schwankungen, wie schwer es war, einen neuen Weg zu finden.“ (S. 179)

[2] Die Bemühungen Max Brods, den Freunden eine seelische Heimat zu schaffen, wurden in dieser Arbeit auf Seiten 147 und 151 beobachtet.
In einem Artikel „Jüdische Volksmelodien“ in: Der Jude, 1916, S. 344, versucht Brod, dies auch für die Verstorbenen zu schaffen, indem er die häufig kritisierten Marschrhythmen in Gustav Mahlers Musik auf „den unbewußten Urgrund seiner (Mahlers) Seele“ zurückführt, denn jüdisch-religiöse Lieder der Chassidim weisen oft einen

scharfen Marschrhythmus auf, der Brod die „fröhliche, aufrechte Gangart einer gott-
erfüllten Seele zu symbolisieren" scheint. Mendelssohn, Heine, Offenbach, in den ihnen
zukommenden – jüdischen – Rahmen gestellt, verlieren das störende Fremde, das an
ihren Werken die nichtjüdische Umgebung abstößt.

³ Dahingehend auch eine handschriftliche Notiz in den Papieren Max Brods, wahrscheinlich aus den Jahren des Ersten Weltkrieges: „Kern des Judentums – es gibt keinen Kern – nur Mitzvoth" (hebräisch für Gottesgebote, die sich häufig auf Taten
beziehen).

⁴ Max Brod: Von Sinn und Würde des historischen Romans. In: Die neue Rundschau,
1956, S. 501 f.

⁵ Johannes Urzidil: Der lebendige Anteil des jüdischen Prag an der neueren deutschen
Literatur. In: Bulletin des Leo Baeck Institutes, Tel-Aviv 1967, S. 275

⁶ Die große Neigung Brods zum Diskutieren scheint auf der gleichen Ebene zu liegen.
Diskutieren im Sinne von lehren, davon spricht auch der Brief Max Brods an Martin
Buber vom 13. 2. 1917, in dem er schreibt:
„Der Fall Werfel liegt also so: Werfel ist nicht die mimosenhaft zarte Natur wie
z. B. mein Freund Kafka [...]. Werfel ist im Grund sehr robust und vernünftig.
Sein ganzes Leben ist ja Diskussion. Er diskutiert unaufhörlich und mit allen, die
ihm begegnen. Er sehnt sich nach Klarheit und ich würde es für einen Fehler
halten, jetzt in meiner Wirkung auf ihn plötzlich zu stoppen."
Im Besitz von Max Brod, Tel-Aviv. (Die in diesem Brief erwähnte Diskussion war das
Judentum.)

⁷ Im Besitz von Max Brod, Tel-Aviv, unter den handschriftlichen Notizen des Privat-
archivs.

⁸ Felix Weltsch schrieb in einem Brief vom 3. 12. 1960 an Max Brod: „Nur wer so tief
erlebt wie Du, kann so tiefe Engramme behalten." Im Besitz Max Brods, Tel-Aviv.

⁹ Berndt Wessling, in: Bayreuth, Mon amour, Bremen 1968, S. 102, ist anderer Auffassung, wenn er über eine Begegnung mit Brod schreibt: „Er stammt aus Prag, so
sagt man. Das ist das einzige, was ich ihm nicht glaube. Die goldene Stadt hat ihre
Spuren in seinem Leben hinterlassen; aber er kommt aus einer anderen Welt, aus dem
harmonischen Universum, das Richard von Middletown, der Scholastiker, als Keim-
zelle des ‚glücklichen Geistes' ansah."

¹⁰ Hermann Grab: Die Schönheit häßlicher Bilder. In: Dichter Denker Helfer, Prag 1934,
sagt über die Romane Brods: „[...] durch die Ritzen [...] dringt der Dunst einer Stadt
herein, die Luft der bleitürmigen Traumstadt Prag" (S. 31).
Auf dem Schreibtisch Max Brods lag 1968 in Tel-Aviv noch das Telefonbuch Prags aus
dem Jahre 1937; in seinem Spätwerk erlebte er noch einmal die Kinder- und Knaben-
freundschaften in dieser Stadt, in der er die geistigen und seelischen Eindrücke empfing, die seine Wesensart formten.

¹¹ Max Brod fügte diese Bemerkung der Erwähnung der intimen Kulturabende bei, die
seine Schwägerin, Nadja Taussig, in Tel-Aviv veranstaltete.

¹² Johannes Urzidil, im Bulletin des Leo Baeck Institutes, Tel-Aviv 1967, S. 276

¹³ René Schickele, in: Berliner Börsen-Courier vom 9. 3. 1913, zitiert nach Paul Raabe, in:
Weltfreunde, Prag 1967, S. 253

¹⁴ Vgl. S. 12 und 17 in dieser Arbeit.

¹⁵ Schin Schalom: K'tuwim Masot (Schriften und Essays), Tel-Aviv 1966, S. 45

¹⁶ Max Brod: Flaubert und die Methoden des Realismus. In: Die neue Rundschau, 1950,
S. 610

¹⁷ In einem Gespräch am 9. 12. 1968 sagte Max Brod: „Ich war immer ungeheuer lebens-
bejahend, das ist sehr jüdisch, und deshalb hatte ich auch häufig Debatten mit Kafka,
der diese Einstellung nicht verstehen konnte." Elf Tage nach diesem Gespräch starb
Max Brod; er hatte seine Lebensbejahung bis zum letzten Atemzug bewahrt.

¹⁸ Paul Raabe, in: Ciba Symposium, Band 16, Heft 3, Basel 1968, S. 7

¹⁹ Der Begründer des Chassidismus.

²⁰ Der Babylonische Talmud, Baba Bathra Fo. 9a; Maharsha legt Jesaja 32/17 dahingehend aus, daß über den Handelnden gesagt wird, er übe Gerechtigkeit, über den Ver-
ursacher hingegen, er bringe Frieden, und das ist das Überwiegende.

# SIGLENVERZEICHNIS

Im Werkverzeichnis sind die Erstausgaben angegeben. Wenn in der Untersuchung nach anderen Ausgaben zitiert wurde, ist dies angeführt.

AC      —    Armer Cicero
BdL     —    Das Buch der Liebe
DgL     —    Das gelobte Land
DgW    —    Das große Wagnis
DuJ     —    Diesseits und Jenseits
DvF     —    Die verbotene Frau
DW      —    Das Diesseitswunder
Ex       —    Experimente
EKE     —    Eine Königin Esther
F        —    Franzi, oder eine Liebe zweiten Ranges
Fne     —    Die Frau, die nicht enttäuscht
Gal      —    Galilei in Gefangenschaft
GeG     —    Gesang einer Giftschlange
HChJ   —    Heidentum Christentum Judentum
HH      —    Heinrich Heine
Mei     —    Der Meister, C. Bertelsmann, Gütersloh 1952
N        —    Nationalhumanismus
PrK     —    Der Prager Kreis
R        —    Reubeni
Reuch   —    Johannes Reuchlin und sein Kampf
RJ       —    Rassentheorie und Judentum
Roko    —    Die Rosenkoralle
SchN    —    Schloß Nornepygge
Ster     —    Sternenhimmel
StL      —    Streitbares Leben
StR      —    Stefan Rott, oder das Jahr der Entscheidung
TdT     —    Tod den Toten
TschD   —    Ein tschechisches Dienstmädchen
TYB     —    Tycho Brahes Weg zu Gott, Kurt Wolff, Leipzig 1917
UFK     —    Über Franz Kafka
Unz     —    Das Unzerstörbare
WdV     —    Der Weg des Verliebten

# PERSONENREGISTER

# DIE WERKE MAX BRODS

1. 1906 Tod den Toten, 11 Novellen, Berlin, Axel Junker
2. 1907 Experimente, 4 Novellen, Berlin, Axel Junker
3. 1907 Der Weg des Verliebten, Lyrik, Berlin, Axel Junker
4. 1908 Schloß Nornepygge, Roman, Berlin, Axel Junker
5. 1909 Ein tschechisches Dienstmädchen, Roman, Berlin, Axel Junker
6. 1909 Erziehung zur Hetäre, Ausflüge ins Dunkelrote, Novellen, Berlin, Axel Junker
7. 1909 Pierrot der Spaßvogel, Lyrik, Gedichte und Szenen mit Franz Blei, nach Laforgue, Berlin, Axel Junker
8. 1910 Tagebuch in Versen, Lyrik, Berlin, Axel Junker
9. 1911 Abschied von der Jugend, Lustspiel, Berlin, Axel Junker
10. 1911 Jüdinnen, Roman, Berlin, Axel Junker
11. 1912 Arnold Beer, Roman, Berlin, Axel Junker
12. 1912 Die Höhe des Gefühls, Drama, Berlin, Axel Junker
13. 1912 Der Bräutigam, Novellen, Berlin, Axel Junker
14. 1913 Anschauung und Begriff, mit Felix Weltsch, Leipzig, Kurt Wolff
15. 1913 Arcadia, ein Jahrbuch der Dichtkunst, herausgegeben von Max Brod, Leipzig, Kurt Wolff
16. 1913 Über die Schönheit häßlicher Bilder, Essaynsammlung, Leipzig, Kurt Wolff
17. 1913 Weiberwirtschaft, Novellen, Berlin, Axel Junker
18. 1914 Die Retterin, Schauspiel, Leipzig, Kurt Wolff
19. 1914 Gedichte des Catullus, aus dem Lateinischen, München, Georg Müller
20. 1915 Tycho Brahes Weg zu Gott, Roman, Leipzig, Kurt Wolff
21. 1916 Die erste Stunde nach dem Tod, Novelle, Leipzig, Kurt Wolff
22. 1917 Das gelobte Land, Lyrik, Leipzig, Kurt Wolff
23. 1918 Eine Königin Ester, Drama, Leipzig, Kurt Wolff
24. 1918 Das große Wagnis, Roman, Leipzig, Kurt Wolff
25. 1920 Sozialismus im Zionismus, Essay, Wien, R. Löwit
26. 1920 Im Kampf um das Judentum, Essays, Wien, R. Löwit
27. 1920 Die Fälscher, Schauspiel, Leipzig, Kurt Wolff
28. 1921 Das Lied der Lieder, München, Hyperion
29. 1921 Heidentum Christentum Judentum, Leipzig, Kurt Wolff
30. 1921 Adolf Schreiber, Biographie, Berlin, Welt-Verlag
31. 1921 Das Buch der Liebe, Lyrik, Leipzig, Kurt Wolff
32. 1921 Die Erlöserin, Dialog, Berlin, Ernst Rowohlt
33. 1922 Franzi, oder eine Liebe zweiten Ranges, Roman, Leipzig, Kurt Wolff
34. 1923 Klarissas halbes Herz, Lustspiel, Leipzig, Kurt Wolff
35. 1923 Sternenhimmel, Essays, Leipzig, Kurt Wolff
36. 1924 Prozeß Bunterbart, Schauspiel, Leipzig, Kurt Wolff
37. 1924 Leben mit einer Göttin, Roman, Leipzig, Kurt Wolff
38. 1925 Reubeni, Fürst der Juden, Roman, Leipzig, Kurt Wolff
39. 1925 Zionismus als Weltanschauung, Essays, gemeinsam mit Dr. Felix Weltsch, Mähr.-Ostrau, Dr. R. Färber

40. 1925 Leoš Janáček, Biographie, Wiener Philharmonischer Verlag
41. 1927 Die Frau, nach der man sich sehnt, Roman, Wien, Paul Zsolnay
42. 1927 Die Opunzie, Komödie mit H. R. Nack, Wien, Österr. Bühnenverlag
43. 1928 Die Abenteuer des braven Soldaten Schwejk, Komödie, nach Jaroslav Hašek, mit Hans Reimann, Berlin, Bühnen Verlag
44. 1928 Zauberreich der Liebe, Roman, Wien, Paul Zsolnay
45. 1929 Lord Byron kommt aus der Mode, Schauspiel, Wien, Paul Zsolnay
46. 1931 Stefan Rott, oder das Jahr der Entscheidung, Roman, Wien, Paul Zsolnay
47. 1933 Die Frau, die nicht enttäuscht, Roman, Amsterdam, Allert de Lange
48. 1934 Heinrich Heine, Biographie, Amsterdam, Allert de Lange
49. 1935 Annerl, Roman, Amsterdam, Allert de Lange
50. 1935 Novellen aus Böhmen, Amsterdam, Allert de Lange
51. 1936 Rassentheorie und Judentum, Essay, Wien, R. Löwit
52. 1937 Franz Kafka, Biographie, Prag, Mercy
53. 1938 Ein Abenteuer in Japan, mit Otto Brod, Amsterdam, Allert de Lange
54. 1939 Das Diesseitswunder, Essay, Tel-Aviv, Goldstein
55. 1947 Diesseits und Jenseits, I. Band, Winterthur, Mondial Verlag
56. 1948 Diesseits und Jenseits, II. Band, Winterthur, Mondial Verlag
57. 1948 Franz Kafkas Glauben und Lehre, Winterthur, Mondial Verlag
58. 1948 Galilei in Gefangenschaft, Roman, Winterthur, Mondial Verlag
59. 1949 Unambo, Roman, Zürich, Steinberg
60. 1951 Der Meister, Roman, Berlin, Eckart
61. 1951 Die Musik Israels, Tel-Aviv, Goldstein
62. 1952 Der Sommer, den man zurückwünscht, Roman, Zürich, Manesse
63. 1952 Beinahe ein Vorzugsschüler, Roman, Zürich, Manesse
64. 1953 Briefwechsel mit Janáček, Prag, Staatsverlag
65. 1953 Franz Kafka als wegweisende Gestalt, St. Gallen, Tschudi
66. 1955 Fünf Novellen, Zürich, Classen
67. 1955 Armer Cicero, Roman, Zürich, Classen
68. 1957 Rebellische Herzen, Roman, Berlin, Herbig
69. 1958 Mira, ein Roman um Hofmannsthal, München, Kindler
70. 1959 Verzweiflung und Erlösung im Werk Franz Kafkas, Frankfurt/M., Fischer
71. 1959 Jugend im Nebel, Roman, Berlin, Eckart
72. 1960 Die verbotene Frau, Wien, Stiasny
73. 1960 Streitbares Leben, Autobiographie, München, Kindler
74. 1961 Die Rosenkoralle, Roman, Berlin, Eckart
75. 1962 Durchbruch ins Wunder, Novellen, Rothenburg
76. 1962 Die verkaufte Braut, Biographie, München, Kindler
77. 1966 Der Prager Kreis, Stuttgart, Kohlhammer
78. 1966 Johannes Reuchlin und sein Kampf, Stuttgart, Kohlhammer
79. 1966 Gesang einer Giftschlange, Lyrik, München, Starczewski, München
80. 1966 Über Franz Kafka, Frankfurt/M., Fischer

81. 1968 Prager Tagblatt, Roman einer Redaktion, 1957 unter dem Titel
,Rebellische Herzen' erschienen, Frankfurt/M., Fischer
82. 1968 Das Unzerstörbare, Stuttgart, Kohlhammer

*Musik*

1927 Vier Lieder, Komposition für Klavier und Gesang, Wien, Universal Edition
1945 Sar Hamemune, jemenitisches Lied, Tel-Aviv, Merkaz le Tarbut
1949 Se'i Jona, jemenitisches Lied, Tel-Aviv, Merkaz le Tarbut

*Übersetzungen aus dem Tschechischen*

1914 Der Volkskönig, von A. Dvořak, Leipzig, Kurt Wolff
1932 Glorius, der Wunderkomödiant, von V. Werner, Wien, Universal Edition

*Kritiken und Bücherbesprechungen*

Die in den verschiedenen Zeitungen erschienenen Kritiken (größtenteils im
,Prager Abendblatt', ,Prager Tagblatt' und in Israel in ,Pinkas Katan') können
hier nicht einzeln angeführt werden.

*Opernlibretti*

1915 Der Burgkobold, aus dem Tschechischen, von V. Novák, Wien, Universal
Edition
1917 Jenufa, aus dem Tschechischen, von L. Janaček, Wien, Universal Edition
1922 Katja Kabanová, aus dem Tschechischen, von L. Janaček, Wien, Universal
Edition
1925 Das schlaue Füchslein, aus dem Tschechischen, von L. Janaček, Wien, Universal Edition
1928 Schwanda, der Dudelsackpfeiffer, aus dem Tschechischen, von Jaromir
Weinberger, Wien, Universal Edition
1930 Aus einem Totenhaus, aus dem Tschechischen, von L. Janaček, Wien, Universal Edition
1931 Spuk im Schloß, von J. Křička, umgearbeitet, Wien, Universal Edition
1932 Nana, nach Zola, Musik M. Gurlitt, Wien, Universal Edition

*Die wichtigsten Artikel von Max Brod*

1906 Zur Ästhetik, Das ,Neue' wird als das ,Schöne' bezeichnet, Gegenwart,
Berlin, 17. und 24. 2.
1908 Über André Gide »der schlechtgefesselte Prometheus«, Die Zeit, Wien,
22. 12.
1909 Felix Braun, Gedichte, Bohemia, Prag, 4. 4.
1910 Flauberts „Bouvard et Pécuchet", Die Zeit, Wien, 23. 1.
1910 Bei Flaubert, Pan, Berlin, 1. 12.
1911 Axiome über das Drama, Schaubühne, Berlin, 21. 9.
1911 Die Jargonbühne in Prag, Prager Tagblatt, 27. 10.
1912 Die Nichte Flauberts, Aktion, Berlin, 8. 1.

1913 Wieder bei Flaubert, Pan, Berlin, 28. 2.
1914 Über Egon Erwin Kisch, „Der Mädchenhirt", Aktion, Berlin, 18. 7.
1914 Vom Irrationalimus, S. 717, Weiße Blätter, Heft 8
1916 Organisation der Organisationen, S. 71, Das Ziel, Berlin
1916 Jüdische Volksmelodien, S. 344, Der Jude, Wien/Berlin 1. Jg.
1916 Unsere Literaten und die Gemeinschaft, S. 457, Der Jude, Wien/Berlin 1. Jg.
1916 Franz Werfels christliche Sendung, S. 717, Der Jude, Wien/Berlin 2. Jg.
1916 Vorwort zu ‚Dreibuch' Gorelik, Perez, Shalom Alejchem, Berlin, Jüdischer Verlag
1917 Christlich und Christlich, Jüdisch und Jüdisch, S. 209, Der Jude, Wien/Berlin 2. Jg.
1917 Grenzen der Politik, S. 465, Der Jude, Wien/Berlin 2. Jg.
1918 Ein menschlich-politisches Bekenntnis, Juden - Deutsche - Tschechen S. 1580/93, Die neue Rundschau XXIX
1918 Und das Krumme wird gerade, Die neue Rundschau
1918 Aktivismus und Rationalismus, S. 56, Die tätige Zeit
1950 Die neue Weltschau; Auf der Suche nach einem neuen Sinn unseres Daseins, Sonderdruck, St. Gallen
1950 Flaubert und die Methoden des Realismus, S. 610, Die neue Rundschau
1955 Über uns hinaus, Eckart Jahrbuch
1956 Von Sinn und Würde des historischen Romans, S. 493, Die neue Rundschau
1960 Nachwort zu „Tewje der Milchmann", von Shalom Alejchem, Frankfurt/M., Insel Verlag
1961 Die Zwanziger Jahre in Prag, S. 54, Magnum, Heft 25, Köln
1961 Wir Juden und die Deutschen, S. 30, in: Juden Christen Deutsche, Stuttgart, Kreuz Verlag
1963 Judentum und Christentum im Werk Martin Bubers, Hg. von P. A. Schilpp und M. Friedman, Stuttgart, Kohlhammer
1964 Some Comments on the Relationship between Wagner and Meyerbeer, Yearbook IX of the Leo Baeck Institut, New York
1964 Felix Weltsch, dem Freund zum Gedächtnis, 28. Bulletin 7. Jg., Yearbook IX of the Leo Baeck Institut, Tel-Aviv
1964 The Jews of Austria: Prag-Wien-Erinnerungen, Sonderdruck
1966 Erinnerungen an Hugo Salus, Therapeutische Berichte, Sonderdruck, Basel
1967 Franz Kafkas Krankheit, Therapeutische Berichte, Sonderdruck, Basel
1967 Umgang mit Verlegern, Berlin, Elwert und Meurer
1968 Mein Land, Mein Schicksal, Merian, Israel, Heft 6 XXI. Jg.
1968 Krankheit als Lebenserscheinung, Ciba Symposium, Band 16, Heft 3, Basel
1968 Einleitung zu „das neue deutsche Buch", Bücherausstellung in Israel, Frankfurt/M., Fischer
1968 der 126. Psalm, Berlin, Lettner Verlag

# LITERATURVERZEICHNIS

ACHAD HAAM: Avduth betoch Cheruth. In: Hameliz, Petersburg 1891
ANDREJEV L. N.: Judas Ischarioth, Hamburg 1957
BABLER, Otto F.: Rudolf Fuchs als Bezruč — Übersetzer. In: Weltfreunde, Konferenz über die Prager deutsche Literatur 1965, Prag 1967
BABYLONISCHER TALMUD: Traktat Brachot, Rabbi Awahu S. 34/D
—: Traktat Brachoth 5/1
—: Traktat Shabbath 33/1
—: Traktat Joma A/1
—: Tosefta Sanhedrin 13, 2
—: Midrash, Bereshit Raba
—: Midrash, Sifre Shoftim
BEN-CHORIN, Schalom: Der Novellist. In: Dichter, Denker Helfer, Max Brod zum 50. Geburtstag, Mährisch-Ostrau/Prag 1934
—: in: Neueste Nachrichten, Tel-Aviv 1951
—: Jüdische Fragen um Jesus Christus. In: Juden, Christen, Deutsche, Stuttgart 1961
—: Das brüderliche Gespräch, Trier 1967
BERGMANN, Hugo: Die Heiligung des Namens, Berlin 1913
—: Die Zweigleisigkeit im Chassidismus. In: Dichter Denker Helfer, Prag 1934
BLAUHUT, Robert: Österreichische Novellistik des 20. Jahrhunderts, Wien 1966
BRAUN, Felix: Das Licht der Welt, Wien 1962
BRECHT, Bertolt: Das Leben des Galilei, Gesammelte Werke, Frankfurt 1967
BUBER, Martin: Der Galilei-Roman. In: Ein Kampf um die Wahrheit, Max Brod zum 65. Geburtstag, Tel-Aviv 1949
—: Vom Geist des Judentums, München 1916
—: Drei Reden über das Judentum, Frankfurt 1920
—: Gottesfinsternis, Zürich 1953
—: Der Chassidismus. In: Juden, Christen, Deutsche, Stuttgart 1961
BÜCHNER, Karl: Ciceros Gespräche in Tuskulum, Freiburg 1952
COHN, Haim H.: Reflections on the Trial and Death of Jesus, Tel-Aviv 1967
COWELL, F. R.: Cicero and the Roman Republic, New York 1948
DEMETZ, Hans: Meine persönlichen Beziehungen und Erinnerungen an den Prager deutschen Dichterkreis. In: Weltfreunde, Prag 1967
EISNEROVA, Dagmar: Der Weg aus der Einsamkeit. In: Weltfreunde, Prag 1967
ENCYCLOPEDIA, The Jewish, New York and London, Vol. X. ? 1905
ERKEN, Günther: Handbuch der deutschen Gegenwartsliteratur, München 1965
ERLOESSER, Arthur: Die deutsche Literatur von der Romantik bis zur Gegenwart, Berlin 1931
FRENZEL, H. A. und E.: Daten deutscher Dichtung, Stuttgart 1962, letzte Ausgabe
FRIEDMANN, Hermann, und MANN, Otto: Expressionismus, Gestalten einer literarischen Bewegung, Heidelberg 1959
GEIGER, Ludwig: Johann Reuchlin, Sein Leben und seine Werke, Nienkoop 1964
GOETHE, Johann Wolfgang: Jubiläumsausgabe, Stuttgart/Berlin 1902

GOLDSTÜCKER, Eduard: Der Letzte der Plejade. In: Aufbau und Frieden, Prag 1964
—: Die Prager deutsche Literatur als historisches Phänomen. In: Weltfreunde, Prag 1967
GRAB, Hermann: Die Schönheit häßlicher Bilder. In: Dichter Denker Helfer, Prag 1934
GRAETZ, Heinrich: Geschichte der Juden, Leipzig 1907
GRILLPARZER, Franz: Libussa, München 1950
GUARDINI, Romano: Der Herr, Würzburg 1937
HAAS, Willy: Auslegung eines Aktes der Freundschaft. In: Dichter Denker Helfer, Prag 1934
HELLMANN, Albrecht: Erinnerungen an gemeinsame Kampfjahre. In: Dichter Denker Helfer, Prag 1934
HILLER, Kurt: Die Weisheit der Langenweile, I., Leipzig 1913
HOFMANN, Alois: Das Heimaterlebnis René Maria Rilkes. In: Weltfreunde, Prag 1967
HOUSKA, Leoš: Max Brod. In: Kulturné politicky kalendar, Prag 1964
—: Max Brod: „Sternenhimmel". In: Časopis pro moderní filologíi, Prag 1967, Nr. 1
IHLENFELD, Kurt: Zeitgesicht, Erlebnisse eines Lesers, Witten/Berlin 1959
ILLOVY, R.: Nemećti basnící pražskí a Češi. In: Verejné minéní, Prag 1913
JANOUČH, Gustav: Prager Begegnungen, Leipzig 1959
KAFKA, Franz: Briefe an Felice, Frankfurt 1967
—: Zwei Briefe. In: Dichter Denker Helfer, Prag 1934
KESTER, Hermann: Vorwort zu ‚Der Augenzeuge' von Ernst Weiss, München 1963
KLARMANN, Adolf D.: Franz Werfel's Eschatology and Cosmogony, Modern Language Quarterly, 1946
KOHN, Hans: Zwanzig Jahre. In: Selbstwehr, Prag 1926
KLAUSNER, Joseph: Jesus von Nazareth, Jerusalem 1952
KRELL, Max: Das alles gab es einmal. Frankfurt/M. 1961
KROLOP, Kurt: Zur Geschichte und Vorgeschichte der Prager deutschen Literatur des expressionistischen Jahrzehnts. In: Weltfreunde, Prag 1967
KUNISCH, Hermann: Handbuch der deutschen Gegenwartsliteratur, München 1965
LANDES, Zdeněk: Künder tschechischer Kunst. In: Dichter Denker Helfer, Prag 1934
LEPPIN, Paul: In: Deutsche Arbeit, Berlin 1907
—: In: Im jüdischen Prag, Sammelschrift, Prag 1913
MAHLER-WERFEL, Alma: Mein Leben, Frankfurt/M. 1960
MAHRHOLZ, Werner: Deutsche Dichtung der Gegenwart, Berlin 1926
MAIMONIDES, Rabbi Moshe: Jad Haghasakkah, Petersburg 1850
—: Kiddush Hashem, Jerusalem 1962
MANN, Thomas: Festgruß zu Max Brods 50. Geburtstag. In: Dichter Denker Helfer, Prag 1934
MAYER, Hans: Zur deutschen Literatur der Zeit, Expressionismus als Kampf der Generationen, Reinbek 1967
MEHRING, Walter: Die verlorene Bibliothek, Hamburg 1952

MEYRINK, Gustav: Des deutschen Spießers Wunderhorn, III, München 1913
MÜHLBERGER, Josef: Die Dichtung der Sudetendeutschen in den letzten 50 Jahren, Kassel 1929
—: Max Brod. In: Die Literatur, Stuttgart 33. Jg.
NAOR, Uri: Dem Zionisten. In: Dichter Denker Helfer, Prag 1934
PICK, Otto: In: Die neue Rundschau, XXIX, 1916/2
PINTHUS, Kurt: Menschheitsdämmerung, Berlin 1920
PLUTARCH: Römische Heldenleben. Übertragen und herausgegeben von Wilhelm Ax, Stuttgart 1953
RAABE, Paul: Expressionismus, München 1965
—: Der junge Max Brod und der Indifferentismus. In: Weltfreunde, Prag 1967
—: Zeitschriften und Sammlungen des literarischen Expressionismus, Stuttgart 1960
—: Vorwort in: Ciba Symposium, Basel 1968
RHÖNER, Hugo: In: Hochland, 15. Jg., April 1918
RILKE, Rainer Maria: Sämtliche Werke, II., Frankfurt/M. 1962
ROSENZWEIG, Franz: Briefe, Berlin MCMXXXV
ROTH, Cecil: A short history of the Jewish People, Oxford 1943
RUST, Anselm: Ich schneide die Zeit aus, München 1964
SCHNEIDER, K. L.: Der bildhafte Ausdruck in den Dichtungen Georg Heyms, Georg Trakls und Ernst Stadlers, Heidelberg 1954
SCHOEPS, Hans Joachim: In: Die christliche Welt, Gotha, 43. Jg. 16. 2. 1929
SCHALOM SCHIN: Schriften über die Kabbala, K'tuwim Masot, Tel-Aviv 1966
SCHOPENHAUER, Arthur: Die Welt als Wille und Vorstellung, II., Leipzig 1924
SOERGEL, Albert: Dichtung und Dichter der Zeit, Neue Folge. Im Banne des Expressionismus, Leipzig 1924
SOKEL, Walter H.: The Writer in Extremis, Stanford 1959
TAYLOR, Alfred Edward: Plato, The Man and his Work, New York 1959
TERRAY, Elemir: Einige Bemerkungen zu den Herder-Blättern und der Prager Avantgarde. In: Weltfreunde, Prag 1967
THIEBERGER, Friedrich: Die Stimme. In: Dichter Denker Helfer, Prag 1934
TRAMER, Hans: Die Dreivölkerstadt Prag, Tel-Aviv 1961
URZIDIL, Johannes: Der lebendige Anteil des jüdischen Prag an der neueren Deutschen Literatur. In: Bulletin des Leo-Baeck-Instituts, Tel-Aviv 1967
—: Da geht Kafka, München 1965
WEIL, Bruno: 2000 Jahre Cicero, Zürich 1962
WELTSCH, Felix: In: Die literarische Welt, Berlin 1926
—: Gnade und Freiheit, München 1920
—: In: Die Selbstwehr, Prag 1934
—: Philosophie eines Dichters. In: Dichter Denker Helfer, Prag 1934
—: Aus Zweiheit zur Einheit. In: Ein Kampf um die Wahrheit, Tel-Aviv 1949
—: Und sie dreht sich doch. In: Die neue Rundschau, 1949
—: Der Weg Max Brods. In: Bulletin des Leo-Baeck-Instituts, Tel Aviv 1963
WENIG, Jan: Tycho de Brahe, Brod a . . . Kafka. In: Lidova demokracie, 1965
WERFEL, Franz: Der Spiegelmensch, München 1920
—: Nicht der Mörder, der Ermordete ist schuldig, München 1920

—: Zwischen oben und unten, Essays, Stockholm 1946

—: Eine Blaßblaue Frauenhandschrift, Krieg und Nachkrieg, II. Band, Frankfurt/M. 1954

WESSLING, Berndt W.: Bayreuth, mon amour, Bremen 1968

WIESENFELD, Moses: Begegnung mit Ostjuden. In: Dichter Denker Helfer, Prag 1934

WOLFSOHN, Harry Austryn: Pilosophy of Spinoza, New York 1958

ZILBERG, Moshe: Chok we Musar bemishpath ha'ivri, (Gesetz und Moral im jüdischen Recht), Jerusalem 1952

## AUS UNSEREM VERLAGSPROGRAMM

### HARTMUT BINDER

Motiv und Gestaltung bei Franz Kafka
1966, VIII, 406 S., kart. DM 48,—; ISBN 3 416 00377 2
Abhandlungen zur Kunst-, Musik- und Literaturwissenschaft, Band 37

### CHRISTOPH EYKMAN

Die Funktion des Häßlichen in der Lyrik Georg Heyms, Georg Trakls und Gott-
fried Benns — Zur Krise der Wirklichkeitserfahrung im deutschen Expressionismus
2. verb. Aufl. 1969, VIII, 306 S., kart. DM 36,—; ISBN 3 416 00319 5

### KARL-HEINZ FINGERHUT

Die Funktion der Tierfiguren im Werke Franz Kafkas — Offene Erzählgerüste
und Figurenspiele
1970, VIII, 325 S., kart. DM 44,—; ISBN 3 416 00651 6
Abhandlungen zur Kunst-, Musik- und Literaturwissenschaft, Band 89

### NANETTE KLEMENZ

Hermann Ungar — Leben und Werk
1970, ca. 340 S., kart. ca. DM 30,—; ISBN 3 416 00539 2
Abhandlungen zur Kunst-, Musik- und Literaturgeschichte, Band 58

### WOLFGANG KORT

Das Bild des Menschen im Romanwerk Döblins
1970, ca. 192 S., kart. ca. DM 24,—; ISBN 3 416 00692 5
Studien zur Germanistik, Anglistik und Komparatistik, Band 8

### LORE LUCAS

Dialogstrukturen und ihre szenischen Elemente im deutschsprachigen Drama des
20. Jahrhunderts
1969, VIII, 240 S., kart. DM 33,—; ISBN 3 416 00628 5
Abhandlungen zur Kunst-, Musik- und Literaturwissenschaft, Band 72

### WALTER RIEDEL

Der neue Mensch — Mythos und Wirklichkeit
1970, 128 S., kart. DM 16,80; ISBN 3 416 00682 8
Studien zur Germanistik, Anglistik und Komparatistik, Band 6

### RODNEY T. K. SYMINGTON

Brecht und Shakespeare
1970, VIII, 230 S., kart. DM 29,80; ISBN 3 416 00691 7
Studien zur Germanistik, Anglistik und Komparatistik, Band 2